通常学級在籍の病気の子どもと特別な教育的配慮の研究

猪 狩 恵美子 著

風 間 書 房

刊行によせて：病気の子どものインクルーシブ教育を拓く

髙橋　智

東京学芸大学教授
一般社団法人日本特殊教育学会副理事長

　本年（2016年）は2007年度からの特別支援教育の制度化から10年目にあたるが，幼稚園から高校までの各学校種において，国公私立の如何を問わず特別支援教育を構築し，幼児児童生徒等が抱える多様な困難・ニーズに対する特別な配慮や支援の体制整備を充実し，インクルーシブ教育を促進することが今なお大きな課題となっている。とくに2016年度からの障害者差別解消法の実施において，合理的配慮の保障との関係で特別支援教育の体制整備とインクルーシブ教育の促進は不可避の課題であり，とくに病気の子どもの場合において大きな問題・論点となっている。

　そうした課題に真正面から取り組んだのが猪狩恵美子さんの博士（教育学）学位論文「通常学級在籍の病気の子どもの困難・ニーズの実態と特別な教育的配慮に関する研究」（東京学芸大学大学院連合学校教育学研究科，2006年）であり，その後の継続研究を含めて改稿して出版したのが本書である。
　猪狩さんの博士論文は，小・中・高校の通常学級に在籍する病気の子どもの困難・ニーズの実態を検討し，病気の子どもに必要な特別な教育的配慮を構築するための課題を解明したものである。これまで小・中・高校の通常学級における病気の子どもの教育と発達保障に関する体系的な先行研究は皆無であり，本研究はわが国において初めて，通常学級に在籍する病気の子どもが有する学校生活の困難・ニーズの実態を詳細に解明し，その作業を通して彼らに必要な特別な教育的配慮とそれを特別ニーズ教育・インクルーシブ教

育として構築していくための課題を提起したものである。

猪狩さんの博士論文の成果・特徴として特記すべき点は，以下の3点である。

①小・中・高校の通常学級において病気の子どもが有している困難・ニーズを，病気の子ども本人，その保護者，小・中・高校の養護教諭および学級担任への8種類にもわたる大規模で困難な実態調査を通して詳細・具体に明らかにしたことである。病気の問題については当事者のプライバシーや個人情報保護の観点からきわめて調査が困難であるが，その問題を地道に解決し，病気の子ども本人および保護者の困難・ニーズまでも調査により把握できた点はとくに評価に値する。

②「病気による長期欠席」が学習空白のみならず，病気の子どもにどのような困難・ニーズを生じさせているのかを実態調査を通して具体的に明らかにしたことである。とくに「病気による長期欠席」と類似する部分がみられる不登校に注目し，「病気による長期欠席」と「不登校による長期欠席」との共通性と独自性という視点からの比較検討を行ったことは独創的であり，「病気による長期欠席」の問題を複眼的に捉えていくという課題が明らかになった。

③従来は身体的な疾患・症状を有する病気の子どもが検討の中心であったが，本研究では精神神経的な疾患・症状を有する病気の子どもの問題も取り上げ，双方の困難・ニーズの違いと共通点を，実態調査を通して明らかにするとともに，心身の健康問題という視点から医療・教育・福祉が連携・協働した支援体制のあり方について考察されていることである。

博士論文の審査においては，上記に示した本論文の意義と成果，今後の発展性を十分に確認・評価した上で，以下のような課題が示された。

①通常学級で行われている病気の子どもへの教育実践の掘り起こしと内容

の検討である。養護教諭の実践や学級担任の実践から病気の子どもの実態と実践の内容，改善のあり方を深めることが重要である。また各学校で行われている試み（生活全体会・事例研究会での検討と校内の連携／他機関との連携等／病気の子どもに対する個別の援助の具体例など）について，特別ニーズ教育の視点からの検証を進め，それによって病気の子どもにとって重要な課題である学習支援の内容と方法，学齢期における発達段階を踏まえた支援のあり方を明らかにしていく。

②東京以外の地域における病気長欠者の実態を明らかにする作業である。本研究においても病気長欠の実態は複雑であり，子どもは多様なニーズを有することが示されていたが，病気長欠調査はいずれも回収率が低く，検討事例自体が少ない。今後，東京以外の地域での調査を行い，病気長欠児の困難・ニーズをさらに明らかにする課題が残されている。

③本人・保護者，医療関係者，福祉関係者等関連分野との協同的検討である。学校現場において教育条件の貧弱さから本人・保護者との理解に食い違いが生じやすい。こうした点から，本人・保護者の声を研究的視点からさらに受け止め，関連分野と協同して検討を進めることが必要である。小児医療のほか，児童相談所などの福祉機関，保健師等の地域保健関係者と協同した検討を通じて，地域のなかでの病気の子どもへのトータルなケアのあり方を明らかにする課題が残されている。

以上の課題は今後の新たな作業課題という位置づけであり，猪狩さんの博士論文は手堅い実証研究であるとともに，質の高い開拓的，独創的な研究でもあり，病気の子どもに対する発達支援や特別ニーズ教育・インクルーシブ教育に大きな貢献をなすものである。

さて，著者の猪狩恵美子さんは福岡教育大学特別支援教育講座教授，全国訪問教育研究会会長を経て，現在は福岡女学院大学人間関係学部教授，全国

iv　刊行によせて

病弱教育研究会会長を務めておられる病弱教育・訪問教育分野の全国的重鎮である。

猪狩さんは大学卒業直後から36年間の長きにわたり，都立養護学校（現，特別支援学校）の教師として訪問教育や重症児教育を担ってこられた。そうしたなかで「重症児の教育保障が充実してきているのに比べ，なぜ通常学級との狭間にいる病気の子どもの教育が進まないのか―という疑問，病気の子どもの教育＝「障害児教育」という枠組みでは解決できないのではないかと思っていた時，学芸大に特別ニーズ教育という専攻があったことが，50代直前の大学院進学を決意させた。それまで考えてもいなかった選択だった」「ちょうど日本の特殊教育が行き詰まり，次の方向性を模索し始めていた時期。そういう意味では，時代のダイナミクスを感じながら，学び，研究することができ，大変手応えを感じた修士課程だった。このことが，もう一つの扉＝博士課程進学につながったのだと思う」と，教師を続けながら大学院修士課程・博士課程に進んだ理由を述べている（猪狩恵美子「博士論文執筆の経験から」『東京学芸大学大学院連合学校教育学研究科（博士課程）広報誌FORUM』第12号，p.106，2008年）。

猪狩さんが修士論文・博士論文において一貫して「通常学級在籍の病気の子どもの特別ニーズ教育の保障とインクルーシブ教育システム」というテーマに取り組んだ背景には，猪狩さんが現職教師として「なぜ通常学級との狭間にいる病気の子どもの教育が進まないのか」「病気の子どもの教育＝「障害児教育」という枠組みでは解決できないのではないか」という疑問や課題に直面し，その解決を求めてのことであり，まさに猪狩さんの教育実践研究はその革新を迫られたのであった。すなわち「全く学問とは遠い場所にいた私が，修士課程で苦労し，また学び直したのは，研究スタイルと方法であり，自分なりの仕事と研究の棲み分けが身に付いたのもこの2年間だった。そして，ここで基本的な視点と問題意識を鮮明にできたことが博士課程3年間の土台になった」と（猪狩：2008）。

しかし博士課程は，現職教師にとって研究時間の確保や研究レベルの大幅な向上が求められるという点で大変厳しい。それに対して，猪狩さんは以下のように対応していた。博士課程をめざす現職教師・社会人に有益と思われるので紹介する。

①自分はなぜ博士課程にいるのか，すなわち自分の原点は何かということに常に立ち返ることが，前向きな生活につながる。
②「忙しい」を言い訳にしない。忙しくて当たり前，自分が選択した道に，自分で責任を持つことだと思う。でも，ほんとうに仕事も研究も忙しいので，まとまって集中する時間があるとは思わない。毎日，たくさんはできなくてもいいと割り切り，そのかわり，何もしない日が絶対にないようにと決めていた。
③先行研究のレビューを丁寧にする。その中で自分の問題意識を鮮明にする。
④研究の節目をつくる。学会発表・論文投稿は厳しいが，そこで研究がまとまり，整理される大変重要な節目である。指導教授にそうした機会を積極的に設定していただいたことが，博士論文完成のゴールにつながっていった。
⑤自分の研究に狭く絞り込むのではなく関連分野に目を広げ，自分の意識を鮮明にしていく。自分の研究の意味・手応えを実感し，また関連する領域の方とのネットワークが生まれたと思う。

また猪狩さんは，現職教師として博士課程に進学し，博士論文を執筆の意義を次のように語っている。「『現職は大変』というのは事実であろうが，研究と現場という二つの活動の場を持つことには，気持ちを切り替えながらバランスがとりやすいというメリットもある。焦らず，気分転換と割り切れば，対立的なものではなくなってくると思う。日々の教育実践においても新しい

時代の要請，子どもの発信する課題は山積している。近道はないが，博士論文執筆は自分の仕事を深め，展望を拓く上でも大きな手応えと意義のある機会だと思う」と（猪狩：2008）。

　猪狩さんは働きながら大学院でゼロスタートから驚異的なスピードで研究業績を積み上げ，博士課程3年次，54歳の時にいきなり都立養護学校教諭から福岡教育大学特別支援教育講座教授に異動され，約10年が経過して現在に至っておられる。その行動力や思考の柔軟さはますます活性化し，輝いている。本書の刊行を基盤にして，さらに「病気の子どものインクルーシブ教育」を切り拓いていく，今後の猪狩さんの研究の発展に心より期待したい。

目　　次

刊行によせて：病気の子どものインクルーシブ教育を拓く（髙橋　智）

序章　研究の課題と方法……………………………………………………… 1

　Ⅰ．問題の所在…………………………………………………………………… 1

　　はじめに　特別支援教育開始と通常学級における病気療養児の教育保障……… 1

　　1．通常学級在籍の病気の子どもの実態と特別な教育的配慮に関する問題

　　　　（80年代から特別支援教育の開始まで）………………………………… 4

　　2．通常学級における病気による長期欠席の問題（90年代以降）………… 7

　Ⅱ．研究の目的と視点………………………………………………………… 8

　Ⅲ．論文の構成と内容………………………………………………………… 9

　　引用・参考文献……………………………………………………………… 11

第1部　通常学級における病気の子どもの教育実態と特別な教育
　　　　的配慮の課題

第1章　通常学級在籍の病気の子どもの問題に関する研究動向……… 15

　Ⅰ．はじめに…………………………………………………………………… 15

　Ⅱ．通常学級在籍の病気の子どもの学校生活上の問題…………………… 15

　　2.1　小児医療における問題把握…………………………………………… 16

　　2.2　病弱教育における問題把握…………………………………………… 22

　　2.3　学校保健における問題把握…………………………………………… 24

　　2.4　通常学級在籍の病気の子どもの特別ニーズ教育の課題…………… 29

ii 目 次

Ⅲ. 考察……………………………………………………………………33

Ⅳ. おわりに………………………………………………………………35

第2章 養護教諭からみた今日の学校保健問題…………………………37

Ⅰ. はじめに………………………………………………………………37

Ⅱ. 調査の結果……………………………………………………………37

2.1 通常学校における学校保健の動向………………………………37

2.1.1 養護教諭の職務をめぐる現状………………………………37

2.1.2 学校保健委員会と学校医……………………………………40

2.1.3 子どもの保健室利用と健康問題……………………………42

2.2 保健室登校からみた子どもの健康と発達の問題………………45

2.2.1 保健室登校をする子どもの状況……………………………45

2.2.2 保健室登校の子どもへの対応………………………………47

2.2.3 保健室登校への対応の課題…………………………………49

2.3 長期欠席からみた子どもの健康と発達の問題…………………50

2.3.1 病気長欠の子どもの状況……………………………………50

2.3.2 病気長欠への学校の対応……………………………………54

Ⅲ. 考察……………………………………………………………………55

3.1 養護教諭の職務の現状……………………………………………55

3.2 子どもの保健室利用と健康問題…………………………………56

3.3 病気長欠の子どもの実態と課題…………………………………56

Ⅳ. おわりに………………………………………………………………57

［資料1］「通常学級在籍の病気の子どもの教育に関する実態調査」

（養護教諭用）調査票………………………………………………59

目　次　iii

第3章　東京都内の公立小・中・高校の養護教諭調査からみた
　　　病気の子どもが有する学校生活の困難・ニーズ……………69

Ⅰ．はじめに…………………………………………………………………69

Ⅱ．調査の結果………………………………………………………………69

　2.1　病気の子どもの学校生活の実態と特別ニーズ……………………69

　　2.1.1　通常学級における病気の子どもの在籍 ………………………69

　　2.1.2　病気の子どもの実態把握 ………………………………………73

　　2.1.3　病気の子どもの学校生活上の問題……………………………75

　　2.1.4　学校の対応………………………………………………………76

　　2.1.5　連携・協力が必要な学校外機関 ………………………………79

　　2.1.6　病気による長期欠席児童・生徒の実態 ………………………80

　2.2　病気の子どもの学校生活保障に必要な改善課題…………………82

　2.3　自由記述にみる病気の子どもの学校生活の実態と課題…………87

　　2.3.1　今日の健康問題全般とその中での病気の子ども……………89

　　2.3.2　病気の子どもの実態の捉え方…………………………………89

　　2.3.3　教育保障の課題…………………………………………………91

　　2.3.4　病気の子どもの受け入れのための具体的要望………………92

　　2.3.5　校内理解と外部機関との連携…………………………………93

　　2.3.6　教職員の研修……………………………………………………94

　　2.3.7　病弱教育制度……………………………………………………95

　　2.3.8　高校入試・高校教育制度 ………………………………………96

　　2.3.9　自由記述のまとめ………………………………………………97

Ⅲ．考察………………………………………………………………………99

　3.1　病気の子どもの在籍と実態把握……………………………………99

　3.2　学校の対応……………………………………………………………99

　3.3　校外機関との連携……………………………………………………100

　3.4　長期欠席の実態把握…………………………………………………100

iv　目　次

Ⅳ. おわりに……………………………………………………………101

第4章　東京都内の保護者調査からみた病気の子どもが有する
　　　　学校生活の困難・ニーズ……………………………………103
　Ⅰ. はじめに………………………………………………………103
　Ⅱ. 調査の結果……………………………………………………104
　　2.1　回答者の子どもの病気・療養の実態………………………104
　　2.2　通常学級の選択と理由………………………………………107
　　2.3　学校生活での保護者の不安と負担…………………………109
　　2.4　学校への報告や相談…………………………………………112
　　2.5　学校医・主治医との相談・連絡……………………………116
　　2.6　学習保障………………………………………………………117
　　2.7　病気の子どもの学校生活上で必要な配慮・援助…………120
　Ⅲ. 考察……………………………………………………………124
　Ⅳ. おわりに………………………………………………………126
　　［資料2］「通常学級在籍の病気の子どもの学校生活に関する実態調査」
　　　　　（保護者用）調査票…………………………………………128

第5章　通常学級在籍の病気の子どもの特別な教育的配慮の課題…137
　Ⅰ. はじめに………………………………………………………137
　Ⅱ. 病気の子どもの学校生活の実態と特別な教育的ニーズ………137
　　2.1　病気の子どもの実態把握の問題……………………………137
　　2.2　病気の子どもへの対応とその評価…………………………139
　　2.3　病気の子どもの学習保障の実態……………………………142
　Ⅲ. 通常学校における学校保健と病気の子どもの問題……………144
　　3.1　学校保健の現状………………………………………………144
　　3.2　病気の子どもと多様な教育ニーズを有する子ども………145

Ⅳ．おわりに……………………………………………………………148

第2部　通常学級在籍の病気長欠児の困難・ニーズの実態と
　　　　特別な教育的配慮の課題

第6章　通常学級在籍の病気長欠児問題に関する研究動向…………151
Ⅰ．はじめに……………………………………………………………151
Ⅱ．長期欠席問題の研究動向…………………………………………151
　2.1　厚生省心身障害研究「長期療養児の心理的問題に関する研究」
　　　（1994年度）にみる病気長欠問題………………………………151
　2.2　不登校による長期欠席と病気による長期欠席…………………154
Ⅲ．考察…………………………………………………………………158
Ⅳ．おわりに……………………………………………………………162
　引用・参考文献………………………………………………………163

第7章　東京都内の公立小・中学校の養護教諭からみた病気長欠児
　　　　の困難・ニーズ……………………………………………165
Ⅰ．はじめに……………………………………………………………165
Ⅱ．調査の結果…………………………………………………………166
　2.1　病気長欠児の有無………………………………………………166
　2.2　欠席の状態………………………………………………………166
　2.3　病気の状態………………………………………………………167
　2.4　病気長欠の要因…………………………………………………167
　2.5　病気長欠の判断理由……………………………………………169
　2.6　病気長欠児への学校の対応……………………………………171
　2.7　学校の主たる対応者……………………………………………171

vi　目　次

　　2.8　病気長欠前後の対応・援助 ……………………………………172

　　2.9　学校の対応・援助への自己評価 ……………………………174

　　2.10　医師との連携 ………………………………………………175

　　2.11　学校外機関との連携・協働 ………………………………175

　　2.12　病弱教育機関との連携・協働 ……………………………177

　　2.13　病気長欠の個別事例にみる対応・援助の検討 …………177

　Ⅲ．考察 ……………………………………………………………………180

　Ⅳ．おわりに ………………………………………………………………182

　　［資料3］「病気による長期欠席に関する実態調査」（養護教諭用）調査票 ……184

第8章　東京都内の公立小・中学校の学級担任からみた病気長欠児
　　　　の困難・ニーズ ……………………………………………………189

　Ⅰ．はじめに ………………………………………………………………189

　Ⅱ．調査の結果 ……………………………………………………………190

　　2.1　欠席と病気の状態 ……………………………………………190

　　　2.1.1　欠席状態 ………………………………………………190

　　　2.1.2　病気の状態 ……………………………………………191

　　　2.1.3　病気長欠と判断した根拠 ……………………………192

　　2.2　長期欠席中の治療状況 ………………………………………194

　　2.3　病気以外の要因の有無 ………………………………………195

　　2.4　学級担任とのコミュニケーション …………………………197

　　2.5　学習援助 ………………………………………………………198

　　2.6　長期欠席後の健康状態と生活の様子 ………………………200

　　2.7　支援の校内体制と校外機関との連携 ………………………202

　　　2.7.1　中心となるべき援助者 ………………………………202

　　　2.7.2　校内組織の有無と連携 ………………………………203

　　　2.7.3　校外機関との連携 ……………………………………204

目　次　vii

2.7.4　病弱教育機関との連携 ……………………………………205

Ⅲ．考察……………………………………………………………207

Ⅳ．おわりに………………………………………………………211

［資料4］「病気による長期欠席児の学校生活に関する実態調査」

（学級担任用）調査票 ……………………………………213

第9章　東京都内の本人・保護者調査からみた病気長欠の困難・
ニーズ…………………………………………………………223

Ⅰ．はじめに………………………………………………………223

Ⅱ．調査の結果……………………………………………………223

2.1　回答者の概要と病気長欠の状況………………………………223

2.2　病名・病状の学校へ告知・説明………………………………227

2.3　病気長欠中の不安………………………………………………229

2.4　病気長欠中の学習………………………………………………231

2.5　学校に求める配慮・援助………………………………………235

Ⅲ．考察……………………………………………………………237

Ⅳ．おわりに………………………………………………………238

［資料5］「病気による長期欠席の実態と支援に関する本人調査」

（東京都内）調査票 ………………………………………240

第10章　全国病弱養護学校高等部在籍の病気長欠経験者調査から
みた病気長欠の困難・ニーズ……………………………249

Ⅰ．はじめに………………………………………………………249

Ⅱ．調査の結果……………………………………………………250

2.1　回答された事例の概要と学校生活全般の状況………………250

2.1.1　回答された事例の年齢構成と性別……………………250

2.1.2　回答された事例の病名…………………………………251

viii　目　次

2.1.3　在籍した校種と病弱養護学校への入学・転学時期 ……………………252

2.2　通常学級在籍中の学校生活上の問題と学校との共通理解………………253

2.2.1　学校への病名・病状の告知・説明………………………………253

2.2.2　学校生活で生じた問題 ……………………………………………254

2.2.3　学校生活に関する相談相手………………………………………257

2.2.4　学校生活の問題に対する学校の理解 …………………………259

2.3　病気長欠中の困難・ニーズと支援の実際 …………………………260

2.3.1　回答された事例の病気長欠日数とその推移 …………………260

2.3.2　長期欠席となった理由 …………………………………………260

2.4　長期欠席中の不安………………………………………………………263

2.5　学校や友人の対応で嬉しかったこと・いやだったこと ……………266

2.6　学校への要望，友人への要望 ………………………………………268

2.7　長期欠席中の学習の問題………………………………………………270

2.8　長期欠席中の支援に関する要望 ……………………………………271

Ⅲ．考察………………………………………………………………………………273

Ⅳ．おわりに…………………………………………………………………………276

［資料6］「病気による長期欠席の実態と支援に関する本人調査」

（全国・病弱養護学校高等部用）調査票 ……………………………278

終章　研究のまとめと今後の課題 …………………………………………………285

Ⅰ．本研究の総括……………………………………………………………………285

Ⅱ．今後の研究課題…………………………………………………………………298

文献一覧………………………………………………………………………………301

あとがき………………………………………………………………………………317

索引……………………………………………………………………………………325

序章　研究の課題と方法

I．問題の所在

はじめに　特別支援教育開始と通常学級における病気療養児の教育保障

2013年3月に文部科学省より出された「病気療養児に対する教育の充実について（通知）」（文部科学省初等中等教育局特別支援教育課長，2013）[1]は，「病気療養児の教育について（通知）」（文部省初等中等教育局長，1994）[2]を継承しつつも，「医療の進歩等による入院期間の短縮化，短期間で入退院を繰り返す者」に加えて，「退院後も引き続き治療や生活規制が必要なために小・中学校等への通学が困難な者への対応」を提起し，病気療養児をとりまく医療と学校教育の矛盾に言及したものだといえる。さまざまな制度上の不備を抱える病弱教育の中で，本人・保護者の願いに応える積極的な施策・実践として具体化されることが期待されている（副島賢和，2013）[3]。

村上由則（2006）は，特別支援教育の中の病弱教育という視点から，地域の「通常学校」に在籍する「慢性疾患児が直面する困難」を「医療の進歩により，外来治療と家庭管理及び自己管理が可能となった病気の子ども」が地域の学校に通学するようになった中で生じている教育的ニーズととらえ，その分析と解消にむけた教育的支援を検討している[4]。特別支援教育への転換に際しての国の施策で，通常学級の病気療養児の教育保障の課題は明記されてこなかったが，通常教育の場を含め個に応じた教育をめざす特別支援教育は，病弱教育の改善・整備のための大きな契機であり，発達障害のみならず病気療養児を包括することは特別支援教育の理念の実質化につながるものだ

2　序章　研究の課題と方法

といえる。

　特別支援教育開始後，通常教育の場における実態と支援のあり方をめぐる研究も，蓄積されつつある（猪狩，2015）[5]。また，特別支援学校教諭免許状取得を希望する学生・現職教員が病弱教育領域を学ぶことになり，学校関係者の中に病気の子どもと病弱教育への理解が広がる機会となっている。

　しかし，94年当時，すでに平成3年度小児慢性特定疾患対策調査結果（厚生省児童家庭局，1992）[6]で，学齢期の85％の子どもが小・中学校に在籍している状況が明らかにされていた。また小児医療では，80年代には主治医の視点から慢性疾患児に対する通常学級での学校生活上の理解と支援の不足が指摘されてきた（猪狩・高橋，2001b）[7]。にもかかわらず，入院中の教育の整備・充実と退院後の通常学級における教育保障は今日も解決されてはいない。

　とりわけ，90年代後半以降，不登校，心身症，発達障害，家庭の養育問題が混在する事例の増加が顕著になった特別支援学校（病弱）については，近年，在籍児童生徒の減少傾向に加えて，心身症等を病弱教育の対象に含めないとする自治体も出ている。児童生徒が直面している現実に対する解決の方向を打ち出しきれないまま統廃合の動きが進んでいる（小野川文子・高橋智，2012）[8]。

　さらに，病気の子どもの教育保障の立ち遅れを象徴する，病気による長期欠席問題の実態把握と問題解決も急がれる（猪狩・高橋，2004・2005a・2005b・2006・2007a；Ikari & Takahashi，2007b；西牧謙吾・滝川国芳，2007[9]・2009[10]）。国立特別支援教育総合研究所では，「小中学校に在籍し病気を理由に長期欠席（年間30日以上欠席）しながら特別支援教育を受けていない子どもたち」を研究テーマとして平成18年度より調査研究が取り組まれている（国立特別支援教育総合研究所，2010）[11]。実態を明らかにするとともに，研究成果を問題解決に向けた施策と実践として具体化することが求められる。

　今日，わが国のインクルーシブ教育システムの実現に向けて「小・中学校における通常の学級，通級による指導，特別支援学級，特別支援学校といっ

た，連続性のある『多様な学びの場』を用意しておく必要がある」（中央教育審議会初等中等教育分科会，2012)[12]とされている。こうしたシステムは，病状・治療などによって子どもの生活の場が変化する病弱教育にとって不可欠だといえ，そのための改善の焦点は通常学級である。「入院・治療等の医療的管理を必要とする子ども」と，「入院するはどではないが心身の健康問題をかかえている子ども」が混在する通常学級の実態に着目し，今日の病弱教育の到達点を問う必要がある。通常学級における病気療養児の実態・ニーズの把握と教育保障の改善をすすめるためには，①入院中の教育と通常学級における特別な配慮，②特別支援学校（病弱）における不登校の子どもの教育，③病気による長期欠席，④学校保健における病気の子どもの理解と位置づけ，という4つの視点と結合して検討することが不可欠だといえる（猪狩，2015)[5]。

　本書は，2006年に受理された博士論文「通常学級在籍の病気の子どもの実態と特別な教育的配慮の研究」をもとに刊行したものである。通常学級における病気の子どもの教育保障の実態と展望を特別ニーズ教育の視点から検討したものであったが，特別支援教育開始後の今日においても病気の子どもの教育保障は根本的に解決されていない。

　こうした現状認識に立ち，今後の病弱教育の実践と研究をすすめる前提として，当時，通常学級に在籍する病気の子どもの学校生活がいかなる状態であったのか，特別支援教育の展開のなかでどこまで改善されたのかを検討する資料となりうるのではないかと考え，本書を刊行するに至った。

※以下は2006年以前に執筆した内容をもとにしているため，「病弱養護学校」等，特別支援教育開始以前の用語を使用している。また，とくに断りがなければ2000年から2006年当時の状況について述べたものである。

4　序章　研究の課題と方法

1．通常学級在籍の病気の子どもの実態と特別な教育的配慮に関する問題（80年代から特別支援教育の開始まで）

現代の医療技術のめざましい進歩・変化は，医療を必要とする子どもの生活を大きく変化させている。医療的ケアを必要とする子どもの教育をめぐる活発な議論は，こうした状況を象徴する動きであるといえよう。

90年代以降の医療技術のめざましい進歩・変化は，医療を必要とする子どもの生活を大きく変化させ，治療の場が入院から外来・通院へとシフトし，「長期療養児＝入院児」ではなくなっている（西間三馨ほか，1994）[13]。

「全国的に幼稚園児や小中学生は，2000〜2001年度小児慢性特定疾患治療特別事業に約200人に1人の割合で登録され」「比較的多くの子どもたちが各種の慢性疾患に罹患しながら，一般的社会の中で暮らしている」（加藤忠明，2004）とされる[14]。小児慢性特定疾患治療研究事業の登録状況から，15歳以下の小児がん患児は1004人に1人，15歳未満の小児内分泌疾患児は765人に1人，1型糖尿病は10〜14歳児の4509人に1人，関節リウマチや胆道閉鎖症は5歳〜14歳児の1万人に1人，血友病Aは約2万人に1人などとされ，この事業以外の登録を含めると，幼児の約5％が気管支喘息，幼稚園児や小中学生の約200人に1人が慢性心疾患に罹患しているという。

また，慢性疾患の子どもは，最近の医療技術の向上に伴って生命の危機は防ぎやすくなったが，その療養が長期化し，病気療養児とその家族の心身面での負担が増していることが先行研究や教育実践において明らかにされてきた（西間三馨ほか，1994）[13]。

病弱教育は現在，こうした課題に直面し，転換を求められている。すなわち入院中の教育の整備・拡充，病気療養児の社会参加・社会的自立を支える病弱養護学校の教育活動の充実であり，さらに通常教育における病気療養児，病気長欠児のケア・サポートの確立である。また，「病気」と「健康」は明確に二分される概念ではなく，様々なレベルが連続しており，ひとりの子ど

もの中でも変化する状態像である。「健康」をめぐる新たな概念整理を含めた実践が，学校教育の課題として問われている（谷川弘治，2003）[15]。

　健康問題が子どもの成長・発達の上で及ぼす影響の大きさや，実際に病気や健康上の諸問題をかかえた子どもが多数存在するという事実は，まさに通常教育において検討を急ぐべき特別な教育的ニーズとしてとらえる必要がある。通常教育においては，慢性疾患の子どもの学校生活を支援していく課題と様々な健康問題への対応という二つの側面から，今日の子どもの健康問題全体を視野に入れた教育活動が求められているといえよう。

　しかし病気の子どもの困難・ニーズに対する社会的認知は低く，家庭の対応・責任の範囲で終わりがちである。また子どもの健康問題の広がりがあるにもかかわらず，十分な施策につながらない状況が続いている。2003年3月に発表された文部科学省「今後の特別支援教育の在り方について（最終まとめ）」においても，通常学級に在籍する病気療養児，病気長欠児への特別な配慮・支援については全く言及されていない。病弱養護学校や小児医療機関の統廃合が始まっており，病気の子どもの特別な教育ニーズに対する施策を抜本的に拡充する必要がある。

　こうした点から病気の子どもの学校生活における多様な困難・ニーズの実態を明らかにし，彼らに必要な特別な教育的配慮について検討する作業が不可欠である。その際には子どもの健康問題全般を含め，通常の教育における多様な教育困難のなかで病気の子どものかかえる諸問題を見る視点が求められる。病気の子どもの教育保障はまさに通常の学校において特別ニーズ教育を創出していく課題とも符合する。

　これまで通常教育における病気の子どもの教育保障に関する体系的な先行研究はなく，それゆえに本研究においては，通常学級に在籍する病気の子どもの学校生活の困難・ニーズの実態を明らかにし，彼らに必要な特別な教育的配慮を特別ニーズ教育として構築していくための課題を明確にすることを研究課題としている。

通常学級で病気の子どもの教育保障を進める上で，学校保健，病弱教育，小児医療・看護の3領域の蓄積と専門性が大きく関係していくものと考えられるが，これまでのところ，いずれの領域においても通常学級の病気の子どもの実態に迫りきれていない。

通常の学校において病気・健康問題に対応すべき学校保健では，子どもをより健康に育てることがめざされ，病気・「半健康」といわれる子どもへのケアと教育保障の必要性について十分に認識されてきたとは言いがたい。子どもの発達のおかしさや「半健康」という問題へ着目した教育保健の実践・研究においても，医師の診断がつくような子どもは医療の対象とし，学校保健の対象ではないと線引きする傾向も見られる。また学校医制度をはじめとする医療的バックアップ体制の不十分さの中で，養護教諭はほとんどの学校で1人配置であり，病気療養児への理解・対応に個人差が生じがちである（猪狩・髙橋，2001b）。

現在，慢性疾患児の健康管理の責任は保護者に委ねられており，個々の患児の健康管理の実態は把握されていない現状がある（堂前有香，2005）[16]。学校において病気の子どもに対する対応は学級担任が主に担っており，病気の子どもの特別ニーズを把握するには，養護教諭にとどめず学級担任を含めた校内の対応・援助のあり方が検討されねばならない。

一方，病弱教育研究では従来，病弱教育専門機関における検討が中心であった。ここ数年，病弱養護学校の実態の変化や院内学級の実践を通じて，医療と教育の連携だけでなく前籍校や復帰先の通常の学校・学級との連携について研究が始まっている（足立カヨ子，2003）[17]。しかし通常学級に在籍する様々なレベルの病気の子どもへの対応は，病弱養護学校のセンター的役割だけでは不十分であり，通常学校の実態に即したシステムや実践内容を検討する必要がある。

先述のように，小児医療・小児看護関係者の調査研究・問題提起も学校関係者との共通理解や具体的問題解決に至っていない。病気以外にも多様な要

因による教育的困難が生じている通常学級の現状をふまえて，これらの問題提起を深めていく教育学的検討が不可欠である。

2．通常学級における病気による長期欠席の問題（90年代以降）

さて，本研究ではとくに病気の子どもの「病気による長期欠席」の問題に注目する。病気長欠は教育的ケア・サポートの欠落状態であり，現在の学校制度における病気の子どもの抱える問題状況を端的に示すものである。しかしながら，病気長欠の実態や学校からのフォローに関する実証的研究はほとんどない。加藤安雄（1994）[14]は，病気長欠者は病弱教育を受けている者の15.1倍にのぼり，その70％は在宅療養と推定しているが，こうした実態への施策や研究は進んでいない。病気長欠問題の解決の上で，とくに通常教育における病気の子どもへの具体的なケア・サポート体制の確立が不可欠になっていると考えられる。

長期欠席は病気・経済的理由・不登校などのいずれの類型においても，子どもの困難・ニーズと教育の不備を示しているものであり，今日の教育が早急に解決すべき課題である。長欠問題の一環として病気長欠をみることは，病気の子どもの困難・ニーズを明らかにするとともに，学校教育のあり方を総合的に検討するものでもある。病気の子どもへの具体的なケア・サポートのシステムを構築していくためには，多くの研究蓄積がある不登校などの長欠問題全体において，病気長欠がどのような教育学的問題であり，いかなる対応策が求められているのかについて明らかにすること，具体的には「不登校」と「病気」という異なる要因による長期欠席者の困難・ニーズの共通性と独自性の両側面から検討を行うことが不可欠である。

文部科学省が2003年4月に発表した「今後の不登校への対応の在り方について（報告）」では，不登校の「要因の多様化・複雑化」「一括りに扱うことは問題」という認識が示され，不登校への対応として「魅力ある学校づくりのための一般的な取組」を充実させることと「きめ細かく個別的な対応」の

二つが提起されている。

後者については「教員を支援する学校全体の指導体制の充実，コーディネーター的な役割を果たす不登校対応担当の明確化，LD/ADHD等関連する他分野の基礎知識の習得，養護教諭の役割と保健室・相談室の整備，スクールカウンセラーや心の教室相談員等との効果的な連携協力」等が示され，「今後の特別支援教育の在り方について（最終報告）」と共通する内容・システムが盛り込まれている。

これまで筆者は，通常学級における病気の子どもの実態調査を通して，彼らの教育と発達保障のためには特別ニーズ教育の視点とシステムが不可欠であることを指摘してきたが（猪狩・髙橋，2001b・2002a・2002b・2002c），法制化された「特別支援教育」の動向も視野に入れながら，病気長欠についても通常教育を含めた特別ニーズ教育として具体的な検討を進めていくことが求められている。

Ⅱ．研究の目的と視点

上記の問題意識にもとづいて本書では，小学校・中学校・高校の通常学級に在籍する病気の子どもの困難・ニーズの実態を明らかにし，病気の子どもに必要な特別な教育的配慮の課題を検討することを目的とする。そのための分析視点は次の5点である。

①小学校・中学校・高校の通常学級において病気の子どもが有している困難・ニーズを，本人・当事者，保護者，養護教諭および学級担任への実態調査を通して明らかにする。
②病気長欠が学習空白のみならず，病気の子どもにどのような困難・ニーズを生じさせているのかを実態調査を通して明らかにする。
③病気長欠と類似する部分がみられる不登校に注目し，病気長欠と不登校に

よる長期欠席との共通性と独自性という視点からの比較検討を行う。
④身体的な疾患・症状を有する病気の子どもと，精神神経的な疾患・症状を有する病気の子どもの困難・ニーズの違いと共通点を，実態調査を通して明らかにする。そして心とからだの健康問題という視点から医療と教育とが連携・協働した支援体制のあり方について検討する。
⑤以上の検討作業を通して，通常学級に在籍する病気の子どもに必要とされる特別な教育的配慮の具体化のための課題を明らかにする。

Ⅲ．論文の構成と内容

本書は，上記の研究目的と視点にしたがい，序章・終章および本論10章の合計12章から構成される。以下，論文の概要について述べる。

第1部「通常学級における病気の子どもの教育実態と特別な教育的配慮の課題」では，通常学級における病気の子どもの学校生活の実態を明らかにし，特別ニーズ教育の視点から，学校での理解と支援のあり方を検討する。

第1章「通常学級在籍の病気の子どもの問題に関する研究動向」では，1980年代以降，現在までの約25年間における通常学級在籍の病気の子どもの問題に関する研究動向について，小児医療・小児看護，病弱教育，学校保健の3領域において先行研究のレビューを行い，通常学級における病気の子どもの困難・ニーズがどのように把握され，どのような改善が提起されてきたかを明らかにする。

第2章「養護教諭からみた今日の学校保健問題」では東京都内の公立小・中学校，高校の養護教諭を対象に郵送質問紙法調査を行い，病気の子どもの学校生活の基盤となる，今日の学校における子どもの健康問題全般と学校保健の諸条件について明らかにする。

第3章「東京都内の公立小・中・高校の養護教諭調査からみた病気の子ど

もが有する学校生活の困難・ニーズ」では，東京都内の公立小・中学校，高校の養護教諭を対象に郵送質問紙法調査を行い，養護教諭からみた病気の子どもの学校生活の実態を明らかにする。

第4章「東京都内の保護者調査からみた病気の子どもが有する学校生活の困難・ニーズ」では，東京都内の小・中学校，高校の通常学級に在籍する6歳から18歳の病気の子どもの保護者を対象に質問紙法調査を行い，保護者が感じている学校生活上の問題，学校から提供されている配慮の実際や学校に対する要望を明らかにする。

第5章「通常学級在籍の病気の子どもの特別な教育的配慮の課題」では，第1部「通常学級における病気の子どもの教育実態と特別な教育的配慮の課題」のまとめとして，第1章・第2章・第3章・第4章において行った養護教諭調査と保護者調査の比較検討を通して，通常学級における病気の子どもの困難・ニーズを明らかにし，病気の子どものケア・サポートのあり方を検討する。

第2部「通常学級在籍の病気長欠児の困難・ニーズの実態と特別な教育的配慮の課題」では，病気による長期欠席児の実態に注目し，病気による長期欠席に対する学校の認識と実際に子どもがかかえている困難・ニーズを明らかにする。

第6章「通常学級在籍の病気長欠児問題に関する研究動向」では，先行研究のレビューを通して，通常学級における長期欠席問題全体の中で病気長欠問題がどのように把握され，改善に向けた議論がなされてきたのかについて明らかにする。

第7章「東京都内の公立小・中学校の養護教諭からみた病気長欠児の困難・ニーズ」では，東京都内の公立小・中学校の養護教諭を対象とした「病気による長期欠席に関する実態調査」（「病気長欠の有無と校内体制」，「長期欠席の児童・生徒の事例」）を通して，通常学級在籍の病気長欠児の学校生活にお

ける困難・ニーズの実態を明らかにし，特別な教育的配慮のあり方を検討する。

第8章「東京都内の公立小・中学校の学級担任からみた病気長欠児の困難・ニーズ」では，東京都内の公立小・中学校の学級担任を対象に「病気長欠児の学校生活に関する実態調査」を実施し，学級担任からみた通常学級在籍の病気長欠児の学校生活における困難・ニーズの実態を明らかにし，特別な教育的配慮のあり方を検討する。

第9章「東京都内の本人・保護者調査からみた病気長欠の困難・ニーズ」では，東京都内の小・中学校，高校において病気長欠を経験した本人，またはそうした子どもの保護者への郵送質問紙法・面接法によって調査を実施し，病気長欠児が抱える学校生活上の困難・ニーズや学校の対応に対する評価を明らかにし，当事者の立場からみた支援のあり方を検討する。

第10章「全国病弱養護学校高等部在籍の病気長欠経験者調査からみた病気長欠の困難・ニーズ」では，全国の病弱養護学校高等部に在籍する生徒のうち，通常学級において病気長欠を経験した生徒への郵送による質問紙調査を実施し，その集計結果にもとづき，病気長欠中の当事者ニーズをより明らかにする。

終章では，本研究が明らかにしたことを総括し，今後の課題について述べる。

引用・参考文献
1）文部科学省初等中等教育局特別支援教育課長（2013）病気療養児に対する教育の充実について（通知）.
2）文部省初等中等教育局長（1994）病気療養児の教育について（通知）.
3）副島賢和（2013）「病気療養児に対する教育の充実について（通知）」から考えた大切なこと. 障害者問題研究，41(3)，68-73.
4）村上由則（2006）小・中・高等学校における慢性疾患児への教育的支援—特別支援教育の中の病弱教育—. 特殊教育学研究，44，145-151.

12　　序章　研究の課題と方法

5）猪狩恵美子（2015）通常学級における病気療養児の教育保障に関する研究動向．特殊教育学研究，53(2)，107-115．

6）厚生省児童家庭局（1992）平成3年度小児慢性特定疾患対策調査結果の概要．

7）猪狩恵美子・高橋智（2001b）通常学級在籍の病気療養児の問題に関する研究動向－特別ニーズ教育の視点から－．東京学芸大学紀要第52集（第1部門・教育科学），191-203．

8）小野川文子・高橋智（2012）病弱特別支援学校寄宿舎における病気の子どもの「生活と発達」の支援．SNEジャーナル，18，148-161．

9）西牧謙吾・滝川国芳（2007）病気の子どもの学校教育と教師による教育支援の仕組み・活用法．小児看護，30，1536-1542．

10）西牧謙吾・滝川国芳（2009）特別支援教育の進み方と進め方－病弱教育の取り組みの反省を含めて－．小児保健研究，68，5-11．

11）国立特別支援教育総合研究所（2010）小中学校に在籍する「病気による長期欠席者」への特別支援教育の在り方に関する研究－子どもの病気と教育の資源の実態把握を中心に－．平成20～21年度研究成果報告．

12）中央教育審議会初等中等教育分科会（2012）共生社会の形成に向けたインクルーシブ教育システム構築のための特別支援教育の推進（報告）．

13）西間三馨・吾郷晋浩・加藤安雄ほか（1994）長期療養児の心理的問題に関する研究．平成6年度厚生省心身障害研究報告『小児の心身障害予防，治療システムに関する研究』．

14）加藤忠明（2004）小児の慢性疾患について．小児保健研究，63(5)，489-494．

15）谷川弘治（2003）子どもの健康問題と特別ニーズ教育研究の課題．SNEジャーナル，第9巻第1号，3-27．

16）堂前有香ほか（2004）小学校，中学校における慢性疾患患児の健康管理の現状と課題，小児保健研究，63(6)，692-700．

17）足立カヨ子（2003）「橋渡しの学校」としての役割－前籍校との多様な連携を試みて－．SNEジャーナル，9(1)，42-54．

第1部
通常学級における病気の子どもの教育実態と
特別な教育的配慮の課題

第1章　通常学級在籍の病気の子どもの
問題に関する研究動向

Ⅰ．はじめに

　本章では，1980年代以降から現在までの約25年間における通常学級在籍の病気の子どもの問題に関する研究動向について，小児医療・小児看護，病弱教育，学校保健の3領域において先行研究のレビューを行い，通常学級における病気の子どもの困難・ニーズがどのように把握され，どのような改善が提起されてきたかを明らかにする。

Ⅱ．通常学級在籍の病気の子どもの学校生活上の問題

　医療の進歩により病気の子どもの大半が，通常学級に在籍しながら療養生活を継続しているが，その学校生活は病気・治療にともなう様々な生活規制によって多くの支障が生じている（草川三治，1979；鉾之原昌ほか，1988；内海みよ子ほか，1995）。

　通常学校における病気の子どもの生活上の問題は，1980年代前半から小児医学・小児看護などの医療関係者の調査研究においていち早く指摘されてきた。小児医療から指摘されている問題は，①学級・教科担任の教師が病気や療養生活についての理解不足のため，子どもの学校生活上の過剰な制限・特別扱いや子どもへの不適切な教育評価，②学習空白・学習の遅れに対する配慮や補償がなく，進学に際しての内申評価も不利になること，の二点に大きくまとめられる。

16 第1部 通常学級における病気の子どもの教育実態と特別な教育的配慮の課題

　さらに後述のように筆者らが行った保護者への面接法調査では，発病・入院時に子ども・家族への教育相談機能が発揮されず，学校からの情報提供がきわめて不十分であることが強調されている。この点に関して紙屋克子（1991），渡部誠一ら（1993）の研究では，入院時から学級復帰を視野に入れた学級担任からの援助が重要であることが指摘されているが，実際には学校による入院中の子ども・家族へのフォローは不十分で，連絡・見舞いすらなされない事例が報告されている（平島登志江ほか，1987）。

　このような学校における病気・療養への無理解や教育的配慮の不足は，子ども同士のいじめや偏見などの発生にもつながっているほか，病気の子どもに自己の発達への確信や教師への信頼感を喪失させる結果となることが指摘されている（木村留美子ほか，1993）。

　このように通常学級在籍の病気の子どもが抱えている学校生活上の問題は多岐にわたっているが，さらにその問題状況が，小児医療（小児医学，小児看護，小児保健），病弱教育，学校保健のそれぞれの領域において，どのように把握され検討されているのかをみてみよう。

2.1　小児医療における問題把握

　北川照男ら（1984）は，インスリン依存性糖尿病患児の学校生活の実態調査を行い，運動制限を行っている321校中69校（21.5％）の制限項目の内容，および学校側が「困っていることがある」と答えた321 校中60校（18.7％）の困難事項の内容を，表1-1，表1-2のようにまとめた。また早川浩（1983）は気管支喘息児の実態調査から，学校生活における問題点を表1-3のようにまとめた。そのような実態は表1-4，表1-5にみるように，今日においてもなお基本的に問題解決に至っていないといえる（内海みよ子ほか，1995）。

　健康状態の悪化や医療事故の不安から，病気療養児の体育の授業や行事参加については学校側から過剰な制限が行われることが多く，学校生活の目安として主治医から管理指導表が提出されても，それ以上に制限が加えられが

表1-1 運動を制限している69校での制限項目

	小学校	中学校	高校	不明	計	%
体育の軽減	4	1	1	1	7	10.0
運動クラブ（部）活動	5	7	2	1	15	21.7
水泳	7	9	2	1	19	27.5
マラソン	15	15	6	3	39	56.5
体調に合わせて	5	1			6	8.7
陸上		1			1	1.4
すべての運動		1			1	1.4

出典：北川照男ほか（1984），p.599.

ちである（宮田晃一郎ほか，1983；西川和子ほか，1981）。

　また担当教師が主観的に「怠けている」と判断したり，寒風のなかで一律に体育の授業見学が強制されるなど，病気療養児の実態を理解していない機械的な対応がみられる。体育は授業参加の制限が低い成績評価につながり，とくに高校進学にむけた内申書評定への不安が大きいので，配慮即見学とするだけでなく，子どもの状態に応じた指導内容の工夫を求める声が強まっている。

　さらに小児糖尿病患児の健康維持に不可欠なインスリン注射や血糖値コントロールのための補食がトイレで行われているなど（永田七穂ほか，1987），疾病に応じた医療的管理への配慮も適切に実施されているとはいいがたい。

　現在においても，服薬や様々なレベルの「医療的なケア」を理由に，小学校への就学が認められないという事例も後をたたない。2005年8月，厚生労働省より各都道府県知事に対して「医師法17条，歯科医師法第17条及び保健師助産婦看護師法第31条の解釈によって（通知）」が出され，投薬等が一般の教師や看護師免許を持たない養護教諭でも実施できる可能性が示されたが，まだごく一部であり，こうした医療的な管理だけでなく，病気をもった子どもが安心して学校生活を送るためには様々な問題が残されている（宍戸洲美，

18　第1部　通常学級における病気の子どもの教育実態と特別な教育的配慮の課題

表1-2　学校側が糖尿病児で困っていると回答した60校が困難としている事項

No	学校で対応が困難としている事項	校数
1	家族・主治医からの病状の連絡不足	8
2	運動制限がよく判らない	7
3	校外・宿泊行事に不安	6
4	欠席が多い	5
5	補食をどのように与えてよいか判らぬ	4
6	給食に制限があり困る	3
7	家族の病気に対する無理解・躾が悪い	3
8	昏睡時の処置に不安	3
9	糖尿病児への対応の基本が判らない	2
10	尿糖が（−）のため糖尿病として扱われない	2
11	我儘でやけになり指導に困る	1
12	低血糖症状の持続に不安	1
13	帰途の低血糖に不安	1
14	救急車を呼ぶ時期が判らぬ	1
15	補食をもつのをいやがる	1
16	学校で買い食いをする	1
17	空腹時に他人の弁当を食べる	1
18	その他	3

出典：北川照男ほか（1984），p.601.

2005）。

　病気の子どもや家族にとって，健康・治療が一番の関心事であるのは当然のことだが，学習の遅れや進学への不安も切実な問題である（平島登志江ほか，1987）。

　患者会でまとめた保護者の声では，療養生活への理解や健康面の配慮の必要性とともに，表1-6，表1-7のように学習空白や学習の偏りへの不安，とく

第1章　通常学級在籍の病気の子どもの問題に関する研究動向　19

表1-3　喘息児の学校生活における問題点

1．学校側の気管支喘息についての正しい理解と協力（偏見，独善の排除）
2．各症例ごとの病状や対策についての緊密な連絡（保護者，患児，主治医，担任，養護教員，校医）
3．登校可否の判定（家庭，学校とも）
4．運動と体育教科における指導法（運動誘発性喘息の予防，水泳，マラソンの指導法）
5．給食　食物アレルギーの場合
6．作業ことに掃除　吸入性アレルギーの場合
7．旅行や校外活動への参加
8．施設入園の適応の判定

出典：早川浩（1983），p. 497.

表1-4　学校生活で困ったこと

(40名中)

内容	人数
運動ができない	13
発作が起きる	6
不安	6
欠席が多い	4
対応の仕方	4
学習の遅れ	2
学校への送り迎え	1
同級生とのトラブル	1
学校での内服や吸入を嫌がる	1
弁当持参	1

出典：内海みよ子ほか（1995），p. 964.

表1-5　学校生活での要望

(40名中)

内容	人数
喘息への対処	13
発作時の対処方法の理解	8
よく観察をしてほしい	7
早めに連絡をしてほしい	5
普通に接してほしい	3
遅刻，欠席時の補講	2
給食制限児への工夫	1
友達の理解が得られるように	1
宿泊時の対処を学校で	1

出典：内海みよ子ほか（1995），p. 964.

に高校進学の困難が報告されている。津田恵次郎ら（1994）は，重症の喘息児においては発作の頻発による早退・欠席，睡眠不足からくる集中力の低下などの影響で，高学年になるほど学習空白や無気力によって学力低下が生じると報告している（図1-1参照）。入院にともなう教育保障については病院内

20　第1部　通常学級における病気の子どもの教育実態と特別な教育的配慮の課題

表1-6　通常学級の病弱児や保護者の声

（「腎臓病・ネフローゼの子を持つ親の会」保護者アンケートより）

【欠席が多くて不安です】	学習が遅れる。友達関係がうまくいくか。学習が偏る（図工や音楽，習字などができない）。勉強以外の生活が乏しい（勉強は個人的にがんばっても）。
【進学への不安】	高校受験の内申に不利。病気がハンディになる。
【体育の見学】	内申に不利。子どもの不満（制限が多い）。見学だけでつまらない。
【周囲の理解が得られない】	社会的理解。先生の不理解・トラブル。悩みの相談がしたい。
【高校生活への不安】	出席日数や単位認定の問題。
【みんなと違う生活の規制】	薬を飲む。予防接種ができない。食事の制限。容貌・外見。

出典：東京の障害児教育の発展をめざす提言委員会（2000），p.57.

表1-7　通常学級の病弱児や保護者の声

（「心臓病の子を持つ親の会（各都道府県の会）」でまとめた要望より）

【ケアに要する体制】	複数担任。養護教諭の複数配置。介助員の配置（校外学習や水泳指導への配置，回数をふやす）。スクールカウンセラーの配置（いじめ・悩みの解消）。
【職員の研修】	人工呼吸法の研修。病気への理解。県主催の研修会。
【体育の見学への配慮】	対応を柔軟に。クラブが体育系に偏り（選択肢が少ない）。
【施設設備】	教室は1階に。エレベーター。洋式トイレ。スロープ。
【訪問教育の改善】	普通学級に在籍のまま，訪問指導を。普通校にも訪問学級を。院内学級の増設。
【教育期間の延長】	
【高校進学】	推薦制度を救済制度として。運動テストの免除。
【行事参加の改善】	親の付き添いなしで参加を。
【就学指導委員会の改善】	病弱の専門医の配置。
【病弱養護学校が少ない】	帰省に片道2時間など。

出典：東京の障害児教育の発展をめざす提言委員会（2000），p.58.

　教育として特別の配慮が求められてきたのに対して（塩田律子，1993），通常学級で生じる学習空白・学力低下には何らの具体的方策もとられていないというのが実情である（東山ふき子ほか，1997）。

　福士貴子ら（1991）は小児がんの子どもの教育保障に関して，卒業・修了は平素の成績を評定して行うと規定しているが，出欠に関する規定はなく，

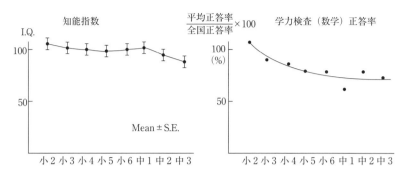

図1-1　長期入院児の知能指数と学力検査（数学）正答率の学年推移
出典：津田恵次郎ほか（1994），p.668.

病気に伴う長期欠席であっても欠席分の教育保障がなされない現行制度の問題を指摘している。

　従来の病弱児理解では，病気・生活規制についての「理解」レベルに終わりがちであった。しかし「からだが一番，健康第一」といっても，学習空白・学習の遅れによる子どもの発達不全は厳然とした事実として残る。入院に伴う学習空白を生じさせないための病院内教育の整備のほか，やむを得ず生じた学習空白や学習の遅れに対する「補償教育」の具体化が当面の重要課題になっている。

　さて小児医療関係者による調査研究は，いち早く，通常学級在籍の病気の子どもの学校生活上の問題点を指摘してきたが，しかしその実態は今日においても改善がほとんど進展していない。

　通常教育のなかで様々な実践的努力が行われているが（坂口せつ子，1990；河合尚規，1995），実際には教師のサポートに対する保護者の評価は，医師や親類・友人などへの評価と比べても低いものとなっている（長谷川浩，1992）。それは「担任の理解度によって左右される」（早川浩，1983）という言葉に象徴されるように，学校の支援体制として整備されているわけではなく，もっぱら担任教師の個人的な努力に依存しているからである。保護者が相談相手

22　第1部　通常学級における病気の子どもの教育実態と特別な教育的配慮の課題

と適切な援助を求めているのに対し（広瀬幸恵，1998），通常教育における実際的なサポート体制はきわめて不十分である。

　小児医療関係者が子どもの効果的な治療・療養という視点から，病気の子どもの日常生活に注意を向け，学校生活のあり方にも問題関心を持っていったのは当然であるが，そればかりでなく，総合医療という観点から，病気の治療にのみ目を向けるのではなく，子どもの生活全体への援助を進めていくという問題意識が形成されてきたことがその背景にある（高木俊一郎，1989）。従来の医学において強かった「急性疾患（病気）はみるが全体的なはたらき（人間）はみない」という傾向から，「疾病の治療と心身の機能の回復と向上」が不可分であることに留意した医療がめざされてきたのである（高谷清ほか，1978）。

　医療関係者は，学校と医師・医療機関の情報交換の不足が，通常学級において病気や療養生活への適切な理解と援助が得られない事態を招いており，学校に主治医や看護チームからの情報提供が可能となる連携システムが必要であると指摘している（長坂裕博ほか，1988；三宅捷太，1990）。しかし，その指摘も学校教育という場の機能・特性をふまえたものとして検討されてはおらず，改善方策の具体的な提起という面でも弱かったといえる。

2.2　病弱教育における問題把握

　永峯博（1986，1987）は，腎疾患や先天性心疾患の事例研究から「手術前後は病院併設養護学校，病院内学級が適当と思われるがそれ以外は普通小・中学校の方が家庭・教育・医療の面から適当ではないか」と提起する一方，しかし通常学級では事故が起こった場合の保障制度が不備であり，担任教師は40人学級のなかで多くの業務をかかえており，「心ある教師は悩み苦しみながら指導」にあたっていることを指摘していた。しかしそれ以外には病弱教育関係者から，通常学級に在籍する病気の子どもの問題に関する具体的な提起はほとんどなされないままにきたといえる。

第1章　通常学級在籍の病気の子どもの問題に関する研究動向　23

　病弱教育はこれまで病弱養護学校，病弱・身体虚弱特殊学級，病院内学級
など病弱教育専門機関における実践・研究が主であり，通常学級に在籍する
病気の子どもの実態やその問題点にはほとんど注意を向けてこなかった。病
弱教育の場が細分化され，それぞれの場における実践研究は進んだが，その
狭間に存在する子どもの問題の掌握や具体的な解決策の検討は不十分だった
といえる。

　近年は病気の子どもの病弱教育機関の転入・転出問題を通して，通常学級
や地域での生活に対する問題意識も形成され始めてきているが，なお病弱教
育機関と前籍校との連携・理解という段階に止まっている。その点で，通常
学級における病気の子どもの教育保障システムの構築が早急に求められてい
る。

　1990年代の動向は，「全国病弱教育研究会」や「日本育療学会」の発足に
見られるように，教育・医療・福祉の各分野が，病類別親の会などの保護者
の積極的な参加も得て，相互の連携・ネットワークが次第に形成されてきた
ことが大きな変化である。特筆されることとして，親の会や慢性疾患の本
人・当事者，またきょうだいの立場からの発言が活発になっていることが挙
げられる。患者会のなかにおいても，成人期と学齢期ではニーズが異なり，
学齢期の問題が当事者の立場から発信されるようになったのは病弱教育の歴
史の上では新しい。そのような動きのなかで，病気の子どもの生活実態やニ
ーズが明らかにされている。

　教育分野における当面の重点は，病院内教育・保育の整備・拡充とともに，
通常学級における病気の子どもへの支援のあり方や通常教育自体の条件整備
にある。しかし今日の通常学級が「学級崩壊」などの様々な教育危機に直面
している現状では，そのことが必ずしも共通の課題認識にはなり得ていない。
通常学級における病気の子どもとその他の学習困難児の具体的実態と共通的
問題を鮮明にしながら，病弱教育関係者と通常教育関係者が協同で議論と実
践を進めていくための基盤づくりが必要である。

2.3 学校保健における問題把握

田中丈夫（1991）は小学校養護教諭の調査を通して，表1-8のように，現状の問題として「医師・病院よりの情報提供不足・対応の悪さ」を，また要望として「医師と学校スタッフが直接話し合える場」「医師より紙面・電話で指導連絡」「学校へ疾患に関する詳しい説明」を求めていることを明らかにしている。保護者・養護教諭に行われた同様の調査でも，学校には主治医からの的確な情報が不足していることが指摘されている（新平鎮博ほか，1988；堀内康生，1998）。

表1-8 トータルケアをめざした治療システムの確立のための意見要望

（Ⅰ）現状への反省	（36回答）
a．医師・病院よりの情報提供不足・対応の悪さ	20
b．患者・家族・学校への指導の不十分さ	5
c．病院医師の学校への理解不足	2
d．学校検診のありかたへの反省	4
e．児童（患者）の将来への不安	1
f．主治医よりの情報提供・指導への感謝	1
g．保護者・担任・養護教諭の間での連絡の不十分さ	2
h．保護者の疾患に対する意識の確立	1
（Ⅱ）要望	（112回答）
a．医師と学校スタッフが直接話し合える場を（情報交換・問い合わせを）	33
b．学校へ疾患に関する詳しい説明を（管理表・治療内容）	22
c．医師より紙面・電話で指導連絡を（病院に開かれた窓口を）	28
d．最新医療情報の入手（定期研修会，講演会）	10
e．養護教諭・教師に対する慢性疾患・救急処置に関するマニュアルを	3
f．学校より医師・家族への積極的な働きかけが必要	6
g．学校と保護者の間のより積極的な話し合いを	2
h．患者・家族と医師の関係の確立を	5
i．児童（患者）の人間形成・学力面を考慮した治療体系の確立を	1
j．トータルケア確立のための組織づくり	1
k．僻地医療改善を	1

出典：田中丈夫（1991），p. 387.

第1章　通常学級在籍の病気の子どもの問題に関する研究動向　25

　子どもの健康・病気に関して，養護教諭，学級担任，体育担当者の間の理解が一致していないことが多く（五十嵐勝郎，1988），校内の保健指導組織が十分に機能していないことも指摘されてきた。養護教諭であっても病気療養児の実態を十分に掌握できておらず，適切な指導を行えていないことが明らかにされている（山崎美恵子ほか，1989；佐藤克子ほか，1989；東山由美，1997；川崎浩三ほか，1999）（図1-2参照）。

　日本の学校教育は養護教諭という職種をおき，学校保健・学校医という制度を備えながらも，医療・保健と教育との乖離が大きく，健康教育の定着はきわめて遅れている。その典型が「病気が治ってから学校・勉強」という考え方であり，「健康の問題は養護教諭の役割」という機械的分業の傾向である。その問題の背景について中神暉子（1981）や大永政人（1992）は，医学の重点が疾病治療におかれ，病気予防・健康増進の面が低調であったという歴史的経過があり，教師教育においても健康の問題はきわめて軽視され，さらに学校教育目標には「健康なからだ」を掲げてはいるものの，実際には学校教育でもっとも不足しているのが健康教育であることを指摘している。

　数見隆生（1994）は，これまで教育と医療との連携といいつつも，その実体は「医学から教育へ一方的に知識や技術を下ろしてくるだけ」であり「教育関係者の子どもの事実に対する責任性と追求性の弱さ」があったとしている。こうした状況のなかで教育学的視点にたった学校保健のあり方が模索されているが，数見は現代の子どもが直面している健康問題を，以下の四つのレベルで見ていくことを提起している。

①生命（死）にかかわる問題ないしは重度な障害に陥るような性質の問題
②いわゆる病名のつく「疾病（疾患）段階の問題」（感染症，喘息，腎臓疾患，心臓疾患，重いアレルギー，治療を要する心身症，う歯，近視など）
③明確な病名のつくような疾病に陥っているわけではないが，さりとて健康ともいえない，いわゆる「半健康レベル」「半病気」状態の子どもの問題

26　第1部　通常学級における病気の子どもの教育実態と特別な教育的配慮の課題

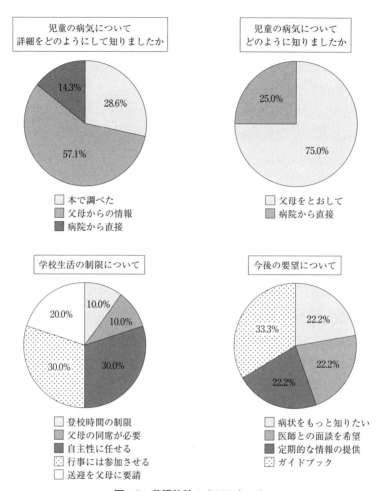

図1-2　養護教諭へのアンケート
出典：東山由美（1997），p.347.

④これまで健康の概念の範疇で問題にされてこなかったが，子どもが子どもらしく「正常に発達していない状態」の問題

　　数見は，①②の医学にかかるレベルは減少しているが，生活の変化を背景

に，心とからだが一体になった③④のレベルが健康問題として現れてきており，発達的視点や人間らしさという観点で今日の健康問題をとらえていく必要を指摘している。さらに学校保健・養護教諭の仕事は，子どもの学習権を保障し，健康上の問題や心身の障害などで学校に来ることができない子どもをなくすことであると述べている。

実際に1980年代以降，教育としての学校保健をめざして積極的に進められてきた養護教諭の実践は，③の「半健康レベル」「半病気状態」や，1970年代後半に正木健雄らによって提起された「からだのおかしさ」という健康・生活問題の立て直しをはかりながら，子どもの主体形成を追求してきたといえる。

「保健室登校などで養護教諭が中心になって対応している大きな問題は身体的なものではなくむしろ心身症・身体症状を訴える登校拒否」（小林登，1998）という状況が続いている。しかし①のレベルはもちろんのこと，②についても今日の学校教育が取り組むべき対象として明確に位置づけられてはいない。養護教諭・学校保健の立場から，通常学級に在籍する病気の子どもの教育保障に関する問題提起はほとんどなされていないのが実情である。

そうしたなか，中学校養護教諭の江崎正子（1992）が，糖尿病への実践から慢性疾患や難治性疾患の子どもが年々増加し，大規模校の養護教諭1名体制では子どもの健康を守り発達を保障するための指導や配慮ができにくい現状を報告している。江崎は難治性疾患に関わり生じる問題として，①病気への共通理解がもちにくく，本人・保護者が病状を秘密にする傾向，②主治医や医療機関との連携，③救急時における応急措置，④養護を要する子どもの施設・設備，⑤通常学級か養護学校かの選択，⑥宿泊行事における救急対応，⑦教師集団の共通理解，⑧教師の多忙化と養護教諭の複数配置，などを挙げている。

またいわゆる「教育困難校」といわれる高校の養護教諭からは，医学の進歩と高校進学率の増加から，病気をもち医療管理下にある生徒の入学が多く

見られる実態が報告され，とくに健康問題と学力や両親の経済状態が相関して社会の階層化とつながっている現状が指摘されている（漕野町子，1984：布川百合子，1994）。

高校段階での学校差は小学校・中学校とは異なり，子どもの実態の差が顕著であり，「教育困難校」では体力・体格・運動能力のマイナススコアや有病率の高さが見られる。入学者の多くは「小学校・中学校での保健室頻回来室者」であり「欠席の多さ」が目立つ子どもであり，高校での単位取得にはきめ細やかな指導が不可欠である。

布川百合子（1994）は，目的を持てず生きる意欲の乏しい生徒の退学を「教育問題の凝縮」ととらえ，「『人間は学力じゃない』といって責任回避してはいけない」「学力は『生きる力』の源であり，力を常に補給する原動力」であるとして，学力問題の解決の重要性を強く指摘している。学力差で輪切りにされている上に，子どもの特別な教育的ニーズに応えるサポート資源がほとんどない高校段階では，学習や発達に困難を持つ子どもを追いつめている現実が象徴的に見られるといえるだろう。

今日，子どもの健康を守る施策・制度が後退し，健康を脅かす社会的・環境的問題は悪化の一途をたどっている。医療の分野では小児科の縮小が進行し，学校保健でも健康診断の簡略化や「健康の自立自助」の動きが強まっている。

沢山信一（1996）は，治療や医療的改善の見通しがない疾病を対象外とし，事後措置と結びつかない健診は簡略化して民間検査機関に譲り渡すような安上がりの健康教育が進められようとしていることを指摘している。現在進行している医療・福祉の総合的な改革のなかで，こうした動きが現実に進行しつつあり，病気の子どもの学習・治療・療養の支援の基盤が後退していくことが懸念される。

保健室登校にみられる子どもの「心の問題」をめぐって，養護教諭がこれまでに果してきた役割が高く評価されるようになってきたのが近年の特徴で

ある。個々の子どもの心身の状況を把握していく専門性が期待されるとともに，コーディネーターとしての役割が注目されてきている。

養護教諭が担う役割・機能の範囲が拡大する傾向が見られていたが，特別支援教育コーディネーターへの指名をはじめ，特別支援教育の動きのなかでその職務の範囲はさらに拡大している。しかし30学級以上の学校を対象にした養護教諭の複数配置は小学校4.0％，中学校4.8％という低さに止まっており，高校では養護教諭が配置されていない場合もあるというのが現状である。

これまで養護教諭や学校保健・学校医が不十分な条件下でもめざしてきた発達保障の取り組みを，養護教諭や保健室機能の条件整備とともに，全校的な教育活動のなかに明確に位置づけていくことが重要である。

2.4　通常学級在籍の病気の子どもの特別ニーズ教育の課題

小児医療関係者の調査，養護教諭・学校保健の実践，病気の子どもの保護者の要望などから，通常教育の場においても病気や治療，療養生活を十分に理解し，子どもの精神面に配慮しながら，必要な学習と成長・発達を保障する教育の必要性が明らかにされている。

しかし病気の子どもの教育保障の問題に関しては，通常学級の教師から「そうした子どもに出会った経験がない」という声がしばしば聞かれるように，確かに疾病の発症率からみれば病気の子どもは少数であるといえる。しかし少数であるから対応が直ちに改善されるかといえばそうではなく，「ほかの教育困難児もおり対応しきれない」「病弱児への対応を行えば類似の問題を抱えた子どもにより通常学級は膨れ上がる」という反応が返ってくる。

実際，図1-3と図1-4に示されるように，小学校と中学校の長期欠席者に占める病気と不登校の割合は近年大きく逆転し，不登校の激増が顕著である。通常学級における教育困難の拡大と深刻化が，病気の子どもの教育に対する消極的で不十分な対応という状況を生み出しているともいえる。

しかしこれまでの多くの研究では，表1-9に示したように，不登校の子ど

30　第1部　通常学級における病気の子どもの教育実態と特別な教育的配慮の課題

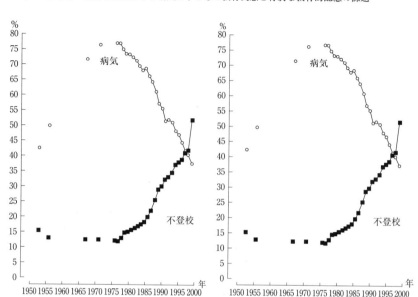

図1-3　【小学校】　　　　　　　　図1-4　【中学校】
学校長期欠席者の理由別推移（長期欠席者に対する比率の変化）
出典：子どものからだと心・連絡会議（1999），p.62．

もにおいても身体・精神の両面で，何らかの疾患・病変を伴うことが多いことが指摘されている（伊藤文之，1998）。また保健室登校や「怠学」傾向の子どもも，身体的不調などの問題を少なからず持っている。疾病や体調不良の状態は，欠席・学業不振・心理的不適応などの問題として，子どもの学校生活の大きなつまずきとなっていく。

また病弱養護学校・特殊学級等の子どもの実態も不登校・心身症が急増し，慢性疾患という概念すら変化しており，病弱教育の対象を「診断書」のある子どもに限定することはもはや現実的ではなくなっている（宮脇順子ほか，1997）。こうした点で病気の子どもと不登校・学校不適応などの子どもとの境界は判然としない。むしろ双方ともに，心身の健康面において特別な教育的ニーズをもつ子どもと捉えることが適切である。

第1章　通常学級在籍の病気の子どもの問題に関する研究動向　31

表1-9　不登校のきっかけとなった推定誘引

A．学　校		
1．教師との関係	2(4%)	
2．学校活動（役員，運動会）	3(6%)	
3．友人関係（いじめ）	8(16%)	
B．家　庭		
1．親との関係	1(2%)	
2．両親の不和・離婚	1(2%)	
C．本人の問題		
1．身体症状	30(60%)	
2．母子分離不安	3(6%)	
3．怠学傾向	4(8%)	
4．学業不振（知能境界例）	2(4%)	
5．慢性疾患	2(4%)	
6．精神疾患	2(4%)	
D．不　明	5(10%)	

出典：伊藤文之（1998），p. 1502.

　谷川弘治（1999）は今日の病弱教育実践のひとつとして，療養にともなう独自の教育課題（「治療指示の自己管理能力」など）を盛り込みながら学力の獲得と人格形成という通常の教育目標の達成をめざす教育指導・援助実践を挙げているが，このような取り組みが基本的には通常学級において行われるべき病弱教育であると思われる。こうした病弱教育の蓄積を踏まえながら，さらに対象を心身の健康面において特別な教育的ニーズをもつ子どもに広げ，彼らの発達保障を特別ニーズ教育という視点から捉え直していくことが必要である。

　こうした実態・課題に対する教育行政の理解・施策をみると，一定数の病気の子どもが常に通常学級に在籍しているわけではなく，その定数化・予算化は困難であるというのが，教育行政当局の論理である。それに対し特別ニーズ教育は，子どもの特別な教育的ニーズの発生を防止する予防的性格・機

能を有することが指摘されている。

　子どもの「半健康レベル」が拡大し，健康問題と学力問題・生活問題など とが深く相関しながら子どもの発達を阻害している今日の学校教育の現状に おいて，病気の子どもの教育保障とは，「病気」という特定の条件への対応 だけではなく，医療的な配慮を含む健康教育と子どもの学力・能力と人格の 発達保障を総合的に学校のなかに位置づけることを意味する。それゆえ，病 気や健康の問題を養護教諭や保健室の実践だけに閉じ込めず，学校全体とし て取り組む課題であるという認識を深め，さらに学校外の医療・児童福祉機 関とも連携・協同して適切なケア・サポートを整備拡充していくことが重要 である。

　すでに文部省（当時）の学習障害に関する調査研究協力者会議の最終報告 (1995) で提案されてきた校内委員会設置・全校的支援体制の組織化は，こ れまでの保健室登校をめぐる問題でもその重要性が実践的に明らかにされて きたといえる。すなわち，養護教諭の対応だけでなく，担任教師との連携， さらに全校での援助の組織化において解決の糸口がつかめた実践が報告され てきた（伊藤夕貴子，1998；数見隆生・藤田和也，2005)。さらに現在，特別支援 教育への転換のなかで重点的施策として推進されつつあるが，担任教師だけ が問題を背負い抱え込んでしまうことのないよう，学校全体で問題解決に取 り組むシステムの構築が何よりも重要である。

　従来，子どもの特別な教育的ニーズの問題は担任教師あるいは養護教諭の 責任とされ，それへの対応も個々の教師の資質・力量に依拠してきたことが， 問題をいっそう困難にし，解決を遅らせてきた要因である。それゆえに特別 な教育的ニーズに対応する校内委員会として，子どもの特別な教育的ニーズ 問題に全面的に責任を持ち，一元的・総合的に取り組んでいく学校内組織が 必要であると考えられる。

III. 考　　察

　本章では，通常学級在籍の病気の子どもの教育問題がどのように把握され，議論されてきたのかについて，1980年以降から現在までの小児医療・病弱教育・学校保健の各領域における研究動向を検討してきた。

　その結果，病気の子どもの通常学校での生活上の問題は1980年代前半から小児医療・小児看護の関係者によって，①担任教師の病気・療養生活への理解不足，②子どもの学校生活への過剰な制限・特別扱いと不適切な教育評価，③学習空白・学習の遅れに対する配慮や補償がないこと，④発病・入院時の教育相談機能の不足と入院中の子ども本人や家族に対するフォローの弱さ，などがいち早く指摘されていた。

　入院に伴う教育保障として院内教育が求められているのに比べ，通常学級においては，病気による学習空白・学力低下には何ら具体的方策がとられていない問題が指摘されており，学習と治療・健康の択一的な選択を迫られているというのがそこでの病気の子どもの実態といえる。

　病弱教育においては，これまで病弱教育専門機関における実践・研究が主であり，細分化された病弱教育の場の狭間に存在する子どもの問題の掌握やその解決策の検討は不十分であった。特別支援教育の動きとして病弱養護学校のセンター的役割が模索されているが，入院時の教育と地元校・前籍校との連携がその中心課題であり，通常教育の場における日常的な支援の対象として病気の子どもは位置づけられていないのが現状である。

　小児医療関係者からは，通常教育における養護教諭・学級担任・体育担当者の理解の不一致，校内の保健指導組織の機能の不十分さが指摘されていた。また，養護教諭側からは，病気の子どもの実態把握の困難や「医師・病院からの情報提供不足，対応の悪さ」が指摘されるなど，医療と教育の乖離が大きく，学校において「病気が治ってから教育」という認識が強いといえる。

一方，教育学的視点に立った学校保健の研究と実践の中では，「明確な病名がついてはいないいわゆる半健康・半病気状態の子どもの増加」「子どもが子どもらしく正常に発達していない状態」といった子どもの健康・発達が注目されてきた。そうした視点からの支援は重要な今日的課題になっているが，それは，慢性疾患の子どもは医療の対象とする理解につながりがちであったのではないかと考える。

しかし，一部の養護教諭からの実践報告では，通常学級に在籍する病気の子どもの実態と問題について「健康への配慮」「学習活動への配慮」をトータルに行う必要性や，家庭の養育問題・経済的な問題などをかかえる事例への総合的な支援の必要性が指摘されていた。

以上のように，通常教育においても病気や治療，療養生活を十分に理解し，子どもの精神面に配慮しながら，必要な学習と成長・発達を保障する教育が必要であることは明らかである。子どもの健康問題の変化に対応し，通常学校においても養護教諭を中心とした学校保健の貴重な教育実践も散見される。しかし「日本のほとんどの通常学級が『条件保障のないインテグレーション学級』」（窪島務，1999）であると指摘されるように，そのような教育実践も通常学校全体において標準的に行われているわけではない。

通常学級の長期欠席者に占める病気と不登校の割合が大きく逆転し，不登校が激増していることに見られるように，通常学級における教育困難の拡大と深刻化は，病気の子どもに対してむしろ消極的な対応になりがちである。不登校・保健室登校や「怠学」傾向の子どもにおいても，身体的不調の問題が少なからず見られ，欠席しがちで学業不振・心理的不適応を生じやすい病気の子どもとの境界は判然としない状態にある。

そうした現状の改善のためには，特別ニーズ教育の視点から一元的・総合的に取組む校内組織が不可欠であり，病気療養や不登校・保健室登校などの学校不適応という子どもの特別な教育的なニーズに対して，個々の事情や条件の如何にかかわらず，病気・健康問題への配慮，学習空白・学習の遅れへ

の対応，家族・地域生活支援などの教育・医療・福祉を横断した総合的なケア・サポート体制を，通常学校・学級のなかに確立していくことが焦眉の課題となっていると考える。

Ⅳ．おわりに

通常学級における病気の子どもの生活上の問題は1980年代前半から小児医療・小児看護の関係者によって，いち早く指摘されていたが，教育関係者と連携した改善にはつながっていなかった。病弱教育研究では病弱教育専門機関における実践と場の充実が課題として追求され，通常学級との連携は転出入に際しての学校間の連絡のレベルにとどまっていた。

また，子どもの心身の発達や健康問題の広がりに対する実践と研究を進めてきた学校保健分野でも，病気の子どもは医療の対象とする傾向が見られ，病気の子どもへの配慮・援助への視点は確立していなかったといえる。しかし少数であるが，病気の子どもへの支援を健康と学力・生活などの総合的支援としてとらえた実践がみられ，保健室登校への実践では，病気の子どもと共通する配慮・援助を必要とする子どもの姿が見られた。

以上から，通常学級における病気の子どもの発達保障を実現する上で，これまでの養護教諭を中心とした学校保健の実践の蓄積をふまえながら，病気・健康の問題を養護教諭・保健室の実践に閉じ込めず，学校全体として捉え，学校外の医療・児童福祉機関との連携も視野に入れた特別ニーズ教育として対応を進める必要性が明らかになった。

第2章　養護教諭からみた今日の学校保健問題

Ⅰ．はじめに

　本章では，通常学級における病気の子どもの特別な教育的配慮を保障する諸条件を明らかにする前提作業として，東京都内の公立小・中・高校の養護教諭を対象に郵送質問紙法調査を行い，病気の子どもの学校生活の基盤となる，今日の学校における子どもの健康問題全般と学校保健の諸条件について明らかにする。

　調査の方法は，都内の区市町村立小学校（1340校），区市町村立中学校（471校），都立高校（全日制191校，定時制等105校）の養護教諭を対象に質問紙調査票を郵送で送付し回収した。調査期間は2000年9月1日から10月15日，回収結果は小学校467校（回収率35.1%），中学校209校（回収率44.4%），高校94校（回収率31.7%）であった。

Ⅱ．調査の結果

2.1　通常学校における学校保健の動向

2.1.1　養護教諭の職務をめぐる現状

　表2-1に示されるように，ほとんどの学校において養護教諭は1名体制であった。島嶼部では小・中学校を1名で兼任，あるいは養護教諭が配置されず一般教員（保健体育教諭）が保健室管理にあたり通常は保健室を閉めている高校があることが記載されていた。養護教諭2名配置のための従来の要件

38　第1部　通常学級における病気の子どもの教育実態と特別な教育的配慮の課題

表2-1　1校あたりの養護教諭配置人数

	小学校 n=467		中学校 n=209		高校 n=94	
1名	463	99.1%	204	97.6%	84	89.4%
2名	3	0.6%	3	1.4%	3	3.2%
その他	1	0.2%	2	1.0%	7	7.4%

その他）小学校1校は小・中兼務　中学校2校・高校5校は養護教諭1名と嘱託1名。
　　　高校1校は未配置　高校1校は養護教諭2名と有資格嘱託1名と嘱託1名。

であった30学級以上の学校はなかった。また2001年度から進められている第
7次（高校6次）教職員定数改善計画の基準となっている児童生徒数（小学校
851人以上，中学・高校801人以上）でみると複数配置の要件を満たすのは小学
校1校，中学校は該当校なし，高校20校となる。

　表2-1では養護教諭2名や，養護教諭のほか嘱託1名が配置されている学
校が見られるが，学校規模は高校の27学級981名1校を最大として他はそれ
以下であり，中学校では6学級，8学級という学校もあることから，それら
は教職員標準法ではなく学校独自の条件に配慮した複数配置だと考えられた。
ほとんどの学校は複数配置基準に達していないが，実際には1名の養護教諭
では対応困難な児童・生徒数を対象としていると考えられた（図2-1，図2-2）。

　養護教諭免許のみを所持する者は3割弱で，他の教員免許のほかに医療職
の資格を持つ養護教諭もいた。看護師免許所持者は小・中・高校全体で
17.0%，保健師免許所持者は同様に9.8%であった（表2-2）。その他の免許
資格として，歯科衛生士・衛生管理者・助産師・保母・認定心理士などが記
載されていた。臨床経験について質問項目を設けなかったが養護教諭の養成
課程が医療系と教育系大学で異なっているほか，医療職からの転職記載も若
干見られ，個々の養護教諭により知識・技能などの面で差異があることが推
測される。

　校務分掌では表2-3のように，保健部に所属する養護教諭が多く，生活指
導部・教育相談部に所属する場合は，その中で保健係など学校保健関連を担

第2章　養護教諭からみた今日の学校保健問題　39

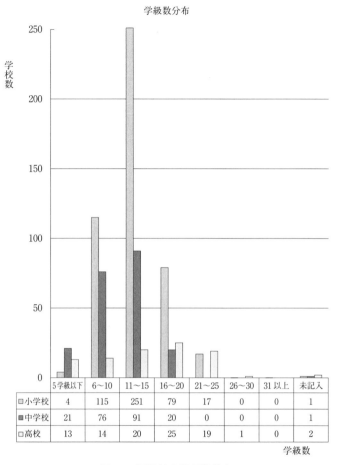

図2-1　回答校の学級数分布

当していた。そのほか体育部，学校行事委員会，入学対策委員会，教務部などにおいても子どもの健康・保健教育に関わる専門的立場として参加していることがうかがえた。とくに小学校で分掌が多岐にわたっている傾向が見受けられた。

健康・保健の専門職として1人の養護教諭が多岐にわたって学校運営に関

40　第1部　通常学級における病気の子どもの教育実態と特別な教育的配慮の課題

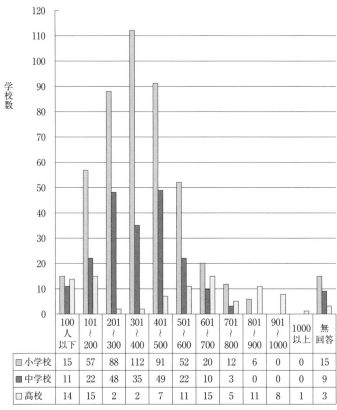

図2-2　回答校の児童・生徒数分布

わっており，保健室執務上で困っている問題として「少ない教職員数により学校運営を行うために，本来の業務以外も分担せざるをえない」と記載している小規模校も見られた。

2.1.2　学校保健委員会と学校医

「学校における健康教育の推進の観点から（中略）学校と家庭・地域社会

第 2 章　養護教諭からみた今日の学校保健問題　41

表2-2　養護教諭の取得免許・資格　　　　　（複数回答）

	小学校 n=467		中学校 n=209		高校 n=94	
養護教諭のみ	137	29.3%	52	24.9%	26	27.7%
小学校	98	21.0%	138	66.0%	5	5.3%
中学校	137	29.3%	106	50.7%	32	34.0%
高校	38	8.1%	55	26.3%	20	21.3%
盲・ろう・養護学校	16	3.4%	5	2.4%	0	0.0%
看護師	77	16.4%	35	16.7%	19	20.2%
保健師と看護師	40	8.6%	21	10.0%	15	16.0%
その他	13	2.8%	14	6.7%	7	7.4%

表2-3　養護教諭の校務分掌　　　　　（複数回答）

	小学校 n=467		中学校 n=209		高校 n=94	
保健部	222	47.5%	141	67.5%	48	51.1%
給食部	10	2.1%	10	4.8%	2	2.1%
教育相談部	42	9.0%	42	20.1%	0	0.0%
生活指導部	212	45.4%	70	33.5%	13	13.8%
教務部	9	1.9%	0	0.0%	0	0.0%
入学対策部	9	1.9%	0	0.0%	0	0.0%
体育部	23	4.9%	0	0.0%	0	0.0%
無記入	75	16.1%	4	1.9%	3	3.2%

を結ぶ組織」（保健体育審議会答申，1997）とされている学校保健委員会は，小学校298校（63.8%）で「ある」と回答されているが，中学校では103校（49.3%），高校22校（23.4%）とその割合が低くなっていた。また「十分機能していない」「実際には開催されていない」という添え書きも見られた。

　配置されている学校医の診療分野を見ると，学校医が小児科（又は内科）・歯科・眼科・耳鼻科とそろっている学校は小学校171校（36.6%），中学校61校（29.2%），高校32校（34.4%）であり，「いない」という回答が小・中学校

42 第1部 通常学級における病気の子どもの教育実態と特別な教育的配慮の課題

各1校あった。小児科・内科のいずれも配置されていない学校は高校ではなかったが，小学校で57校（12.2%），中学校で32校（15.3%）に見られ，学校医の配置状況は多様であった。

学校医がどのような関わりをしているかについては，今回の調査で質問項目を設けなかったため詳細は明らかではないが，「健康診断以外連携無し」「学校医は十分機能しているとはいえない」という記載が見られた。

なお区・市全体で2名程度の精神科医が委嘱されているなど，精神科医が配置されているという回答が小学校50校（10.7%），中学校29校（13.9%），高校4校（4.2%）にあったが，一方で皮膚科の配置は全体で2校のみだった。専門的学校医の適切な配置という点でばらつきと不十分さが見られ，学校保健における医療的バックアップ体制は不十分であると考えられた。

2.1.3 子どもの保健室利用と健康問題

⑴保健室利用とその理由

一日の保健室利用率は学校により幅が見られた（表2-4，図2-3）。子どもが保健室を利用する理由は「頭痛・腹痛その他身体の不調」「外傷」が中心であるが，「心理的な問題を含む不定愁訴」「睡眠不足等生活習慣の問題」についても高い割合で回答され，身体の不調・外傷が中学・高校と進むに連れて減少していくのに比して，それらの問題は中学・高校で高率となる傾向が見られた（表2-5）。

「その他」の項目では「なんとなく」「おしゃべりにくる」が多く，「体重

表2-4 保健室利用率

（一日の利用人数／在籍者数）

	有効回答校数	平均	最低	最高
小	464校	5.4%	0.8%	40.3%
中	207校	6.3%	1.3%	27.5%
高	94校	1.3%	0.7%	12.9%

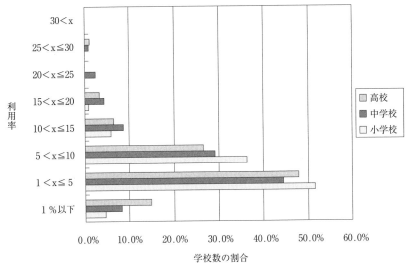

図2-3 保健室利用率の分布

を測りに来る」「クーラーがあるので」などの多様な理由が記載されていた。「サボりに」などが中学・高校からの回答に見られた。養護教諭との人間的交流や心理的な安心を得る場として、保健室を訪れる子どもの存在が示されていた。

(2)子どもの健康において気になる問題点

養護教諭から見た子どもの健康問題では、身体症状であるアレルギー・肥満・喘息などの問題もあるが、むしろ「基本的生活習慣・生活リズムがついていない」「家庭環境からくる健康阻害」「心理的不適応」などに高い問題関心が示されていた。また、小学校より中学・高校へと年齢が進むにしたがい、その割合が高まる傾向が見られた。

44　第1部　通常学級における病気の子どもの教育実態と特別な教育的配慮の課題

表2-5　保健室来室理由　（多いものを3つ選択）

	小学校 n=467		中学校 n=209		高校 n=94	
①腹痛・頭痛その他身体の不調	435	93.1%	184	88.0%	76	80.9%
②外傷	429	91.9%	98	46.9%	35	37.2%
③心理的な問題を含む不定愁訴	247	52.9%	139	66.5%	60	63.8%
④睡眠不足等生活習慣の問題	181	38.8%	89	42.6%	42	44.7%
⑤勉強がわからず教室がつまらない	35	7.5%	46	22.0%	20	21.3%
⑥友人関係のトラブル	26	5.6%	28	13.4%	18	19.1%
⑦家庭の問題	7	1.5%	10	4.8%	6	6.4%
⑧その他	30	6.4%	18	8.6%	18	19.1%

表2-6　子どもの健康で気になる問題点　（選択肢より複数回答）

	小学校 n=467		中学校 n=209		高校 n=94	
①アレルギー	168	36.0%	69	33.0%	32	34.0%
②喘息	36	7.7%	11	5.3%	30	31.9%
③肥満	118	25.3%	16	7.7%		
④虫歯や歯並びの悪さ	58	12.4%	72	34.4%		
⑤近視等視力の低下	91	19.5%	38	18.2%		
⑥基本的生活習慣・生活リズムがついていない	346	74.1%	163	78.0%	86	91.5%
⑦家庭環境からくる健康阻害	196	42.0%	89	42.6%	52	55.3%
⑧心理的不適応	199	42.6%	141	67.5%	86	91.5%
⑨けが・骨折の多さ	52	11.1%	16	7.7%	6	6.4%
⑩姿勢の悪さ	53	11.3%	9	4.3%		
⑪その他	12	2.6%	7	3.3%	5	5.3%

注：高校の斜線部分は選択肢を設けなかったため。

第 2 章　養護教諭からみた今日の学校保健問題　　45

表2-7　保健室執務の上で困っていること　（選択肢より複数回答）

	小学校 n=467		中学校 n=209		高校 n=94	
①事務量が多く，子どもの健康指導が十分できない	176	37.7%	61	29.2%	26	27.7%
②保健室利用や保健行事が多く，多忙である	143	30.6%	59	28.2%	32	34.0%
③健康や体の問題は養護教諭に任せておけばよいという風潮	111	23.8%	30	14.4%	20	21.3%
④担任との連携が取りにくい	43	9.2%	26	12.4%	15	16.0%
⑤養護教諭の研修の機会が十分でない	81	17.3%	28	13.4%	24	25.5%
⑥生活指導・家庭の問題など複雑な要素が多く，生徒指導が難しい	254	54.4%	142	67.9%	58	61.7%

⑶保健室執務上で困っていること

　養護教諭の業務が事務処理と子どもへの対応に追われ，現状では子どもの健康・保健指導が十分に行えないという悩みや，校内における健康問題への認識と連携の不十分さが回答されているほか，とくに目立つのは「生活指導・家庭の問題など複雑な要素が多く，生徒指導が難しい」という問題である（表2-7）。この点は表2-6において，養護教諭が気になる健康問題として生活習慣，家庭環境，心理的な問題を強く指摘していることと共通している実態であるといえる。

2.2　保健室登校からみた子どもの健康と発達の問題

2.2.1　保健室登校をする子どもの状況

　保健室登校をする子どもは，小学校で59校（12.6%），中学校で41校（19.6%），高校で13校（13.8%）が「いる」という回答結果であった（表2-8）。そのほか保健室以外の教室を相談室として用意し，そこで教育相談担当の再

46 第1部 通常学級における病気の子どもの教育実態と特別な教育的配慮の課題

表2-8 保健室登校の児童・生徒の在籍状況

(2000年7月1日現在)

	小学校 n=467		中学校 n=209		高校 n=94	
いる	59	12.6%	41	19.6%	13	13.8%
いない	398	85.2%	166	79.4%	81	86.2%
その他	7	1.5%	3	1.4%	2	2.1%

＊高校内訳

	全日制	定時制	単位・通信
いる	9	4	0
いない	54	26	1

表2-9 保健室登校の児童・生徒への対応経験

	小学校		中学校		高校	
ある	267	57.2%	120	57.4%	40	42.6%
ない	97	20.8%	37	17.7%	24	25.5%

雇用教員が対応している学校も散見された。また毎日一定の時間，保健室に立ち寄ってから教室に行く事例も示されていた。

今回の調査においては，保健室登校という言葉の規定をしなかったこと，保健室が開放されているかどうか質問項目を設けなかったこともあり，現況では保健室登校者のいない学校が大半という結果であるが，表2-9のように，これまでに「対応経験がある」と回答した養護教諭が小・中・高校の平均で約52％であった。

2000年7月1日現在で保健室登校の事例人数として回答されたのは，小学校76名，中学校82名，高校29名であった。保健室登校の主な理由は，表2-10に示したとおりである。身体症状や疾患を理由にした保健室登校もあるが，全体からみると低い割合である。小学校では「学校生活への不適応」「不登校からの立ち直り」が多く，中学校では「対人関係」「学校生活への不適応」，

第2章　養護教諭からみた今日の学校保健問題　47

表2-10　保健室登校の理由 （複数回答）

	小学校76名		中学校82名		高校29名	
身体症状や疾患	6	7.9%	6	7.3%	3	10.3%
対人関係（友人関係）	11	14.5%	22	26.8%	8	27.6%
学校生活への不適応	29	38.2%	17	20.7%	17	58.6%
家庭環境の問題	13	17.1%	15	18.3%	4	13.8%
不登校からの立ち直り	17	22.4%	11	13.4%	4	13.8%
その他	6	7.9%	2	2.4%	0	0.0%

表2-11　保健室登校対応の校内組織

	小学校 n=467		中学校 n=209		高校 n=94	
ある	183	39.2%	59	28.2%	22	23.4%
ない	178	38.1%	105	50.2%	37	39.4%

高校では「学校生活への不適応」「対人関係」が高い割合を占めている。

2.2.2　保健室登校の子どもへの対応

　保健室登校の子どもへの対応や問題解決には，全校的な連携・協力の必要性が提起されてきた（伊藤夕貴子，1998）。今回の調査で，保健室登校への対応を検討する校内組織の有無について，「ある」と回答したのは小学校39.2%，中学校28.2%，高校23.4%であった（表2-11）。小学校では「生活指導全体会，生活指導部会，生活指導の朝会（毎週金曜日），保健部会，ブロック学年会」など，中学校では「教育相談係，生活指導会議，保健部会，カウンセリング委員会」など，高校では「（教育）相談部，保健連絡会，保健部，不登校対策会議」などが記載されていた。

　校内組織での検討事項は，例えば小学校の場合では「子どもの面談・理解，学校の対応方針や体制作り」「学級担任への助言や相談」「必要な校外組織や機関との連携」という順に多かった。しかし，「その他」の項目には「組織

48 第1部 通常学級における病気の子どもの教育実態と特別な教育的配慮の課題

はあるが実際には機能していない」「行われてはいない」という記載も散見
された（表2-12）。

　養護教諭が保健室登校への対応で苦慮している問題は，表2-13に示したと
おりである。小・中・高校のいずれにおいても「その児童・生徒を理解する

表2-12　検討・対応の内容　　　　　（複数回答）

	小学校 n=467		中学校 n=209		高校 n=94	
①子どもの面談・理解，学校の対応方針や体制作り	149	81.4%	44	74.6%	16	72.7%
②保健室登校の子どもの登校中への対応	98	53.6%	32	54.2%	15	68.2%
③学級担任への助言や相談	114	62.3%	18	30.5%	17	77.3%
④家庭への助言や相談	106	57.9%	22	37.3%	12	54.5%
⑤必要な校外組織や機関との連携	111	60.7%	33	55.9%	13	59.1%
⑥その他	11	6.0%	7	11.9%	1	4.5%

表2-13　保健室登校対応で困っていること　　　　　（複数回答）

	小学校 n=467		中学校 n=209		高校 n=94	
①その生徒を理解すること	164	35.1%	64	30.6%	19	20.2%
②担任と連携して対応すること	154	33.0%	52	24.9%	22	23.4%
③教科・学年・管理職等との校内での連携	85	18.2%	62	29.7%	14	14.9%
④他の児童・生徒との関係	143	30.6%	72	34.4%	18	19.1%
⑤学習への援助	60	12.8%	35	16.7%	6	6.4%
⑥養護教諭の過剰な負担	161	34.5%	81	38.8%	25	26.6%
⑦家庭との連携の不足	131	28.1%	50	23.9%	17	18.1%
⑧医療との連携の不足	24	5.1%	11	5.3%	10	10.6%
⑨学校だけの対応の限界	122	26.1%	29	13.9%	17	18.1%
⑩単位認定					10	10.6%
⑪その他	8	1.7%	2	1.0%	0	0.0%

こと」が挙げられている。また「養護教諭の過剰な負担」についても高い割合で指摘されており，「担任と連携して対応すること」が小学校，高校で多く挙げられている。

　今日，保健室登校問題への理解が広がりつつあるとはいえ，学校での実際的対応では養護教諭の負担がとても大きく，対象児への共通理解を含めて，校内における連携・協力システムの構築が重要な課題となっていることを示す回答状況になっている。

　学校別の違いでは，小・中学校では「他の児童・生徒との関係」の項目が高い割合を示しているほか，「学習への援助」についても問題が指摘されている。保健室登校する子ども以外にも特別な教育的配慮や援助を必要とする子どもがいることや，学習の遅れに対する励ましや補習・補講，適切な教材の提供など具体的援助が求められている実態を反映していると思われる。

　また高校では「医療との連携の不足」という回答が増加しているが，一般に年齢が進むにつれ，受診率が低下する傾向（渡辺晃紀：2001）や子どもの自己判断が強まる傾向がみられ，治療に関する正確な情報が得られにくくなる。それゆえ後述のように，高校段階での病気による長期欠席者の実態では精神疾患・神経症の傾向が強まっており，医療関係者からの専門的な情報が求められているのではないかと推定される。また「学校だけの対応の限界」には，家庭のほか医療・教育相談・児童福祉機関などの学校外の諸機関との連携の必要性が示されていると思われる。

2.2.3　保健室登校への対応の課題

　保健室登校への対応を進める上で養護教諭が要望している内容は，表2-14に示したとおりである。校内での共通理解と養護教諭以外の教職員を含めた相談体制が求められている。また保健室登校の子どもの居場所や学習場所の確保，そのための施設・設備の改善についても強く望まれている。

　保健室登校の課題解決において，養護教諭だけではなく学校全体として理

50　　第1部　通常学級における病気の子どもの教育実態と特別な教育的配慮の課題

表2-14　保健室登校対応での要望事項　　　　　（3つ選択）

	小学校 n=467		中学校 n=209		高校 n=94	
①校内での共通理解	189	40.5%	77	36.8%	25	26.6%
②養護教諭以外の教職員を含めた相談体制	196	42.0%	52	24.9%	34	36.2%
③学習への援助	101	21.6%	62	29.7%	17	18.1%
④施設・設備（居場所・学習場所）の充実	182	39.0%	89	42.6%	26	27.7%
⑤養護教諭の複数配置	91	19.5%	28	13.4%	22	23.4%
⑥スクールカウンセラーの配置	96	20.6%	35	16.7%	15	16.0%
⑦校医の対応を増やす	4	0.9%	0	0.0%	1	1.1%
⑧精神科医の関わり	43	9.2%	25	12.0%	21	22.3%
⑨家庭への地域での支援	48	10.3%	19	9.1%	5	5.3%
⑩学校以外の専門家・専門機関との連携	84	18.0%	25	12.0%	19	20.2%
⑪その他	19	4.1%	8	3.8%	4	4.3%

解し取り組んでいくことの重要性が指摘されていると考えられる。その他，「スクールカウンセラーの配置」「精神科医の関わり」が求められている。これらは保健室登校への適切な対応を進める上で，心理面や心身医学的な専門性が要求されていることを反映している。また保健室登校の背景として家庭環境の問題が指摘されていたように，対象児とその家族への支援を進めていくためには，学校だけではなく地域の専門機関との連携・協力が求められていると思われる。

2.3　長期欠席からみた子どもの健康と発達の問題

2.3.1　病気長欠の子どもの状況

　学校基本調査では30日以上の長期欠席について，「病気」「経済的理由」「不登校（1998年度調査までは学校嫌い）」「その他」という分類で毎年集計が出

されている。

　近年「不登校」による長期欠席の増加問題は注目されているが，病気による長期欠席は病弱教育関係以外では問題として取り上げられることはほとんどなく，その実態も明らかにはなっていない。今回の調査では前年度（1999年度）において，病気による長期欠席者がいたかどうか，病気の状態と欠席状況，学校としての対応についての質問項目を設けた。

　病気による30日以上の長期欠席者が，1999年度において「いた」と回答したのは，小学校141校（30.2%），中学校49校（23.4%），高校35校（37.2%）であり（表2-15），調査結果から得られた長期欠席者事例数は小学校で139校198人，中学校で49校78人，高校で34校79人であった。

　登校したり休んだりという「欠席を繰り返す」事例は，小学校99人（50%），中学校33人（42.3%），高校11人（13.9%）であった（表2-16）。小学校では全ての事例に対してこの欄が回答されていたが，中学・高校ではこの欄の無回答が目立ち，高校では無回答が60校（57%）であった。教科担任制をとり選択教科が多い高校ではとくに，生徒の欠席に関する正確な把握が困難である

表2-15　30日以上の病気長欠者の有無

	小学校 n=467		中学校 n=209		高校 n=94	
いた	141	30.2%	49	23.4%	35	37.2%
いない	288	61.7%	137	65.6%	50	53.2%
無回答	38	8.1%	23	11.0%	9	9.6%

表2-16　長期欠席の状態

	小学校 n=198		中学校 n=78		高校 n=79	
欠席を繰り返す	99	50.0%	33	42.3%	11	13.9%
継続して欠席していた	99	50.0%	39	50.0%	23	29.1%
無回答	0	0.0%	6	7.7%	35	44.3%

52　第1部　通常学級における病気の子どもの教育実態と特別な教育的配慮の課題

表2-17　高校での病気による中退・留年

	病気による高校中退			病気による高校留年	
いる	20	21.3%	いる	23	24.5%
いない	53	56.4%	いない	54	57.4%
無回答	21	22.3%	無回答	17	18.1%

ことが推測された。

　「継続して欠席していた」事例は小学校99人（50%），中学校39人（50%），高校23人（29.1%）であった。小・中学校では回答された事例の約半数が継続して欠席していた。高校では長期欠席のほかに病気による休学・留年・中退も回答され，病気による留年は24.5%の高校で，病気による中退は21.3%の高校で報告されていた（表2-17）。なお義務教育段階であっても子どもの長期欠席に対する具体的な補償制度がなく，長期欠席は直ちに学習空白に直結してしまう問題が横たわっている。

　長期欠席の子どもの疾病状況に関しては，小児がん，心臓病，腎臓病，糖尿病，外傷・外科的手術が記載されていたが，喘息やアレルギー性疾患も多く見られた。また心身症，軽度うつ，拒食症のほか「集団不適応」「場面緘黙」「母子分離不安」なども記載されており，精神神経疾患ならびにその周辺群と見られるもののほか，病名不明というケースも少なくなかった。とくに高校段階では，精神神経疾患として診断名が明確なケースや自律神経失調症と診断されているケースが多く報告されていた。病気による長期欠席といっても，その病名・病状はきわめて多様であるといえる。

　長期欠席になっている理由を表2-18に示した。長期欠席の理由として「入院」のみ回答されている事例は，小・中・高校全体で118ケース（33.2%）であった。「家庭での療養」のみを理由に挙げた長期欠席事例は，小学校32人（16.2%），中学校13人（16.7%），高校9人（11.4%）であったが，「入院」のみを挙げている事例以外（約66%）は家庭で療養している状態であると見ら

第2章　養護教諭からみた今日の学校保健問題　　53

表2-18　長期欠席の理由　　　　　　　（複数回答）

	小学校 n=198		中学校 n=78		高校 n=79	
①入院	85	42.9%	32	41.0%	23	29.1%
②家庭療養	32	16.2%	13	16.7%	9	11.4%
③病気と心理的問題	53	26.8%	21	26.9%	10	12.7%
④家庭の考え	21	10.6%	4	5.1%	0	0.0%
⑤適切な教育の場がない	2	1.0%	1	1.3%	0	0.0%
⑥その他	1	0.5%	0	0.0%	0	0.0%

れた。また入院による長期欠席の場合でも，入院の前後に家庭療養期間があると考えられるケースが少なくない。

　そのほか家庭の考えによると回答された事例が25件，生活習慣上の問題から長欠という事例が小学校で2件報告されている。不登校・登校拒否と明記された事例は小学校15人，中学校3人，高校8人である。またとくに「適切な教育の場がない」という事例として，化学物質過敏症で教室・校庭にも入れず，配布物にも反応が出るために電話連絡のみという事例（小学校），知的障害を伴う病気療養児の事例（小学校），「心理的人格障害」と記載された事例（中学校）の3件が報告されている。

　また学習の遅れ，学業不振が記載されているケースが小学校28人，中学校3人，高校18人であったほか，「入院中にほとんど学習せず学習意欲がわかなかった」「学習の遅れがあり生活習慣も不規則」などの記載が見られた。なんらかの発達障害が考えられる事例も見られた。

　病気長欠と明記した質問項目であったが，回答内容からは単なる病気長欠とみられる事例はむしろ少ないと推定された。「病気と療養」に加えて，「心理的問題」「家庭の考え方」「学習困難」「生活習慣」などの子ども自身の抱える困難やその生活環境，また化学物質過敏症の事例に見るようなアレルギー誘発要因や施設設備の不備など「学校の環境」「学校でのサポートの不足」

54　第1部　通常学級における病気の子どもの教育実態と特別な教育的配慮の課題

などの要因があり，いくつかの要因が相関している事例が多いことがうかがえた。要因に応じた適切な対応・援助が必要とされているといえる。

2.3.2　病気長欠への学校の対応

　表2-19に病気長欠への学校の対応の内容を示した。学校の対応は「担任の定期的訪問と通信・教材の配布」「学級の生徒とのつながりの工夫」「お見舞い」という順に多いが，その頻度や具体的内容については今回の調査では明らかにできていない。

　「ほとんど対応できなかった」「不明」という回答も見られ，長期欠席者に対する学校からの働きかけのうち最も多く回答された項目でも6割弱という実態から考えると，長期欠席中の教育保障や学校の対応はきわめて不十分なレベルにあるといえよう。

表2-19　学校の対応 （複数回答）

	小学校 n=141		中学校 n=49	
①お見舞い	62	44.0%	17	34.7%
②病弱教育機関の紹介	13	9.2%	2	4.1%
③学級の生徒とのつながりの工夫	71	50.4%	22	44.9%
④担任の定期的訪問と通信・教材の配布	82	58.2%	27	55.1%
⑤ほとんど対応できなかった	5	3.5%	4	8.2%
⑥不明	6	4.3%	11	22.4%
⑦その他	30	21.3%	9	18.4%

「その他」の対応として記載されていた内容
【小学校】教育相談所への紹介など相談機関の紹介（4事例），医師との連絡・連携（5），保護者との面談・相談（13），保護者への連絡（6），養護教諭と担任による訪問・電話（2）
【中学校】保護者との面談・相談（3），医師との連絡・連携（3），スクールカウンセラーによる訪問・面談（1），保健室での受け入れ（2）
【高校】進級・卒業への配慮（7），学習課題を渡す（6），授業の軽減・工夫（3），補講（3），校内の事例情報交換会でのアドバイスを受けながら担任が家庭と連携・電話連絡，経過報告を受ける，担任による定期的な家庭との連絡，できる範囲での行事参加の呼びかけ（各1），担任の対応のみ（2）

第2章　養護教諭からみた今日の学校保健問題　　55

　また「継続した長期欠席」が半数近くあるにもかかわらず，病弱教育機関への紹介は小学校9.2％，中学校4.1％というきわめて低い割合であり，現行の病弱教育制度がほとんど活用されていないという実態がある。その理由として，「管理職・教育委員会が訪問教育を知らない」などの自由記載に見られるように教師・学校が病弱教育機関についての十分で的確な情報を持っていないという問題（通常学級から病弱養護学校・特殊学級へと学籍を移すことへの保護者の抵抗感を含め，病弱教育機関への転籍が適切であると判断されないことが多くある）のほか，入院先に教育機関がない，入院に伴う学籍の移動が煩雑であるといった病弱教育制度の不備に起因する問題などが想定される。さらに病気による長期欠席の実態として，病弱教育だけでは解決できない問題を含んでいると考えられた。

Ⅲ．考　　察

3.1　養護教諭の職務の現状

　ほとんどの小・中・高校では養護教諭は1名しか配置されておらず，養護教諭が1名であることから，学校ごとの養護教諭の専門性（知識・技能），経験蓄積や問題認識に学校差を生じやすいことがうかがえた。また子どもの健康実態の大きな変化や医学・治療の急速な進歩に見合う研修の保障が強く要望されていたが，専門的な知識と技能の更新も個人的な努力に委ねられている実態が見られた。

　一人勤務と保健室業務の多忙化が研修の充実を進める上でのネックになっており，さらに学校医・学校保健委員会などの学校保健制度による医療的バックアップ体制も不十分であった。

　今日，子どもの健康・保健問題は，学校教育のみならず生涯発達を考える上でも重要な教育課題であるが，学校保健の中心的役割を果たすべき養護教

論の現状は，学校における健康・保健教育の基盤の脆弱さを示しているといえよう。

保健体育審議会答申（1997）に見るように教育行政において保健室登校の実態への認識と養護教諭の実践に対する評価が進んだ反面，養護教諭任せの風潮や「教科保健」授業兼務など養護教諭・保健室の機能拡大が条件整備がないままに進む動きも見られる。当面，養護教諭の複数配置と研修の充実，医療との連携システムの整備が急がれていると考える。

3.2　子どもの保健室利用と健康問題

保健室利用の実態は，身体の病気・外傷のほか，心理的な問題を含む不定愁訴や睡眠不足などの生活習慣の問題が多い。養護教諭の多くは，子どもの健康問題のなかでも「生活習慣・生活リズム」「家庭環境から来る健康阻害」「心理的不適応」の問題を重く見ていた。対人関係・家庭環境の問題なども複雑に絡んで，保健室における健康指導だけではそのような問題への対応が難しくなってきていることを多くの養護教諭が実感していた。

保健室登校の子どもの実態は，身体症状・疾患を理由とするケースは少なく，友人関係，学校生活での不適応，家庭環境などを背景とする心理的諸問題から教室に行けない状態になっていた。保健室登校への対応にあたる校内組織を設けている学校は2〜3割であり，養護教諭だけではなく，学校全体としての子どもの実態把握や共通理解，さらに必要に応じて学校外の医療・教育相談・児童福祉機関などとの連携・協力が強く求められている。

3.3　病気長欠の子どもの実態と課題

病気による30日以上の長期欠席の実態は，いわゆる病気だけではなく心理的要因・家庭的要因・学習上の遅れなどの要因が相関して，結果的に病気による30日以上の長期欠席となっていると考えられる。また入院中には不十分とはいえ病院内教育が制度化されているのに比べ，家庭療養への対応は養護

学校からの訪問教育のみである。今回の調査結果でも，家庭療養が長期欠席の事例の6割を超えていたが，家庭療養期間をフォローする学校からの対応は決定的に不足していると考える。

東京都の1999年度学校基本調査では，年間30日以上の病気による長期欠席者は小学校2485人，中学校963人という数字が示されており，今回の調査結果は基本調査と比較すると大幅に少ない数値となっている。

その理由として，年度をさかのぼって実態を記入することが養護教諭には大変な作業であったこと，回答を見合わせるという判断をした学校があったことのほか，「今年，転勤してきたばかりで昨年度のことはわからない」「よくわからない」という付記や記入欄の一部が空白になっている回答が見られ，養護教諭であっても病気による長期欠席の実態や学校としての対応を十分に把握しきれていないことが推測された。また病弱教育機関の紹介が少ないことからは，現在の病弱教育の不備・学校の情報不足などが考えられ，子どもの医療的ニーズとその間の生活に対応する教育として病弱教育専門機関の場のほか，通常教育と連携した形態（訪問・巡回指導や情報提供など）も充実させていく必要性がある。

さらに，事例の検討により病気による長期欠席が教育だけでは解決できない問題を含んでいると考えられ，病気の子どもの教育保障を進める上で，病気による長期欠席の実態を十分に把握し，教育保障のための条件整備を明らかにすることはきわめて重要な作業であるといえる。東京都の学校基本調査でも，長期欠席になっている個々の子どもの状況や学校の対応についての具体的な調査項目は設けられていない。行政の責任で早急に長期欠席の実態を明らかにし，具体的な改善方策を確立することが強く要請されている。

Ⅳ．おわりに

病弱教育システムの全体的向上を図る上で，通常教育における学校保健制

度は不十分さを多く残しており，その改善は病気の子どもの学校生活を支える上で不可欠である。当面，養護教諭を複数配置し，養護教諭を中心に医療機関と学校，保護者の理解・協力を円滑にすることが求められている。

近年の子どもの疾病・治療をめぐる急速な変化は，通常学校における健康・保健問題への対応の改善を求めており，これまでの学校保健の蓄積を生かしつつ，病気の子どものニーズへの特別な教育的配慮の拡充が強く要請されている。また今日の保健室利用，保健室登校，病気長欠の子どもの実態からは，疾病や健康への理解・援助だけでなく，子どもの心理的理解や学習・生活支援，家族支援などの総合的なケア・サポートを必要としていることが多くみられる。

それゆえに学校保健の整備にとどまらず，全校における子どもの健康・保健問題への共通理解と特別な教育的配慮の実践，必要に応じて学校外の医療・教育相談・児童福祉機関とも連携・協同した支援体制が必要である。

教育上の多様な困難をかかえる子どもが多数在籍する今日の通常学校では，子どもの特別ニーズに応じた援助を，権利として保障するシステムを確立することが早急の課題である。病気の子どもの教育保障の問題も同様であり，通常教育における特別ニーズ教育の理念とシステムの具体化は当面する重点課題である。

第 2 章　養護教諭からみた今日の学校保健問題　　59

［資料 1 ］

「通常学級在籍の病気の子どもの教育に関する実態調査」
（養護教諭用）調査票

　該当する項目に〇をつけるか，必要事項の記入をお願いいたします。

Ⅰ．現在の勤務校とご自身の経験について，お答えください。

1．学校種別　　①小学校　　②中学校

　　※高校のみ　　Ａ．①全日制　　②定時制　　③単位制・通信制

　　　　　　　　Ｂ．①普通科　　②専門学科

2．学校規模　　学級数　（　　　　）学級　　在籍者数　（　　　）人

3．養護教諭は　　①1名　　②2名　　③その他（　　　　　　　　　　　）

4．回答くださる養護教諭の通算勤務年数　①3年未満　　②3～10年

　　　　　　　　（2000年4月1日現在）　③11～20年　　④21年以上

5．回答くださる養護教諭がこれまで経験なさった校種

　　①幼稚園　　②小学校　　③中学校　　④全日制高校　　⑤定時制高校

　　⑥盲・ろう・養護学校　　⑦その他（　　　　　　　　　）

6．回答してくださる方の取得しておられる免許・資格

　　①教員免許（普通小，中，高　／　盲，ろう，養護学校）

　　②看護師資格　　③その他（　　　　　　　　　　　）

7．所属分掌（　　　　　　　　　　　　　　　　）

8．保健組織の有無　　学校保健委員会が　　①ある　　　②ない

　　※小・中のみ　　保健主任は　　　　①養護教諭　　②一般教員

9．学校医や連携している医師（学校医には◎，協力を依頼している医師には〇）

　　①小児科医　　②眼科医　　③歯科医　　④精神科医　　⑤その他（　　　）

Ⅱ．現在の職務について

10．保健室利用人数について

　　一日平均　（　　　）人位

　　保健室にくる子どもの理由はなんですか。（多いものを3つ選んで下さい）

　　①腹痛・頭痛・その他身体の不調　　②外傷　　③心理的な問題を含む不定愁訴

　　④睡眠不足等生活習慣の問題　　⑤勉強がわからず教室がつまらない

　　⑥友人関係のトラブル　　⑦家庭の問題

60 第1部 通常学級における病気の子どもの教育実態と特別な教育的配慮の課題

⑧その他（　　　　　　　　　　　　　　　）

11. 保健室執務の上で困っていることに，○をつけてください。
　　①事務量が多く，子どもへの健康指導が十分できない
　　②保健室利用や保健行事が多く，多忙である
　　③健康やからだの問題は養護教諭に任せておけばよいという風潮がある。
　　④担任との連携がとりにくい。
　　⑤養護教諭の研修の機会が十分ではない。
　　⑥生活指導・家庭の問題など複雑な要素が多く，生徒指導がむずかしい。
　　⑦その他（　　　　　　　　　　　　　　　　　　　）

12. 児童・生徒の健康状態の把握は主にどのような手段で行いますか。主なものを三つ選んで下さい。
　　①本人からの訴え　　②保健室来室時の観察　　③保護者からの相談
　　④調査票記入事項　　⑤担任からの相談
　　⑥医療機関からの意見書・管理指導表　　⑦健康診断　　⑧その他（　　　　）

13. 児童・生徒の健康において気になる問題点は何ですか。三つお答え下さい。
　　①アレルギー　　②喘息　　③肥満　　④虫歯や歯並びの悪さ
　　⑤近視等視力低下　　⑥基本的生活習慣・生活リズムがついていない
　　⑦姿勢の悪さ　　⑧家庭環境からくる健康阻害　　⑨心理的な不適応
　　⑩けが・骨折の多さ　　⑪その他（　　　　　　　　　　　）
　　※高校のみ　①アレルギー・喘息　　②基本的習慣・生活リズムがついていない
　　　　　　　③家庭環境から来る健康阻害　　④心理的不適応・精神力の未熟さ
　　　　　　　⑤怪我・骨折の多さ　　⑥その他（　　　　　　　　）

Ⅲ. 保健室登校について

14. 保健室登校の児童・生徒は現在，いますか。
　　①いる　　②いない
　　○何人ぐらいいますか（7月1日現在）（　　　）人ぐらい
　　その主な理由は何ですか。
　　①身体症状や疾患（　　　人）　　　②対人（友人関係）（　　　人）
　　③学校生活への不適応（　　人）　　④家庭環境の問題（　　　人）
　　⑤不登校からの立ち直り（　　人）　　⑥その他（　　　　人）
　　現在は「いない」と回答された方はこれまで保健室登校の児童・生徒に対応された経験がありますか。　　①ある　　②ない

第2章　養護教諭からみた今日の学校保健問題　　61

以下，15.から18.の項目は，現在，保健室登校がある場合は現状から，現在はないが過去に経験された方はその時の経験からご回答下さい。

15. 保健室登校の子どものために学校での対策を検討する組織がありますか。
　　①はい（名称　　　　　　　　　　　）　　②いいえ

16. 15で「①はい」と回答された方はそこでどのような対応が検討されていますか。
　　①その生徒への面談・理解と，学校としての対応方針や体制づくり
　　②保健室登校の生徒の登校中の日々の対応
　　③学級担任への助言や相談　　④家庭への助言や相談
　　⑤必要な校外組織や機関との連携　　⑥その他（具体的に）

17. 保健室登校の子どもに関わる上で苦慮なさっていることは何ですか。主なものを
　　三つ選んで○をつけて下さい。
　　①その生徒を理解すること　　②担任と連携して対応すること
　　③各教科・学年・管理職等との校内での連携した対応
　　④他の児童・生徒との関係　　⑤学習への援助　　⑥養護教諭の過重な負担
　　⑦家庭との共通理解と連携　　⑧医療との連携の不足
　　⑨学校だけの対応の限界　　⑩その他（　　　　　　　　　　　　　　　　）
　　※高校のみ　⑥単位認定（進級・卒業）に関することを加え，以下⑦～⑪に。

18. 保健室登校の子どもに関わる上で要望したいことを三つ選んで下さい。
　　①校内での共通理解　　②養護教諭以外の教職員を含めた相談体制の確立
　　③学習への援助（補習など）　　④施設・設備の充実（居場所・学習場所）
　　⑤養護教諭の複数配置　　⑥スクールカウンセラーの配置
　　⑦校医の対応を増やす　　⑧精神科医の関わり　　⑨家庭への地域での福祉支援
　　⑩学校外の専門家・専門機関との連携（具体的に　　　　　　　　　）
　　⑪その他（　　　　　　　　　　　　　　　　　　）

Ⅳ．病気療養中の子どもについて
　　ここでお尋ねする「病気療養児」とは，病弱養護学校や病院内学級を利用するほどではないが，何らかの疾病を持ち通院・投薬などの診療を定期的に受けている，心臓病・腎臓病・糖尿病・てんかん・小児がんなど各種の慢性疾患（心身症・精神疾患も含めて）を持つ子どもの事です。現在の実態でお答え下さい。

19. 現在，こうした子どもが在籍していますか。
　　①いる　　②いない

20. 診断名が報告されている病気の子どもがどれぐらいいますか。重複する場合は，

62　第1部　通常学級における病気の子どもの教育実態と特別な教育的配慮の課題

それぞれ該当する疾病ごとに数えて下さい。
　①心疾患（　）人　　②腎臓・ネフローゼ（　）人
　③喘息（　）人　　④アレルギー疾患・アトピー性皮膚炎（　）人
　⑤肥満（　）人　　⑥糖尿病（　　）人　　⑦てんかん（　）人
　⑧血液疾患・腫瘍（　）人　　⑨神経症傾向（うつ病，分裂気質など）（　）人
　⑩心身症（　）人　　⑪その他（　　）人

21. 家庭から報告されてはいないが疾病を持っており，配慮が必要だと思われる子どもがいますか。
　①いる　（　　　人ぐらい）　　②いない　　③わからない

22. 病気療養児以外に，障害を持ったお子さんは在籍していますか。
　①いる　　②いない　　③わからない
　障害の種類とおおよその人数をお知らせ下さい。
　①視覚障害・弱視（　　人）　　②聴覚障害・難聴（　　人）
　③知的障害（　　人）　　④肢体不自由（　　人）
　⑤重度・重複障害（知的障害と，①②④や病弱などの重複）（　　人）
　⑥自閉症（　　人）　　⑦学習障害（ＬＤ）（　　人）
　⑧注意欠陥／多動性障害（ＡＤＨＤ）（　　人）
　⑨その他（　　　　　）（　　人）
　※以下，23. から31. までの項目は，現在，20・21にあげたような病気療養児童・生徒がいる場合は現状から，現在いないがこれまで経験がある方はそのときの経験からお答え下さい。

23. 病気療養児の実態についてどのような形で学校での把握をしていますか。
　①保護者の口頭報告　　②主治医からの文書（意見書・管理指導表など）
　③年度当初全員が提出する個人調査票　　④行事の前の事前調査
　⑤担任からの相談・報告　　⑥健康診断での観察
　⑦その他（　　　　　　　　）

24. 病気の子どもの実態把握は十分にできていますか。
　①十分である　　②不十分である
　「不十分」だと思われる方は，どうしてですか。該当するものに○をつけて下さい。
　①保護者の考え方により報告がまちまちである。
　②保健室の業務が多く，十分な聞き取りや研修ができない。
　③担任と保健室の連絡が不十分である。
　④主治医の見解と学校側の理解が必ずしも一致しない。

第2章　養護教諭からみた今日の学校保健問題　63

　　⑤その他（　　　　　　　　　　　　　　　　　　　　　　　　）

25. 1998年度の東京都学校基本調査によれば30日以上の「病気による長欠」は小学校
　　で3,054人，中学校では1,155人となっています。

　　A．昨年度，病気による30日以上の長欠者はいましたか。

　　　①いた　　②いない

　　B．Aで「いた」とお答えいただいた学校では，何人，いましたか。また，主たる
　　病気・症状はどのようなものでしたか。

　　　○人数・学年　○病名や症状　○学習や生活の様子　○状態と理由・

　　　※高校のみ　25．昨年度，病気を理由にした30日以上の中退・留年・

　　　　30日以上の長期欠席者はいましたか。

　　　（中退）①いた　　②いない　　（留年）①いた　　②いない

　　　（退学）①いた　　②いない

　　「状態と理由」の欄は以下から選んで番号で記入してください。

　　　欠席状態）　・欠席を繰り返した　　　・継続して欠席していた

　　　欠席理由）　a．入院　　b．家庭での療養　　c．病気と心理的問題

　　　　　　　　　d．家庭の考え　　e．適切な教育の場がない

　　　　　　　　　f．その他（　　　　　　　　　　　　　　）

　　C．学校からはどのような働きかけを行いましたか。

　　　①お見舞い　　②病弱教育機関の紹介　　③学級の生徒とのつながりの工夫

　　　④担任の定期的訪問と通信・教材の配付　　⑤ほとんど対応できなかった

　　　⑥不明　　⑦その他（　　　　　　　　　　　　）

26. 養護教諭からみた病気療養児の学校生活に関わる不安や問題にはどんなものがあ
　　りますか。該当するものに○をつけて下さい。

　　　①健康管理が適切かどうか　　②教職員間での共通理解の難しさ

　　　③体育の授業参加の方法　　④校外行事への参加の仕方

　　　⑤友人との関係（いじめの対象になりやすい）　　⑥学習の遅れ

　　　⑦本人の意欲や心理的問題

　　　⑧保健室で対処する問題が多く，病気の子どもは保健室を利用しにくい

　　　⑨その他（　　　　　　　　　　　　　　）

27. 病気の子どものために学校として何か特別な配慮・対応をしていますか。ありま
　　したら該当する項目に○をつけて下さい。

　　A．〔学校全体として対応していること〕

　　　①個人面談　　②教員間でのケース会議　　③長欠時のお見舞い・連絡

64 第1部　通常学級における病気の子どもの教育実態と特別な教育的配慮の課題

　　④体育の授業の見学や軽減などの配慮　　⑤補習授業

　　⑥施設・設備の工夫　　⑦保護者への付き添い依頼　　⑧主治医訪問

　　⑨病弱養護学校・院内学級等との連携　　⑩スクールカウンセラーとの連携

　　⑪保健所，児童相談所，児童福祉施設等福祉関係との相談　　⑫特にしていない

　　⑬その他（　　　　　　　　　　）

　　※高校のみ　病気の生徒のために学校として何か特別な配慮・対応をしています

　　　か。例：個別相談，補習授業や個別課題学習，体育授業の工夫，主治医と相談

　　　など

　B．〔養護教諭として対応していること〕

　　①個人的な相談　　②健康観察・健康指導　　③担任への連絡・情報提供

　　④ケース会議への参加と健康面からの情報提供　　⑤保護者との連絡・相談

　　⑥学校医との連携　　⑦主治医との連絡　　⑧学習への援助・励まし

　　⑨特にしていない　　⑩その他（　　　　）

28. 不登校・保健室登校・不定愁訴のある子どもたちの状態と，病気療養児の状態に
　は共通点があると思われますか。

　　①ある　　②ない　　③どちらともいえない

29. 28で「ある」と答えた方は，どのような点からですか。該当するものに〇をつけ
　て下さい。

　　①身体症状を持っている。　　②休みがちである。

　　③学習の遅れ・学習の空白を生じやすい。

　　④心理的問題と身体の問題が密接に関連している。

　　⑤教職員の間での共通理解と連携した対応が必要である。

　　⑥その他（　　　　　　　　　　　　　　　　）

30. 病気療養児への対応について，校内での話し合いはどのように行われますか。該
　当するものに〇をつけてください。

　　①担任または養護教諭からの提起により保健委員会で話し合う。

　　②担任と養護教諭で話し合って対応を検討。

　　③主として考え対応するのは養護教諭である。

　　④主として考え対応するのは担任である。

　　⑤保護者との話し合いの場を持っている。

　　⑥管理職を含め関係する教員が参加して話し合う場をつくっている。

　　⑦保護者と主治医の判断に任せている。

　　⑧その他（　　　　　　　　　　　　　　　　）

第2章　養護教諭からみた今日の学校保健問題　65

31. 今後，病気療養児の教育を円滑に進める上でどのような校外機関との連携が必要
　　だと思われますか。必要と思われるものに○をつけて下さい。
　　　①学校医　　②主治医　　③精神科医　　④保健所・保健婦
　　　⑤病弱養護学校や院内学級などの病弱教育機関
　　　⑥教育委員会（教育相談室・教育センター）
　　　⑦児童相談所・児童福祉施設（虚弱児施設・養護施設・児童自立支援施設など）
　　　⑧その他（　　　　　　　　　　　　）

32. 病気療養児の学校生活・教育を円滑に進める上でどのような改善が必要だと思わ
　　れますか。(1)から(7)の事項の中で，必要と思われる項目（①②③……）に，○をつ
　　けて下さい。
　　(1)教職員の基本的な理解
　　　①教職員の研修による，健康問題に対する基本的理解の向上
　　　②教職員のなかで，該当する病気療養児に対する共通理解
　　　③養護教諭の医学的な研修の機会と研修に参加できる条件整備
　　　④病気の子どものための教育制度を学校が理解し，必要なときに活用できること
　　　⑤その他（　　　　　　　　　　　　　　　　　　　）
　　(2)教育相談機能の充実と他職種・他機関との連携
　　　①相談窓口が明確になっていていつでも相談に応じられること
　　　②プライバシーの尊重
　　　③保護者や本人も参加して必要なケア・サポートを検討する場
　　　④病弱教育の制度について学校からの保護者・子どもへの的確な情報提供
　　　⑤他の機関との連携（病弱養護学校等病弱教育専門機関，医療機関，教育委員会，
　　　　児童相談所，保健所など）
　　　⑥スクールカウンセラーの配置
　　　⑦少人数学級の実現で担任がきめ細かい対応ができる
　　　⑧その他（　　　　　　　　　　　　　　　　　）
　　(3)健康面での配慮
　　　①体育の授業での過度な身体的・心理的負担の解消
　　　②体育の授業で見学ではなく，本人に合った学習・経験ができる形態や評価の工
　　　　夫
　　　③養護教諭の複数配置
　　　④保健室で休養したり学習したりできる空間の確保
　　　⑤施設・設備の改善（エレベーター，洋式トイレ，教室の位置，クーラーなど）

66　第1部　通常学級における病気の子どもの教育実態と特別な教育的配慮の課題

　　⑥行事参加の過剰な制限の解消（保護者付添いなどの解消，参加のための援助体
　　　制）
　　⑦他の児童・生徒への適切な指導（病気理解など）
　　⑧学校医の充実（相談日をふやす　精神科などの拡充）
　　⑨給食時，食事療法への理解と援助（除去食の協力，生徒指導など）
　　⑩その他（　　　　　　　　　　　　　　　　）
　　※高校のみ　⑧に続き　　⑨医療的ケアや健康管理，食事療法への理解と援助
　　　⑩登校手段の確保（タクシーの公費負担など）
　　　⑪その他（　　　　　　　　　　　　　）
(4)学習の保障
　　①長期欠席時のお見舞い・教材等の提供など担任の訪問
　　②学習の遅れが生じた時の補習など個別の学習援助
　　③長欠が続き登校が難しいとき学校から訪問指導が行われること（学習・心理的
　　　援助）
　　④長欠が続き登校が難しい場合に他の教育機関が紹介され利用できること（病弱
　　　養護学校，健康学園，病院内教育，訪問教育等）
　　⑤個別の援助ができるT・Tやサポーティング・ティーチャーの配置
　　⑥その他（　　　　　　　　　　　　　　　　）
　　※高校のみ　⑤個別の教育計画など履修に関する弾力化　⑥その他
(5)保護者の負担の解消
　　①父母付き添いの解消のためT・Tや介助員の充実
　　②登校手段の確保（タクシーの公費負担）
　　③父母控室の整備
　　④その他（　　　　　　　　　　　　　　　　　）
　　※高校のみ，この項目無し。
(6)教育委員会の就学相談機能の向上
　　①就学相談委員会のなかに病弱の子どものための専門医の配置
　　②教育委員会の病弱教育に関する情報提供能力の向上
　　③教育委員会から学校関係者・病院関係者への病弱教育に関するPR
　　④その他（　　　　　　　　　　　　　　　　）
　　※高校のみ，①教育委員会が病弱教育に関する情報提供能力を向上させること
　　　②教育委員会から学校関係者，病院関係者に病弱教育のPR
(7)病弱教育制度の整備

第 2 章　養護教諭からみた今日の学校保健問題　　67

①病弱養護学校・病虚弱特殊学級を増やし，身近な地域で通常学級と併せて必要
　に応じて病気療養中の教育が受けられること（通級による指導，訪問教育など）
②長欠時に訪問教育が受けられること
③短期間（1ヵ月程度）の入院でも病院内で教育が受けられること
④学籍変更の簡略化（二重学籍認可，通級制度の拡充など）
⑤高校入試の改善（推薦制度の拡充，体育評価への配慮など）
⑥教育期間の延長（長欠・学習空白の補償として希望があれば留年できるなど）
⑦就学前病児への保育・幼児教育の制度化（院内保育，訪問保育など）
⑧病弱養護学校に高等部設置
⑨高校で病気療養中の生徒への配慮・援助を制度化すること
⑩大学・専門学校において病気療養中の学生への配慮が行える改善
⑪その他（　　　　　　　　　　　　　　　　　　　　　　）
※高校のみ　②に続き
　　③病院内教育等との学籍変更の簡略化（二重学籍認可，通級制度の拡充など）
　　④高校入試の改善（推薦制度の拡充，体育評価への配慮など）
　　⑤病弱教育専門機関の改善（病弱養護学校の高等部設置，病院内教育の整備な
　　　ど）
　　⑥高校で病気療養中の生徒への配慮・援助を制度化すること
　　⑦大学・専門学校において病気療養中の学生への配慮が行える改善
　　⑧その他

33. 病気療養児の受け入れにあたって養護教諭として研修面ではどのような要望があ
　　りますか。
34. その他，病気療養中の子どもたちの学校生活に関わる問題でお気づきの点，ご要
　　望などがございましたらご記入下さい。

第3章　東京都内の公立小・中・高校の養護教諭調査からみた病気の子どもが有する学校生活の困難・ニーズ

Ⅰ．はじめに

　本章では，東京都内の公立小・中・高校の養護教諭を対象に質問紙法調査を行い，養護教諭からみた通常学級在籍の病気の子どもの学校生活の実態を明らかにする。

　都内の区市町村立小学校（1340校），区市町村立中学校（471校），都立高校（全日制191校，定時制等105校）の養護教諭を対象に郵送で質問紙調査票を送付・回収，調査期間は2000年9月1日から10月15日，回収結果は小学校467校（回収率35.1%），中学校209校（回収率44.4%），高校94校（回収率31.7%）であった。

　調査票は，第2章の最後に掲載した。

Ⅱ．調査の結果

2.1　病気の子どもの学校生活の実態と特別ニーズ

2.1.1　通常学級における病気の子どもの在籍

　回答のあった小・中学校，高校の約9割に病気療養中の児童・生徒が在籍していることが明らかになった（表3-1，表3-2）。「いる」と回答した学校数および該当児童・生徒の総数は，小学校404校・総数15,140人，中学校190校5,513人，高校88校2,993人にのぼっていた。

70　第1部　通常学級における病気の子どもの教育実態と特別な教育的配慮の課題

表3-1　病気療養中の児童・生徒の在籍

	小学校 n=467		中学校 n=209		高校 n=94	
いる	404	86.5%	190	90.9%	88	93.6%
いない	53	11.3%	16	7.7%	4	4.3%
無回答	10	2.1%	3	1.4%	2	2.1%

表3-2　診断名が報告されている病気の子ども　（総数23,646人）

	小学校	中学校	高校
①心臓病	855	300	218
②腎臓・ネフローゼ	327	171	113
③ぜんそく	4,674	1,721	709
④アレルギー疾患・アトピー性皮膚炎	5,454	2,065	1,191
⑤肥満	2,951	783	407
⑥糖尿病	40	46	30
⑦てんかん	542	227	84
⑧血液・腫瘍	79	39	40
⑨神経症傾向	31	40	89
⑩心身症	46	39	69
⑪その他	141	82	43
合計	15,140	5,513	2,993

　ほかに，具体的人数は記入されていないが，病気療養中の児童・生徒が
「いる」とのみ記入された回答や，家庭から報告されている病名の欄に人数
ではなく「いる」「多数いる」と記入されていた回答があった。

　また具体的に病類別の人数を記入している養護教諭が「特別な配慮を要す
る状態ではない」という理由を記して，病気の子どもの在籍については「い
ない」としていた回答も散見され，病気の子どもは「いない」と回答された
学校においても病気療養中の児童・生徒が在籍していることも考えられた。

第3章　東京都内の公立小・中・高校の養護教諭調査からみた病気の子どもが有する学校生活の困難・ニーズ　71

そのため実際には表3-2の人数以上に病気の子どもが在籍していると推測できる。

　病気の子どもの平均在籍率は小学校8.8％，中学校8.6％，高校7.9％であったが（表3-3），アレルギー・肥満・ぜんそくに対する評価の違いから学校ごとに大きな差が出ていた（表3-4，表3-5）。また具体的な人数を挙げている回答でも肥満指数や通院・薬の服用など，病気療養の基準をどこにおくのか

表3-3　病気の子どもの在籍率　（平均）

学校種別	小学校	中学校	高校
平均在籍率	8.8％	8.6％	7.9％

ここでの「在籍率」は，各校で回答された病気の子どものべ人数の合計を，回答された小学校・中学校・高校在籍者数の合計で割ったものである。

表3-4　病気の子どもの在籍率　（最低）

学校種別	小学校	中学校	高校
最低在籍率	0.1％	0.2％	0.1％
病気療養児／在籍者総数	1／744	1／566	1／847
病類とその人数	心臓病1人	肥満1人	心臓病1人

表3-5　病気の子どもの在籍率　（最高）

学校種別	小学校	中学校	高校
最高在籍率	49.3％	67.6％	51.1％
病気療養児／在籍者総数	141／286	127／188	312／610
病類とその人数	心臓病　　　6人 喘息　　　　45人 アレルギー　60人 肥満　　　　27人 てんかん　　2人 血液疾患・腫瘍 　　　　　　1人	心臓　　　　9人 腎臓病　　　1人 喘息　　　　19人 アレルギー　70人 肥満　　　　24人 糖尿病　　　1人 てんかん　　3人	心臓病　　　5人 腎臓病　　　6人 喘息　　　　42人 アレルギー　195人 肥満　　　　62人 多発性硬化症 クローン病各1人

72 第1部 通常学級における病気の子どもの教育実態と特別な教育的配慮の課題

を迷いながら回答したことが付記されているものも見られた。一人の子ども
に疾病が重複している場合もあり，ここで出した在籍率が正確な実態を十分
に示しているとはいえない。

　家庭から報告されてはいないが医療的な配慮が必要と考えられる児童・生
徒が在籍しているという回答は小学校15.0%，中学校16.3%，高校27.7%で
あった（表3-6）。

　また調査では通常学級における障害児の在籍について質問項目を設けた
（表3-7，表3-8）。1998年度に都内2市・1区の小・中学校養護教諭を対象に
行った病弱児調査において，病弱児と障害児の区別が明確でない傾向が見ら
れたことから，障害児についての質問項目を設定することで病気の子どもと
区別でき，また特別な配慮が必要な子どもの在籍の一端を知ることができる
と考えたために設定した項目であった。

表3-6　医療的配慮が必要と思われる児童・生徒の有無

	小学校 n=467		中学校 n=209		高校 n=94	
いる	70	15.0%	34	16.3%	26	27.7%
いない	254	54.4%	97	46.4%	22	23.4%
わからない	102	21.8%	61	29.2%	33	35.1%

表3-7　病気の子ども以外の障害児の在籍

	小学校 n=467		中学校 n=209		高校 n=94	
いる	330	70.7%	134	63.2%	50	53.2%
いない	87	18.6%	49	23.4%	34	36.2%
わからない	24	5.1%	21	10.0%	1	1.1%

	小学校	中学校	高校
いると回答した養護教諭のうち障害名・人数を記載した人	310人	127人	46人
記載しなかった人	20人	7人	4人

第3章　東京都内の公立小・中・高校の養護教諭調査からみた病気の子どもが有する学校生活の困難・ニーズ　73

表3-8　病気以外の障害の回答があった学校数と障害別人数

	小学校310校	中学校127校	高校46校
①視覚障害・弱視	63	23	8
②聴覚障害・難聴	91	35	22
③知的障害	132	35	12
④肢体不自由	85	45	19
⑤重度・重複障害	29	5	1
⑥自閉症	103	26	6
⑦学習障害（LD）	78	31	6
⑧注意欠陥・多動性障害（ADHD）	130	32	4
⑨その他	23	7	2
合計	734	239	80

　しかし結果的に，両者の区別はつきにくく，筋ジストロフィー・二分脊椎・脳性麻痺・ADHD などは病気の子どもとして回答されている場合と障害児として回答される場合が見られた。こうした点からも病気の子どもの把握や理解について学校現場での判断基準が明確になっていないことが推測された。

2.1.2　病気の子どもの実態把握

　養護教諭がどのように病気の子どもの実態を把握しているのかを表3-9に示した。保護者からの口頭報告は小学校が一番多く，中学・高校と進むにつれ減少していた。年度当初に保護者から提出される個人調査票や主治医からの意見書・管理指導表が病気療養中の児童・生徒の実態把握にとって重要な資料となるが，疾病の種類・程度，家庭の考えによって，必ずしも記入・提出されていないことがうかがえた。

　また一人の養護教諭が①から⑥まで全ての方法で実態把握を行っているという回答がある一方，①のみ，③のみといった限られた方法で把握している

74   第1部   通常学級における病気の子どもの教育実態と特別な教育的配慮の課題

表3-9　病気の子どもの実態把握の方法　　　　（複数回答）

	小学校 n=467		中学校 n=209		高校 n=94	
①保護者の口頭報告	301	64.5%	126	60.3%	55	58.5%
②主治医からの文書（意見書・管理指導票など）	276	59.1%	101	48.3%	49	52.1%
③年度当初全員が提出する個人調査票	291	62.3%	145	69.4%	74	78.7%
④行事の前の事前調査	93	19.9%	60	28.7%	24	25.5%
⑤担任からの相談・報告	186	39.8%	76	36.4%	42	44.7%
⑥健康診断での観察	89	19.1%	42	20.1%	21	22.3%
⑦その他	7	1.5%	6	2.9%	5	5.3%

とする回答もあり，実態把握の方法・程度は様々であった。

　その実態把握が十分かどうかという質問に対し，小・中・高校のいずれにおいても養護教諭の多くは「不十分である」と考えている（表3-10）。不十分と考える理由として，小・中・高校のすべてにおいて「保護者の考え方により報告がまちまちである」ことが一番多く挙げられていた（表3-11）。

　前述したように保護者から報告されてはいないが病気であると推定され，医療的な配慮が必要と考えられる児童・生徒も存在している。とくに精神疾患・心身症などの場合にこうした傾向がみられ，対応がむずかしいことも自由記載の中で指摘されていた。

　家庭から病気であることや病名などの詳細が報告されていない病気の子どもが「いない」という回答は小学校で一番多く，中学・高校と割合が低くなり，「いる」「わからない」は逆に年齢が高くなるにつれて割合が高くなっていく。子どもの健康管理を学校と家庭が連携して配慮していく必要性が高い小学校段階と比べ，中学・高校では次第に子ども自身の自己管理能力が高まり，特別扱いされたくない思春期・青年期の心理などが背景にあると考えられるほか，受験に際し病気であることが低い評価につながる不安から報告を

第3章　東京都内の公立小・中・高校の養護教諭調査からみた病気の子どもが有する学校生活の困難・ニーズ　75

表3-10　病気の子どもの実態把握への評価

	小学校 n=467		中学校 n=209		高校 n=94	
十分である	198	42.4%	63	30.1%	25	26.6%
不十分である	218	46.7%	119	56.9%	58	61.7%

表3-11　実態把握が不十分と思う理由　　　　（複数回答）

	小学校 n=218		中学校 n=119		高校 n=58	
保護者の考え方により報告がまちまち	174	79.8%	98	82.4%	51	87.9%
保健室業務が多く，十分な聞き取りができない	38	17.4%	66	55.5%	10	17.2%
担任と保健室の連絡が不十分である	28	12.8%	10	8.4%	8	13.8%
主治医と学校側の理解が必ずしも一致しない	46	21.1%	18	15.1%	8	13.8%
その他	5	2.3%	6	5.0%	13	22.4%

避ける事例を記載している養護教諭もいた。こうした要因から，表3-10のように「実態把握が不十分」という評価が中学・高校となるにつれて高くなっていると考えられた。

2.1.3　病気の子どもの学校生活上の問題

　病気の子どもが「いる」と回答した養護教諭からは，病気の子どもの学校生活に対して「健康管理の適切さ」「校外行事参加」「体育の授業への参加」に不安や問題があると認識されていたほか，「本人の意欲の問題」として心理的な側面が指摘されていた（表3-12）。

　健康管理についての不安は小学校から中学・高校と進むにつれて割合が低くなっているが，教職員の共通理解という点では，中学・高校になるに従い難しくなっていくことが見られた。また「校外行事への参加」「友人関係」

76　第1部　通常学級における病気の子どもの教育実態と特別な教育的配慮の課題

表3-12　病気の子どもの学校生活の不安や問題 （複数回答）

	小学校 n=404		中学校 n=190		高校 n=88	
①健康管理が適切かどうか	232	57.4%	105	55.3%	40	45.5%
②教職員間での共通理解	62	15.3%	34	17.9%	27	30.7%
③体育の授業の参加方法	115	28.5%	54	28.4%	29	33.0%
④校外行事への参加の仕方	187	46.3%	94	49.5%	32	36.4%
⑤友人関係（いじめの対象になりやすい）	72	17.8%	57	30.0%	26	29.5%
⑥学習の遅れ	54	13.4%	48	25.3%	20	22.7%
⑦本人の意欲の問題	147	36.4%	83	43.7%	19	1.6%
⑧保健室で対処する問題が多く，病気の子どもは保健室を利用しにくい	15	3.7%	20	10.5%	7	8.5%
⑨その他	17	4.2%	10	5.3%	7	8.5%

　「学習の遅れ」「本人の意欲」「保健室が利用しにくい」という項目で問題があると考えている割合は中学校段階が高かった。内面的葛藤の強まる思春期であり，高校受験を控えた中学校段階において，周囲との関係も含めて，病気療養に伴う制約が学校生活の上での困難を生じさせやすいことがうかがえる。

2.1.4　学校の対応

　病気の子どもが「いる」と回答した学校の対応としては，体育授業の見学・軽減や，保護者の付き添い依頼などが挙げられているほか，ケース会議，個人面談なども回答されている（表3-13）。ごく少数であるが時間講師や介助員を配置して対応している学校も見られた。しかし全体として，対応はなお不十分であると推測された。

　養護教諭による病気の子どもへの対応を表3-14に示した。ここでは健康面の相談や観察，担任との相談や保護者との話し合いなど，健康管理・健康指

第3章　東京都内の公立小・中・高校の養護教諭調査からみた病気の子どもが有する学校生活の困難・ニーズ　77

表3-13　学校での病気の子どもへの対応 （複数回答）

	小学校 n=440		中学校 n=190		高校 n=88	
①個人面談	126	38.2%	60	31.6%	24	27.3%
②教員間でのケース会議	169	51.2%	56	29.5%	2	2.3%
③長欠時のお見舞い・連絡	115	34.8%	56	29.5%	0	0.0%
④体育の授業の見学や軽減などの配慮	172	39.1%	99	52.1%	4	4.5%
⑤補習授業	21	6.4%	5	2.6%	13	14.8%
⑥施設・設備の工夫	68	20.6%	34	17.9%	0	0.0%
⑦保護者への付き添い依頼	118	35.8%	24	12.6%	0	0.0%
⑧主治医訪問	41	12.4%	13	6.8%	10	11.4%
⑨病弱養護学校・院内学級等との連携	17	5.2%	3	1.6%	0	0.0%
⑩スクールカウンセラーとの連携	6	1.8%	16	8.4%	0	0.0%
⑪児童相談所，児童福祉施設等との連携	17	5.2%	1	0.5%	0	0.0%
⑫特になし	24	7.3%	15	7.9%	7	8.0%
⑫その他	14	4.2%	11	5.8%	30	34.0%

　導の視点から対応がなされていることがうかがえる。しかし学校医・主治医との連絡は，全体的な割合からみて多く行われていない。「特になし」という回答のなかには，該当する児童・生徒が，特別な配慮を要する状態ではないと記載している回答も見られた。

　病気の子どもへの対応に関する学校内での話し合いは，主に担任教師と養護教諭が相談しているという学校が比較的多く，保健委員会で話される割合は低かった（表3-15）。健康面だけではなく，学校生活全体から実態把握や対応が考えられていると推測された。

　担任と養護教諭が相談しながら対応を進めるケースが多いが，実際の対応は主に担任が行っており，必要に応じて保護者との話し合いや管理職を含む

78 第1部 通常学級における病気の子どもの教育実態と特別な教育的配慮の課題

表3-14 養護教諭の病気の子どもへの対応

(複数回答)

	小学校 n=404		中学校 n=190		高校 n=88	
①個人的な相談	157	38.9%	97	51.1%	60	68.2%
②健康観察・健康指導	200	49.5%	91	47.9%	52	59.1%
③担任への連絡・情報提供	288	71.3%	120	63.2%	62	70.5%
④ケース会議参加と健康面の情報提供	130	32.2%	41	21.6%	21	23.9%
⑤保護者との連絡・相談	250	61.9%	110	61.1%	47	53.4%
⑥学校医との連携	100	24.8%	41	21.6%	31	35.2%
⑦主治医との連絡	81	20.0%	33	17.4%	27	307%
⑧学習への励まし・援助	46	11.4%	26	13.7%	18	20.5%
⑨特になし	12	3.0%	12	6.3%	1	1.1%
⑨その他	9	2.3%	1	0.5%	1	1.1%

表3-15 病気の子どもへの対応に関する校内での検討

(複数回答)

	小学校 n=467		中学校 n=209		高校 n=94	
①担任又は養護教諭からの提起で保健委員会で話し合う	22	4.7%	7	3.3%	5	5.3%
②担任と養護教諭が話し合って対応を検討	167	35.8%	84	40.2%	48	51.1%
③主として考え対応するのは養護教諭	18	3.9%	9	4.3%	3	3.2%
④主として対応するのは担任	78	16.7%	36	17.2%	27	28.7%
⑤保護者との話し合いの場を持っている	148	31.7%	65	31.1%	29	30.9%
⑥管理職を含め，関係する教員が参加して話し合う場を設ける	217	46.5%	69	33.0%	29	30.9%
⑦保護者と主治医の判断に任せている	47	10.1%	27	12.9%	15	16.0%
⑧その他	33	7.1%	13	6.2%	15	16.0%

第3章　東京都内の公立小・中・高校の養護教諭調査からみた病気の子どもが有する学校生活の困難・ニーズ　79

表3-16　病気の子どもに必要と思う校外機関との連携　（複数回答）

	小学校 n=467		中学校 n=209		高校 n=94	
①学校医	162	34.7%	50	23.9%	30	31.9%
②主治医	352	75.4%	153	73.2%	68	72.3%
③精神科医	73	15.6%	32	15.3%	35	37.2%
④保健所・保健婦	49	10.5%	16	7.7%	21	22.3%
⑤病弱教育機関	201	43.0%	83	39.7%	28	29.8%
⑥教育委員会（教育センター）	127	27.2%	44	21.1%	27	28.7%
⑦児童相談所	61	13.1%	21	10.0%	7	7.4%
⑧児童福祉施設	61	13.1%	23	11.0%	21	22.3%
⑨その他	12	2.6%	7	3.3%	8	8.5%

関係教職員での話し合いが行われていた。とくに小学校では病気療養児の受け入れに際して管理職を含む関係教職員の話し合いを持つ割合が高く，中学・高校になるにしたがって話し合いが実施される割合は低くなっていた。

2.1.5　連携・協力が必要な学校外機関

　病気の子どもの学校生活を円滑に進める上で必要な学校外機関との連携・協力については（表3-16），主治医との連携を求める養護教諭が，小学校75.4%，中学校73.2%，高校72.3%と高い割合を占めていた。学校医制度の充実を含む医療的専門性をもった対応が求められていると考えられる。

　病弱養護学校等の病弱教育専門機関との連携を求める声も高く，自由記載には疾患や指導に関する情報提供や相談が期待されていた。また教育委員会の関与により，責任ある教育保障とその条件整備の徹底が要望されていた。少数ではあるが児童相談所・児童福祉施設等との連携を行っているという回答や今後において連携・協力を要望する声もあり，学校の専門性だけでは対応しきれない児童・生徒支援の必要性が示されているものと考えられる。

　なお先行研究でも，学校の対応が適切でないと感じている保護者の声が報

80　第1部　通常学級における病気の子どもの教育実態と特別な教育的配慮の課題

告されてきたが，今回同時に行った保護者を対象とした調査においても，
「過剰な制限が多い」「機械的な対応」「基礎的知識が不足」「共感的理解が不
足している」などの指摘が少なからず見られた（第4章参照）。当事者の受け
止め方・実感を含め，対応の適切さについて，それぞれの立場から検討して
いく作業が必要である。

2.1.6　病気による長期欠席児童・生徒の実態

　本調査の中では，1999年度の「病気による30日以上の長期欠席」について
質問を行った。病気長欠児がいるという回答は，小学校30.2%，中学校
23.4%，高校37.2%から得られた（表3-17）。

　具体的事例が記載されていたのは小学校139校，中学校49校，高校34校で
あり，事例数は小学校198人，中学校78人，高校79人であった。「いた」と回
答した養護教諭であっても各質問項目について「不明」という回答が見られ，
病気長欠児の実態は必ずしも把握されているとはいえない結果であった。と
くに中学・高校で回答欄への記載の空白が目立った。

　小・中学校では継続して欠席している者が約半数で，残りは欠席を繰り返
しながら30日以上になっていた。入院に伴う長欠とされているものは回答事
例のうち32%であり，実際には家庭療養や欠席して家にいる状態が6割を超
えており，入院中だけではなく家庭療養期間の援助についても考えていく必
要性が明らかとなった。

　病気と心理的問題を主たる理由とする長期欠席事例に関する回答は，小・

表3-17　30日以上の病気による長期欠席者の有無

	小学校 n=467		中学校 n=209		高校 n=94	
いた	141	30.2%	49	23.4%	35	37.2%
いない	288	61.7%	137	65.6%	50	53.2%
無回答	38	8.1%	23	11.0%	9	9.6%

第3章　東京都内の公立小・中・高校の養護教諭調査からみた病気の子どもが有する学校生活の困難・ニーズ　　81

中学校で約27％という高い割合を示していたほか（表3-18），「学習の遅れ」
「学業不振」「家庭の考え」「家庭環境の問題と記載されている事例」などと
記載されている事例も多く，個々の事例は純粋に病気だけを理由にした場合
より，心理的要因や学習の遅れなどを伴う欠席が多く，病気との相関関係が
あるが，どちらが主たる要因か判然としない場合も多くみられた。

表3-18　長期欠席の理由　　　　　（複数回答）

	小学校 n=198		中学校 n=78		高校 n=79	
①入院	85	42.9%	32	41.0%	23	29.1%
②家庭療養	32	16.2%	13	16.7%	9	11.4%
③病気と心理的問題	53	26.8%	21	26.9%	10	12.7%
④家庭の考え	21	10.6%	4	5.1%	0	0.0%
⑤適切な教育の場がない	2	1.0%	1	1.3%	0	0.0%
⑥その他	1	0.5%	0	0.0%	0	0.0%

表3-19　小・中学校からの働きかけ　　　　　（複数回答）

	小学校 n=141		中学校 n=49	
①お見舞い	62	44.0%	17	34.7%
②病弱機関の紹介	13	9.2%	2	4.1%
③学級の生徒とのつながりの工夫	71	50.4%	22	44.9%
④担任の定期的訪問と通信・教材の配布	82	58.2%	27	55.1%
⑤ほとんど対応できなかった	5	3.5%	4	8.2%
⑥不明	6	4.3%	11	22.4%
⑦その他	30	21.3%	9	18.4%

「高校での対応についての記載」
「進級・卒業への配慮」7ケース，「学習課題を渡す」6ケース，「授業の軽減・工夫」3ケース，
「補講」3ケース，「校内の事例情報交換会でのアドバイスを受けながら担任が家庭と連携・電話連
絡，経過報告を受ける，担任による定期的な家庭との連絡，できる範囲での行事参加の呼びかけ」
各1ケース，「担任の対応のみ」2ケース，「不明」2ケース，「特にない」6ケース

82　第1部　通常学級における病気の子どもの教育実態と特別な教育的配慮の課題

　長期欠席の原因は重篤な病状とは限らず，風邪・発熱・頭痛などの場合が多く見られた。学校からの対応は「お見舞い」「学級の子どもとのつながりの工夫」「担任の訪問や通信・教材の配布」という回答が多かったが，その具体的な頻度や内容は明らかではなく，「ほとんどできなかった」「不明」を含め対応がなお不十分であることがうかがえた（表3-19）。

　病気長欠の実態を把握し，教育保障のための条件整備を具体化することが重要であるが，東京都学校基本調査の場合でも長期欠席の個々の児童・生徒の状況や学校側からの対応についての具体的な調査項目は設けられておらず，行政の責任でこうした実態を明らかにし改善の方策を検討することが求められる。

2.2　病気の子どもの学校生活保障に必要な改善課題

　病気の子どもの学校生活を円滑に進めるために必要な改善課題について質問項目を設けたところ，ほとんどの項目が条件整備として必要であると回答されたが（表3-20〜表3-26），具体的条件とその活用は個々の事例によりケースバイケースであると付記された回答が散見された。

　とくに高い割合だった項目に注目してみると，表3-20「教職員の基本的理解」では「教職員の中での該当する病気の子どもに対する共通理解」が小学校63.6%，中学校66.5%，高校67.0%と高い割合で選択されていた。また「病気の子どもの教育制度を学校が理解し必要な時に活用できること」も高い割合であり，両項目とも小学校，中学校，高校と進むにつれて割合が高くなっていた。

　表3-21「教育相談機能の充実」では，「相談窓口が明確になっていていつでも気軽に相談に応じられること」が小学校55.0%，中学校52.2%，高校54.3%と多かった。「保護者や本人も参加して必要なケア・サポートを検討できること」「他機関との連携」は小学校，中学校，高校と進むにつれて回答率が増えており，他の項目でも高校段階での回答割合が高くなっていた。

第3章　東京都内の公立小・中・高校の養護教諭調査からみた病気の子どもが有する学校生活の困難・ニーズ　83

表3-20　教職員の基本的理解

(複数回答)

	小学校　n=467		中学校　n=209		高校　n=94	
①教職員の研修により健康問題に対する基本的理解の向上	179	38.3%	68	32.5%	41	43.6%
②教職員の中での該当する病気療養児に対する共通理解	297	63.6%	139	66.5%	63	67.0%
③養護教諭の医学的な研修の機会と研修に参加できる条件整備	203	43.5%	78	37.3%	45	47.9%
④病気の子どもの教育制度を学校が理解し，必要な時に活用できること	195	41.8%	99	47.4%	57	60.6%
⑤その他	2	0.4%	4	1.9%	1	1.1%

「その他」に記載された内容
「小学校」：人手も環境も療養児にも他の子にも不十分，高度自閉症児の家庭へのアプローチをやってくれる学校以外の機関がほしい
「中学校」：クラスメートとの関係を含め環境調整を進めることとその研修が必要，院内学級の充実が必要，病弱制度の理解と活用には，教育委員会や校長の考え方と人的・環境的両側面での整備が必要，ケアする人の人的保障とその存在の理解が必要
「高校」：教員自身の多忙化や健康問題が深刻であり，もっとゆとりある教育環境が必要

「学級定数の改善で担任がきめ細かい対応ができる」は小学校で一番要望が高かったが，学級担任の対応が中心となる小学校の実態を反映していると考えられる。

　表3-22「健康面での配慮」では，「体育見学でなく本人に合った学習・経験ができる形態や工夫」「施設・設備の改善」「他の児童・生徒への適切な指導（病気や障害の理解など）」が高い回答率であり，とくに高校ではそれぞれ66.0%，64.9%，52.1%と一番高い回答率であった。

　表3-23「学習の保障」では，「補習など個別の援助」「長期欠席時の訪問指導」「長欠時に他の教育機関の紹介と理解」が多く回答され，とくに高校段階で高かった。

　表3-24「保護者の負担の解消」では，「TT・介助員配置で付き添いの解消」が小学校50.7%，中学校70.8%と高い回答率であった。

84　第1部　通常学級における病気の子どもの教育実態と特別な教育的配慮の課題

表3-21　教育相談機能の充実 （複数回答）

	小学校 n=467		中学校 n=209		高校 n=94	
①相談窓口が明確でいつでも相談できる	257	55.0%	109	52.2%	51	54.3%
②プライバシーの尊重	138	29.6%	56	26.8%	36	38.3%
③保護者や本人も対等に参加して必要なケア・サポートを検討できる	195	41.8%	94	45.0%	59	62.8%
④病気の子どもの教育制度について本人・保護者に適切に情報提供できる	102	21.8%	48	23.0%	26	27.7%
⑤他の機関との連携	178	38.1%	77	36.8%	56	59.6%
⑥スクールカウンセラーの配置	67	14.3%	41	19.6%	19	20.2%
⑦学級定数改善で担任がきめ細かく対応できる	206	44.1%	82	39.2%	32	34.0%
⑧その他	3	0.6%	3	1.4%	0	0.0%

「その他」に記載された内容
「小学校」：障害児学級に入れたがらない保護者の意識改革，プラスアルファの人員の確保，専門家の訪問指導
「中学校」：病名を聞かれてどう答えるか困るという相談を受ける（特に神経症・糖尿病），ケースワーカーがほしい，要介助の子どもには介助員の確保

　表3-25「教育委員会の就学相談機能」では，「就学指導委員会に病気の子どものための専門医の配置」を求める要望が強かった。高校では「教育委員会の病弱教育に関する情報提供能力の向上」「教育委員会が学校・病院関係者への病弱教育に関する PR を積極的に」が，いずれも小・中学校と比較して一番高かった。

　表3-26「病弱教育制度の拡充」では，「病弱養護学校・病虚弱学級を増やし，身近な地域で通常学級と協力して病気療養中の短期間でも病弱教育が受けられる」「身近な地域に病弱教育機関」「短期入院（1ヶ月程度）でも病院内の教育が受けられること」「長欠時に訪問教育が受けられること」「学籍変

第3章　東京都内の公立小・中・高校の養護教諭調査からみた病気の子どもが有する学校生活の困難・ニーズ　　85

表3-22　健康面での配慮

(複数回答)

	小学校 n=467		中学校 n=209		高校 n=94	
①体育の授業で過度な負担の解消	104	22.3%	59	28.2%	38	40.4%
②体育の授業で見学ではなく本人に合った学習・経験ができる形態や評価の工夫	256	54.8%	107	51.2%	62	66.0%
③養護教諭の複数配置	195	41.8%	46	22.0%	37	39.4%
④保健室の充実，休養・学習できる空間確保	147	31.5%	64	30.6%	42	44.7%
⑤施設・設備の改善（エレベーター・洋式トイレ・教室の位置・クーラーなど）	234	50.1%	108	51.7%	61	64.9%
⑥行事参加の過剰な制限の解消	139	29.8%	60	28.7%	26	27.7%
⑦児童生徒への病気・障害理解の指導など	212	45.4%	100	47.8%	49	52.1%
⑧学校医の充実（相談日の増加，精神科の拡充）	51	10.9%	31	14.8%	30	31.9%
⑨給食時の食事療法への理解と具体的援助	124	26.6%	43	20.6%	5	5.3%
⑩その他	7	1.5%	3	1.4%	14	14.9%

「その他」に記載された内容
「小学校」：保健室のとなりに休養と学習ができる空間を確保したい（2名），栄養士がいない。確実にどの学校にも配置してほしい，通級等の形で本人に合った学習ができる公の機関の確立，学校医と主治医の意見交換の場が必要（見解の相違がある場合にそれを解決する場がほしい，学校医の定年制
「中学校」：主治医と学校の検討の場（例えば医療的ケアへの対応），ケースに応じて全てが必要になってくる，体育の見学場所がない。条件が悪い。
「高校」：医療的ケアへの理解と具体的な支援

更の簡略化」が高い割合で回答されていた。「高校入試の改善」は中学校で，「高校で病気の子どもに対する配慮・援助の制度化」は高校で，いずれも高い割合を示していた。全体として，高校段階では病弱教育制度の整備を求める声が強いことが明らかになった。

86 第1部 通常学級における病気の子どもの教育実態と特別な教育的配慮の課題

表3-23 学習の保障

(複数回答)

	小学校 n=467		中学校 n=209		高校 n=94	
①長欠時の見舞い・教材等の提供など担任の訪問	91	19.5%	44	21.1%	17	18.1%
②学習の遅れへの補習などの個別援助	186	39.8%	84	40.2%	50	53.2%
③登校が難しい場合に学校からの訪問指導	124	26.6%	49	23.4%	29	30.9%
④登校が難しい場合に他の教育機関の紹介・利用	236	50.5%	112	53.6%	51	54.3%
⑤個別援助の TT やサポート・ティーチャーの配置	229	49.0%	87	41.6%	8	8.5%
⑥履修の弾力化					41	43.6%
⑦その他	2	0.4%	3	1.4%	0	0.0%

「その他」に記載された内容
「小学校」：体調が悪い時，学習が遅れるのは仕方がない，TT と介助員は並列できない，意味が違う。
「中学校」：担任が対応するときにその分を軽減できることが必要，各校単位ではなく区でまとめて対応，学籍移動の改善

表3-24 保護者の負担の解消

(複数回答)

	小学校 n=467		中学校 n=209	
①父母付き添いの解消（TT や介助員の充実）	237	50.7%	148	70.8%
②登校手段の確保（タクシーの公費負担）	198	42.4%	95	45.5%
③父母控え室の整備	130	27.8%	52	24.9%
④その他	1	0.2%	1	0.5%

「その他」に記載された内容
「小学校」：保護者のカウンセリングを含めてスクールカウンセラーがほしい
「中学校」：相談窓口を明確にしてほしい（人がかわると混乱する）

第3章　東京都内の公立小・中・高校の養護教諭調査からみた病気の子どもが有する学校生活の困難・ニーズ　87

表3-25　教育委員会の就学相談機能　　　　　　　　（複数回答）

	小学校 n=467		中学校 n=209		高校 n=94	
①就学相談委員会に病弱児専門医の配置	359	76.9%	148	70.8%		
②教育委員会の病弱教育情報提供能力の向上	78	16.7%	40	19.1%	52	55.3%
③教育委員会が学校・病院関係者に病弱教育のPRを積極的に行う	100	21.4%	42	20.1%	38	40.4%

「小学校」：教育委員会の中に病弱教育や障害児教育の経験者を配置してほしい，就学相談に立ち会っていないので結果のみで対応してきた，就学相談委員会や教育委員会の柔軟性が望まれる

2.3　自由記述にみる病気の子どもの学校生活の実態と課題

　調査票の自由記述欄には，小学校174人（37.8%），中学校58人（27.8%），高校37人（39.4%）から様々に記載され，その内容は337件にのぼっている。その記載内容を分類すると以下のようになった。

①今日の児童・生徒の健康問題全般に関するもの（10件）

②多様な課題を抱えた児童・生徒の実態と学校の困難点（15件）

③病気の子どもの対応に関する人的配置の要望事項（70件）

④施設・設備に関するもの（22件）

⑤校内での共通理解に関するもの（22件）

⑥養護教諭及び教職員の研修（23件）

⑦家庭の理解，家庭への援助（14件）

⑧病弱教育制度の改善（23件，院内教育に関する17件を含む）

⑨高校入試・高校制度の実情と改善に関するもの（7件）

⑩医療との連携に関するもの（23件）

⑪病気療養児の捉え方に関するもの（108件）

88　第1部　通常学級における病気の子どもの教育実態と特別な教育的配慮の課題

表3-26　病弱教育制度の拡充

(複数回答)

	小学校 n=467		中学校 n=209		高校 n=94	
①病弱教育機関を増やし地域で通常学級と協力して病気療養中の教育が行われること	237	50.7%	110	52.6%		
②長欠時に訪問教育が受けられること	196	42.0%	85	40.7%	37	39.4%
③短期間（1ヶ月程度）の入院でも病院内での教育が受けられること	241	51.6%	101	48.3%	37	39.4%
④学籍変更の簡略化（学籍を移さず通級制度の拡充で病院内の教育が受けられる等）	175	37.5%	75	35.9%	37	39.4%
⑤高校入試の改善（推薦制度の拡充，体育評価の配慮等）	82	17.6%	66	31.6%	28	29.8%
⑥教育期間の延長	80	17.1%	43	20.6%		
⑦病児保育の制度化（院内保育，訪問保育等）	98	21.0%	39	18.7%		
⑧病弱養護学校の高等部設置	74	15.8%	50	23.9%	33	35.1%
⑨高校での病気療養生徒への配慮の制度化	76	16.3%	36	17.2%	39	41.5%
⑩大学・専門学校での病気療養学生への配慮	72	15.4%	27	12.9%	18	19.1%
⑪その他	3	0.6%	0	0.0%	0	0.0%

「その他」の記載内容
「小学校」：各校にひとつずつ適応学級や病弱クラスがあるといい，個々に応じて教育を受けられる
　　　　　　機関があればいい

　これらの記載事項は病気の子どもの実態やそのニーズを考える上で貴重な内容を含んでおり，養護教諭からみた現状と今後の改善方向を示していると考えられるものであった。以下に，各項目で挙げられた特徴的な指摘をまとめてみた。

2.3.1 今日の健康問題全般とその中での病気の子ども

「小学校」：ここ数年，喘息・アレルギー性疾患が増加しており，不安を持ち
　　つつ生育してきたことが精神的な育ちに問題を残しやすい。重い病気では
　　ないが障害や病気を持つ子が多くなっている。

「中学校」：精神的な面でのケアや治療を必要とする児童が増加している。従
　　来の病気は院内学級など対応方法があるが，心を病む子のサポートが難し
　　い。病弱児とはいえない心の問題や断続的な長欠が多い。心理的問題と身
　　体症状を併せ持つケースへの対応が難しい。

「高校」：かつてないような病気の子どもが入学してくる。高１でアレルギ
　　ー・アトピーがここ１，２年増加。精神的疾患による長欠が増え，精神科
　　医やカウンセラーの来校相談日が待たれる。いろいろな子どもが保健室に
　　来室する（知的障害，身体障害，緘黙，ペースメーカー使用者など）。

　健康面での多様な実態の子どもが増加し，それぞれに応じた対応を必要と
しているが，実際にはそれが大変に難しい教育現場の現状が報告されている。
「通常の生徒すら弱くなっており，病弱児がいなくてもハードで，彼らがさ
らに加わったら不可能」「今在籍しているのは普通に学校生活が送れる児童。
特別なケアが求められたら難しい。現状の学校は健康な子どもを対象として
おり特別な配慮が求められても無理」という意見もあったが，多くは「受け
入れて一緒にと思うが，教師・学校現場任せ，個人の善意任せになってい
る」のが現状であるという意見であった。

2.3.2 病気の子どもの実態の捉え方

　病気の子どもを「実際に対応した経験がない」という記載が多く，「病気
の子どもはいるが，特別な配慮は必要としていないので求められた質問項目
に答えにくかった」という記載も見られた。「ケースバイケースである」と
いう記載が多く寄せられ，病気の子どもの実態は多様であることが回答され

ていた。

　それゆえに「共通理解が必要」であり「過剰な保護も問題だし体も心配という兼ね合いが難しい」こと，「病気の治療と学習の両立ができる環境を整備する必要がある」こと，「その子にあった制度の整備が必要であり，人手がほしい」「行政の柔軟な施策が必要」とされていた。

　病気の子どもの姿としては「特別なケアを必要としないケースも少なくない」という指摘のほか，「頑張りすぎる生徒」「みんなと同じにと無理して悪化するケース」に対する不安，「病気に逃げ込む傾向が見られるケース」が示されていた。また「学習の遅れ，友人関係への不安」が子どもに大きく影響していくことが指摘されていた。ある中学校では「完全な病気療養と慢性疾患を区別して，後者にはスクールカウンセラーも入れながら校内での共通理解を深め，前者にはもう少し学校として関わっていく検討を始めた」というとりくみが紹介されていた。

　「精神的なケアを必要とする児童・生徒が増加」しており，「医療・身体面のサポートは受けやすい（対応しやすい），不安・いじめなど心理的サポートが難しい」「精神面のケアは時間が必要だが時間が取れない。養護教諭の複数配置が必要」「どう接したらよいかわからない」「心のサポートをする専門家がほしい」と，対応の難しさや人的整備の必要性が記載されていた。病気の子どもへの援助には，心理的ケア・サポートを必要とする子どもが多い現状をふまえる必要がある。

　病気の子どもへの「共通理解」は保護者との間でも不可欠であり，保護者との協力や保護者への援助についての意見も多くみられた。「保護者の負担は大きい。送迎や付き添いを軽減していく必要」「保護者の精神的なストレスは大きく，教員の関わりで支えていく必要」が語られる一方で，保護者との共通理解の難しさを指摘する養護教諭も少なくない。「保護者の理解が不足していると考えられるケース」「保護者の過剰な心配」「普通にと言いつつ細かい指示が出される」「家庭がはっきりと気づかない場合，疾患（特に精神

面）への対応が難しい」などが挙げられている。

2.3.3 教育保障の課題

　養護教諭から記載された内容の中に「基礎学力をつける課題」が提起されていた。「中学・高校進学をどうサポートするか」「学習の遅れに対する不安は大きい。いつでも教育が受けられること」「学校は学習の場。授業についていけない生徒は毎日が苦痛になる。学力の遅れから二次的な病弱者にならないような学力保障が必要」とされ，そのためには「訪問指導が必要」「学校内だけの対応は限界。本人・家族からの相談を待つばかりではなく家庭訪問を含め人生相談などもできるような人材派遣や育成が必要」と指摘する意見のほか，実際に保健室や教育相談室で校内の協力を得て学習と相談を行いながら対応した経験などが述べられていた。

　病気の子どもの多様性と，それに対する学校の対応についても記載されていた。「病気療養児はケースによって配慮・対応が異なる。養護学校や相談室など身近に相談できる機関がほしい」「その子どもに合った教育，ケア・サポートが必要。のびのびできないと高学年になって学習不適応・不登校・身体症状などが出やすい」など個別の配慮が必要であることが出されていた。

　一方，「どのレベルを通常教育の対象と考えるのか」「スタッフは限界がある。施設・設備の改善を含め校内の改善で行くのか。あるいは外の連携体制を整備していくのか」という課題の提起も見られた。学校からのケア・サポートを必要とする児童・生徒が多く，「今日の学校はそうした対応抜きには子どもの教育は不可能になっていることを強く感じるとともに，もはや対象を限定することは難しく，必要な対応を必要な形で行えるような学校としての理念とシステムが求められている」とする指摘も見られた。

　自由記述の中で「病気療養ははっきりしていて問題がないが，生活習慣病（肥満や成長異常など）は通院もされず，勧告しても通院しないような事例の健康問題が心配である」「心理的要因のある生徒の将来が不安」「家庭や生育

の問題で心理的負担の大きい生徒がいる」などの問題を指摘する声があった。「保健室登校や30日以上の長欠が病気療養児ということはあまりない」というように，全体的には病気の子どもよりも，こうした子どもの抱える困難が強く認識されていた。

　また「疾病と不登校の線引きは難しい」「病気から不登校になるケースや，不登校から病気になるケースがある」と，そうした子どもと病気療養児を区別することが実際的には不可能だとされている。「学習の遅れから病気を理由に欠席する・保健室に来てしまう。具合が悪いのかサボりなのかわかりにくい」など，体調・健康問題と心理的・精神的問題が渾然一体となっている状況が報告されていた。そのために「病気療養児と不定愁訴を訴える生徒の捉え方を考える必要がある」「保健室登校も精神的な原因がある場合は長期化する。病気療養と同じようにとらえ訪問指導なども含む学習のフォロー体制を作る必要がある」として，原因による判定ではなく，子どもの必要とする援助を保障していく必要性が述べられていた。

2.3.4　病気の子どもの受け入れのための具体的要望

　条件を整えて，障害・病気があっても学べる学校でありたいという願いを，多くの養護教諭が記載していた。そのためには人的条件や施設・設備面で具体的な条件整備が行われることが要望されており，具体的には以下のような内容が示されていた。

・30人以下学級
・学級担任以外の教員配置（病気の子どもの専門教師，フリー担任を学校にひとり，学級編制基準を20人以下にしてさらにプラス2，3名の教員が必要など）
・通常の学校から訪問指導できるよう，訪問指導のための教員の必要性（話し相手や学習の指導。母親の精神的支援。校内での対応だけでなく積極的に自宅療養時に関わっていく必要がある。しかしそこには専門性・資質が求められる）

・養護教諭の複数配置
・介助員（保護者の負担が大きいので必要，中学ではついたが高校では講師配置で時間が不足，資質が大事）
・カウンセラーの配置（資格だけではだめ）
・校外学習・宿泊・行事に人的配置（身体・知的・精神的障害をもつ児童が何人もいる）・必要な時の一時的人的配置（一時的な移動困難に対して必要）
・教育委員会で予算をプールしておき，急な必要性への対応を
・医療機関との連携が必要（病院のソーシャルワーカーのような人が学校生活と健康面の配慮の調整。医師の学校訪問，緊急時の対応）
・施設・設備（学習室・相談室の設置，保健室以外の休養室，クーラー・扇風機，洋式トイレ，シャワー室，エレベーター，階段の手すり，洗面所や更衣室の整備，車椅子で自立して過ごせる学習環境）

2.3.5　校内理解と外部機関との連携

　自由記載の中で条件整備とともに重要性が指摘されているのが，校内での共通理解であった。養護教諭や担任教師だけでなく，校内で共通に理解し協力して対応する必要性が述べられているとともに，児童・生徒の多様化と教職員の多忙化の中でそれが難しくなってきているという声も多かった。

　子どもの病気・健康問題を養護教諭・保健室任せにしてしまうことへの懸念が示され，「制度や対処療法以前に，こうした子どもをどう見るかという位置づけと全人格的な捉え方が大事である。保健室の問題に隔離してしまわない考え方が求められる」「学校運営で管理職の姿勢・考え方が大事。養護教諭に聞くだけでは進展しない。養護教諭にこれ以上求めるのは無理であり，逆に何をしてほしいのか問いたい」というような基本認識が求められていた。

　また「担任が抱えて秘密にせず，関わる教員全員で共通理解し，対外的には保護者だけがパイプになるのではなく専門機関と学校も情報交換ができるような体制がほしい」と学校内の理解だけでなく，主治医など学校外の専門

家・専門機関との連携・協力の必要性を指摘する声が多い。実態はそうした連携・協力がとれていないという声が多く，重症の事例では特に主治医からの指導が求められていた。

医療サイドからの情報を求める声とともに，主治医に学校の実態を知ってほしいという声も強い。「主治医は学校の実態（本人の様子・学校全体の様子）を知った上で生活管理表を出してほしい。これで平気かという判断もある。緊急時対応を詳しく提示してほしい」「特にプールは健康な子どもでも不安がある実態を知ってほしい」「他の疾病でも腎臓・心臓のような管理区分表があれば情報を受けやすい」など，学校と医療関係者が相互に連絡をとり，その共通理解のもとに子どもの学校生活を考えていくことが求められている。

学校医についての記載は少ないが，「学校医は定期健診・宿泊時健診・就学時健診のみしか来校がなく，学校医の執務を明確にして地域に根づいた健康教育ができるような人をお願いしたい」「学校内科医の協力が得られない」と，今日の子どもの健康問題に対して，学校医が制度としても個々の医師の資質としても不十分であるという指摘があった。

また保護者が学校と医療とのパイプ役となっている現状に対し，「保護者の意見が多様化しており，学校の受け入れ条件も不備が多い。現状では行事の時の配慮事項ぐらいしか対応できていない。できれば病院のソーシャルワーカーのような方に調整してもらいたい」というような調整者の必要性を指摘する意見や，学校としても医療機関と直接に情報交換や相談ができるようにという要望があった。

2.3.6　教職員の研修

特別な配慮が必要な児童・生徒が増加している現状や将来的な見通しを指摘し，研修の充実を求める声は強い。自由記載の中でも養護教諭自身が専門性を高める研修とともに，一般教員が健康教育や病気への理解を高める研修が希望されていた。

「具体的な病気や障害に関する理解や指導方法に関わる知識が得たい」「主治医の下で新しい知識が学びたい」「医療行為に関する研修。法的整備と共に教員研修が不可欠である」「看護婦資格があるので不安はないが医学的知識がなければ不安が大きい」など，「相談するところがなく医療と教育の間で悩むことが多い」という実態の改善のためには，研修が大きな要素として挙げられていた。

「研修の機会がほしいが学校をあけるは難しい」ため「現状では保護者との連絡を密にして学校生活を工夫している」ことが報告されている。研修期間をしっかりとった質の高い研修が要望されていると同時に，身近なところで気軽に相談に応じる機関が求められている。主治医・医療関係者は多忙であり，現実問題としてはなかなか連絡をとることができない。「養護教諭は専門職だが，児童の幅がありすぎて研修が追いつかない。指導上の不安を即解消したいが気軽に相談できるところがあるとよい」「障害児なども入学してから考え始める状態である。情報の提供や相談機関の設置などを求めたい」等が要望として出ており，実態が先行して，それに応じた対応が組織できない現場の実態が見られる。

一般教員の場合も健康教育の理解が不十分であり「管理的な面のみ重視する人もいる」などから，現場での研修が要望され，「病弱教育について新規採用者の研修や現職研修などに取り入れる必要がある」などの意見が記載されていた。一般教員の研修を進める上でも，養護教諭自身の研修が必要という意見も見られた。病院勤務の経験から「院内教育の教員は熱心だが，病状把握や他の子どもへの配慮に欠ける人が多かった。もっと学習してほしい」と，病弱教育関係者の専門性が不十分であることを指摘する意見も見られた。

2.3.7 病弱教育制度

現在ある病弱教育制度について，学校現場はもとより教育委員会でも十分情報が行き渡っていないことが指摘されている。「訪問教育制度について校

長だけでなく教育委員会も知らなかった。養護教諭から情報を知らせて活用することになり，子どもが大きく変化した」等の事例が報告されていたほか，「長期になるか短期になるか不明のまま自宅療養になる生徒に対して教育を受けられる機関や相談できるところが知りたい」など，養護教諭自身が情報を得たいという要望も記載されていた。

　「病院内教育が保障されるということは期間が短期であっても『学習が遅れるのではないか』という児童の不安を除き大きな意義がある」「たかだか1ヶ月であっても生徒にとっては不安が大きい」と，入院中の教育の意義と短期間であっても学習空白にしない必要性が指摘されている。そのため「結果的に3ヶ月以上の入院になるなど，当初から予定できないことも病気治療の特徴であるため，現在の病弱教育への措置変更基準を見直すべき」「転出手続きが非現実的。在籍のまま一日も学習空白なく学習が続けられるような手続きに変えるべきだが，今の児童・生徒数に基づく学級編制基準という考え方ではむずかしい」など，学籍をめぐる問題を取り上げる養護教諭も少なくなかった。

　「健康学園は廃園ではなく有効活用を含めて存続を」「都内に病弱養護学校が少ないこと・高等部がないことに不満，寄宿舎入舎は無理な事例もあるので通級できる病弱学級が近くにあるとよい」「各区・市で病弱児を受け入れる学校を設置するなどさらに工夫が必要」など，地域に根ざした病弱教育制度の改善・充実についても言及されていた。

　その他，入院した児童・生徒に対するケアを継続する必要が指摘され，病弱教育専門機関がある場合も地元校復帰の見通しや子どもの気持ちを配慮して，何らかの形で地元校は関係をもち続けていくことが，本人・家族にとって必要ではないかと指摘されていた。

2.3.8　高校入試・高校教育制度
　通常学級の病気の子どもにとって，義務教育から後期中等教育への移行の

第3章　東京都内の公立小・中・高校の養護教諭調査からみた病気の子どもが有する学校生活の困難・ニーズ　97

ハードルが高い。「ほとんどテストも受けられず，内申もつかない生徒の場合，高校受験もできなかったが病弱児も入れる高校入試が望まれる」「やりたいのにできないという気持ちをコントロールしながら揺れている心理。中学3年間，できるだけ医学的な自己理解と自己の疾病管理の力，病気に耐える自我形成をサポートしていくと多くの子どもが力強い成長を見せていく。こうした面も評価してくれるような高校入試の改善が望まれる」と高校入試の改善に対する要望が出ていた。

　また定時制高校が，現状では特別な配慮を必要とする生徒の受け皿になっているにもかかわらず，「建前としては普通の教育課程となっていて実態とのずれが大きい。特別な配慮を必要とする生徒に対応できる環境整備を行えばかなりのことができる」「定時制では柔軟に学校生活を送るケースが見られる。入院のまま入学し，体調を考えて療養に専念し留年，復学して卒業など。全日制の方に，通院しながら登校している生徒が多いが体育の扱いなどがむずかしい」など，今日の定時制高校が多様なニーズを有する生徒の学び場となっており，その条件整備をさらに進める課題が出されていた。同時に「社会の受け皿がなく行く場がなくて定時制に来る場合が多く見られるがこの選択でよいのか。本来，養護学校ではないかと思われる生徒も多い」と定時制高校の対象が広がっていくことに対する疑問も見られる。

　高校入試制度や入学後の諸条件は病気の子どもにとって困難が多いうえに，東京都では病弱養護学校に高等部が設置されていない（2006（平成18）年度に高等部が開設された）。病気の子どもの後期中等教育は，その基本的整備において大きな課題があることが養護教諭の回答からも明らかになった。

2.3.9　自由記述のまとめ

　養護教諭の自由記述の内容337件を整理すると，病気の子どもの学校生活には次のような現状と課題がある。

(1)全校での共通理解と連携した指導・援助：校内での共通理解を深め，健康・病気の問題を養護教諭任せにしない，あるいは担任だけが抱え込まないことが重要という記載が多く見られた。

(2)養護教諭の研修と教職員の健康教育への理解の向上：養護教諭だけでなく全教職員の健康・保健問題への理解を高めることが課題とする意見が多く出されていた。養護教諭については医学的な知識全般と学校場面での具体的対応に関する研修，個別のケースに応じた疾病・治療に関する研修への要望が多く，とくに主治医との連携による研修が要望されている。校内で養護教諭が専門性を発揮し，担任はじめ教職員，子どもや保護者に情報提供や援助ができることが必要とされていた。さらに養護教諭の養成課程にも含むべき内容であるという意見もあった。

(3)養護教諭の複数配置：上記の課題を進める上でも，また養護教諭を中心とした学校保健制度が適切に機能するためにも，養護教諭の複数配置が緊急の課題であることを指摘する記載が多くみられた。

(4)病弱教育制度の充実：通常学級での改善とあわせて院内教育の拡充，学籍変更の改善，病弱養護学校の整備拡充なども指摘され，通常学級の整備と同時に院内教育を中心に病弱教育制度の改善は重要課題であることが示されていた。また学力保障や後期中等教育の保障は，病気の子どもの自己実現・生涯発達に不可欠という指摘もなされていた。

(5)医療機関からの理解と援助：主治医との連携を求める声とあわせて，主治医をはじめ医療関係者に対して，子どもと学校の実態を十分に理解した診断・指示を望む記載や，連絡のとりにくい医療機関の現状の記載など，医療機関の理解やシステムの改善も求められていた。

(6)周辺の子どもを含む特別な教育的ニーズ：学校教育全体が特別な対応を必要とする多様な子どもをかかえていること，不登校その他周辺の子どもと病気の子どもの境界は明確にはできないことが指摘され，多様な困難・ニーズを有する子どもの現実を前にして，学校はどのようなシステムを整え

ていくべきなのかという課題提起がなされていた。

Ⅲ. 考　　察

3.1　病気の子どもの在籍と実態把握

　ほとんどの学校に病気療養中の児童・生徒が在籍していることが明らかに
なった。しかし養護教諭が病気の子どもをどのようにとらえるのかは，在籍
する児童・生徒の状況によって異なっていた。とくに喘息・アレルギー疾
患・肥満が高い割合を占めていることが回答されたが，どの程度の病状をも
って病気の子どもとみなすかは回答者によって判断が異なっていた。

　こうしたことから，病気の子どもの実態そのものが多様であるほか，養護
教諭や学校の捉え方も多様であると考えられる。学校は個人調査票や主治医
の意見書のほか，保護者の口頭報告で病気の子どもの実態把握をしていたが，
それでは「不十分である」と考える養護教諭が多く，その理由として保護者
の報告がまちまちであることが一番多く指摘されていた。病気の子どもの個
別性に配慮する必要があるのはもちろんであるが，実態を的確に把握してい
く共通の視点・方法が求められているといえる。

3.2　学校の対応

　病気の子どもに対する学校側の対応では，個人面談や教員間のケース会議
のほか，高い割合で回答されたのは体育の授業見学や軽減（小・中学校），保
護者の付き添い（小学校）であった。主治医訪問が行われているのは小学校
12.4%，中学校6.8%，高校11.4%にとどまっていたほか，病弱教育機関，
スクールカウンセラー，児童福祉関係との連携はいずれも低い割合であった。

　養護教諭の対応では「個人的な相談」「健康の観察や指導」「担任への情報
提供」「保護者との連絡」など学校の健康管理に関するものが中心であり，

100　第1部　通常学級における病気の子どもの教育実態と特別な教育的配慮の課題

学校医や主治医との連携はそれらと比べると少なかった。なお割合としては低いが，養護教諭が学習の励ましや援助を行っているという回答も見られ，学力問題の重要性を指摘する記載も見られた。

　これらから，医療との連携を進めると同時に，病気の子どもの医療ニーズにのみ着目のではなく教育の視点から対応を考えることが不可欠だといえる。また，生活基盤を安定させることが必要であり，福祉ニーズの把握は今後，いっそう求められてくると考える。

3.3　校外機関との連携

　病気の子どもの教育を進める上で必要と考えられている校外機関は，小・中・高校ともに主治医が一番多く回答され，次に小・中学校では病弱教育専門機関，高校では精神科医と回答されていた。

　学校医や教育委員会を挙げる回答が小・中・高校のいずれにおいても2，3割あり，「学校医制度の充実」「教育委員会が責任をもって病気療養児の教育に関わること」が求められているといえよう。

　児童福祉関係との連携を指摘する回答の割合は高くはないが，実際に連携している事例も回答されており，医療だけでなく，児童・生徒の生活支援に関して福祉関係との連携の必要性が高くなっていると考える。

3.4　長期欠席の実態把握

　病気による30日以上の長期欠席の実態は，病気だけではなく，心理的要因・家庭的要因・学習の遅れなどの諸要因が相関していることが明らかになった。

　養護教諭でも病気による長期欠席の実態をはっきり把握していない場合があり，病気による長期欠席者への援助は学校が保障すべき課題として明確に認識されていないと考えられる。同時に，病気長欠は学校教育だけでは解決できない問題を抱えているケースも多く見られたことから，教育・医療・福

第3章　東京都内の公立小・中・高校の養護教諭調査からみた病気の子どもが有する学校生活の困難・ニーズ　　101

祉の総合的な援助が必要だといえよう。

　以上のように病気の子どもの教育保障を進めるためには，医療的配慮が適切に行われることは重要な課題であるが，病気という条件への対応だけではなく，健康と学力・能力・人格の発達の総合的な保障がめざされなくてはならない。また病気の子どもの特別な教育的ニーズは，保健室登校・長期欠席・学習空白や遅れを抱えた子どもと共通する部分があることが明らかになった。それゆえに病気という原因に特定せず，子どもが必要とするケア・サポートを保障していくという特別ニーズ教育の視点からの取組みが重要であると考える。

Ⅳ．おわりに

　ほとんどの学校に病気療養中の児童・生徒が在籍しているが，どの程度の病状をもって病気の子どもとみなすかは回答者によって判断が異なり，養護教諭や学校の捉え方も多様である。また保護者との共通理解も不十分であると指摘されている。

　病気の子どもに対する学校側の対応として個人面談や教員間のケース会議のほか，授業見学や軽減（小・中学校），保護者の付き添い（小学校）などが回答されていたが，その対応内容や程度は様々である。

　病気の子どもの教育を進める上で，主治医との連携や，事例によっては福祉機関との連携が必要と考えられていたが，「教育委員会が責任をもって病気の子どもの教育に関わること」が求める意見が多く，学校現場の努力だけでなく，教育として位置づけ対応するための条件整備の必要性が指摘されていた。

　病気による30日以上の長期欠席の実態に象徴されるように，病気の子どもは健康問題だけでなく様々な困難をかかえているが，「病気が治ってから学校」という見方から学校からの実態把握と対応はきわめて不十分である。学

校が行うべき配慮・援助のあり方を明確にするとともに学校教育だけでは解決できない問題を抱えているケースも多く，教育・医療・福祉の総合的な援助が必要である。

「通常学級在籍の病気の子どもの教育に関する実態調査」調査票は第2章最後に添付している。

第4章　東京都内の保護者調査からみた病気の子ども が有する学校生活の困難・ニーズ

I. はじめに

　本章では，東京都内の小・中・高校の通常学級に在籍する6歳から18歳の病気の子どもの保護者を対象に質問紙法調査を行い，保護者が感じている学校生活上の問題，学校から提供されている配慮の実際や学校に対する要望を明らかにする。

　調査対象が通常学級に在籍する病気の子どもの保護者であり，対象を把握しにくいため，協力を得られた患者会関係465通（日本てんかん協会東京支部，小児がんの子どもを守る会，心臓病の子どもを守る会，腎臓病・ネフローゼの子をもつ親の会，キッズエナジー，健康学園卒業生保護者，食物アレルギーの子を持つ親の会会員），および小児科外来（東京都立墨東病院，東京都立八王子小児病院，東京都立府中病院，東京都立清瀬小児病院，国立小児病院，国立災害医療センター，国立精神・神経センター，日野市立総合病院，関東中央病院，千葉小児クリニック，松延小児クリニック）を通して565通，合計1030通の質問紙調査票を配布依頼した。

　調査期間は2000年8月15日から10月15日であり，回収結果は304通（回収率29.5%）であった。調査票は章末に添付した。

104 第1部 通常学級における病気の子どもの教育実態と特別な教育的配慮の課題

Ⅱ. 調査の結果

2.1 回答者の子どもの病気・療養の実態

　回答された児童・生徒の病類別人数は表4-1に示した。回答された中に心身症・精神疾患の事例はなかった。

　現在の学籍は表4-2に示した。19歳以上の事例からは学齢期の経験が回答されており，集計に含めた。19歳以上の事例の現在の所属状況は以下の通りであった。

表4-1　主な病類　　(n=304)

心臓病	81	26.6%
腎臓病	38	12.5%
糖尿病	1	0.3%
てんかん	80	26.3%
喘息	47	15.5%
アレルギー性疾患・アトピー性皮膚炎	11	3.6%
心身症	0	0.0%
神経症	0	0.0%
悪性新生物（小児がん）	28	9.2%
血液疾患	3	1.0%
その他	9	3.0%
無記入	2	0.7%

第 4 章　東京都内の保護者調査からみた病気の子どもが有する学校生活の困難・ニーズ　　105

表4-2　現在の学籍　　(n=304)

	公立		私立	
小学校	146	48.0%	6	2.0%
中学校	59	19.4%	13	4.3%
全日制高校	18	5.9%	22	7.2%
定時制高校	1	0.3%	0	0.0%
通信制高校	0	0.0%	0	0.0%
単位制高校	0	0.0%	0	0.0%
専門学校			4	1.3%
その他	15	4.9%		

その他：社会人・浪人・大学生・大学院生

表4-3　発病時期　　(n=304)

出生時から	102	33.6%
就学前	122	40.1%
就学後	79	26.0%

表4-4　発症年齢　　(n=304)

1歳未満	116人
1歳	14人
2歳	33人
3歳	22人
4歳	20人
5歳	16人
6歳	10人
7歳	13人
8歳	5人
9歳	13人
10歳	8人
11歳	10人
12歳	8人
13歳	4人
14歳	6人
15歳	4人
16歳	0人
17歳	2人
18歳	0人

19歳　3名（短大・浪人・声優養成所）

20歳　6名（私立高校2・公立高校1，私大，専門学校）

21歳　5名（通信制大学，専門学校，公立大学，私大，不明）

22歳　2名（私大2）

23歳　2名（不明，私大大学院）

24歳　1名（公立大学大学院）

25歳　2名（社会人，浪人生）

発病の時期は「出生時から」（33.6%），就学前（40.1%），就学後（26.0%）

となっていた。多くは出生時を含む乳幼児期から，長期にわたって病気療養が続いているといえる（表4-3，表4-4）。

　回答されたケースの治療状況は，「定期的な通院と服薬等の医療的処置」（78.0%）・「日常的な健康管理のみ」（12.8%）と，比較的安定した療養状況が多いと考えられた。入院を含む医療的に手厚い治療を必要とする事例は全体で9ケース（3.0%）であり，その内訳は心臓病2名，悪性新生物2名，腎臓・ネフローゼ2名，感染性　免（記載のまま）・てんかん・免疫不全各1名であった（表4-5）。

　「その他」として検査のみの通院や薬を保護者だけが取りに行くというケース，体調の悪化・発作があったときに通院するケースなど33人の回答があったが重複した病気がある場合は違う病院・内容で通院することになり通院回数が多くなっていることが見られた。

　通院状況は，月1回程度が169名（55.6%）と一番多かったが週1回から年1回まで様々であった。月1回よりも頻回な通院は，週1回が1.0%，週2回が1.6%で，大半が月1回以下の頻度での通院状況だといえる（表4-6）。

　ケースによって異なることが予想されるが，医療的に大変な病気と思われることが多い心臓病でむしろ通院回数が少ない傾向があるのに対し，学校で多く見られ病気として強く認識されないことが多い喘息やアトピー性皮膚炎で通院頻度が高い事例があった。

　学校に通っている期間の入院経験は，154名（50.7%）が「入院した経験がある」と回答していた。「入院した経験がない」とする者は47.7%であり，就学前に入院した経験を有する事例もあった（表4-7）。

表4-5　現在の治療状況　　　　（n=304）

①定期的な通院と服薬等の医療的処置	237	78.0%
②日常的な健康管理のみ	40	13.2%
③入院を含む医療的に手厚い対応が必要	9	3.0%
④その他	20	6.6%

第4章　東京都内の保護者調査からみた病気の子どもが有する学校生活の困難・ニーズ　　107

表4-6　現在の通院状況　　　　（n=304）

①週1回程度	3	1.0%
②週2回程度	5	1.6%
③週3回程度	0	0.0%
④月1回程度	169	55.6%
⑤2ヶ月に1回程度	22	7.2%
⑥3ヶ月に1回程度	28	9.2%
⑦4ヶ月に1回程度	13	4.3%
⑧年2回程度	34	11.2%
⑨年1回程度	23	7.6%
⑩体調によって	27	8.9%
⑪その他	33	10.9%

表4-7　就学期間の入院経験　　（n=304）

①入院経験ある	154	50.7%
②入院経験なし	145	47.7%

2.2　通常学級の選択と理由

　回答者のうち，病弱養護学校や健康学園に在籍したことがあるという回答は5.9%であった（表4-8）。

　在籍したことがない理由としては，「そういう教育の場があることを知らなかった」（8.6%）という情報の不足，「寄宿舎入舎が生活・精神面で無理だと考えた」（6.3%）「医療的ケアや通院が行いにくい」（5.9%）というように，現在の病弱教育の諸条件が子どものニーズにそぐわないことが示されており（表4-9），調査全体の最後に設けた自由記載「その他」の項では養護学校や障害児学級など見学したが子どもの実態を考えると「ここだ」と思えるところがなかったという記載など，通常学級で問題を感じているが消去法的

表4-8　病弱養護学校等への在籍経験　(n=304)

ある	18	5.9%
ない	282	92.8%

表4-9　病弱養護学校等を利用しなかった理由　(n=282)（複数回答）

①利用する必要がなかった	208	68.4%
②そのような教育の場を知らなかった	26	8.6%
③寄宿舎入舎が，生活・精神面で無理だと考えた	19	6.3%
④子どもにあった医療的ケアや通院などが行いにくい	18	5.9%
⑤元の学校から学籍を変更したくない	11	3.6%
⑥指導内容や学歴の面で不安である	7	2.3%
⑦その他	0	0.0%

に通常学級への在籍を選択している事例があった。

　この点では特に知的な遅れがある病気の子どもの場合，適切な教育の場が用意されていないことが指摘されていた。通常学級の中でも適切な教育が保障されているとは考えられておらず，逆に知的養護学校や障害児学級でも教職員からの理解や協力は得られても，他の児童・生徒との動き等との関係で不安が大きいと述べている保護者もいた。

　「準ずる教育」として位置付けられてきた病弱教育であるが，疾病の種類・病状によっては知的障害など障害が重複することも多く，今日の病弱教育はこうした子どもへの対応が不十分であることが見受けられた。

　しかし一番多く回答されたのは「利用する必要がなかった」(68.4%)であり，病気療養中の児童・生徒にとっての教育の場として通常学級がより適切な場として考えられ選択されていると考えられた。また「元の学校から学籍を変更したくない」「指導内容や学歴の面で不安である」という回答には病弱養護学校等の情報・理解の不足も考えられるが，生まれ育った環境・友人関係の中で学び育ちたいという願いがこめられていると考えられる。

第4章　東京都内の保護者調査からみた病気の子どもが有する学校生活の困難・ニーズ　　109

表4-10　入院中の教育　　(n=154)

受けたことがある	28	18.2%
受けたことがない	126	81.8%

表4-11　入院中に教育を受けなかった理由　(n=126)（複数回答）

①入院先に院内教育等の場がない	56	44.4%
②入院期間が短く転校できない	37	29.4%
③病気治療に専念し早く退院することが先決	24	19.0%
④そのような教育を知らない	19	15.1%
⑤元の学校から学籍を変更したくない	11	8.7%
⑥指導内容や学歴の面で心配	2	1.6%
⑦その他	42	33.3%

　学齢期に入院を経験した154人のうち，入院中の教育を受けたことがないケースが81.8%と高い割合であった（表4-10）。その理由は「入院先に院内教育等の場がなかった」（44.4%）「入院期間が短く，転校できなかった」（29.4%）「そういう教育があることを知らなかった」（15.1%）と病院内教育の未整備が大きな要因になっていることがうかがわれた。入院は長期休業に行っているという工夫が見られたほか，「そんなにひどくない」「必要がない」という保護者の判断が示されている回答もあったが，入院した場合の教育保障はきわめて不十分であることが明らかになった（表4-11）。

2.3　学校生活での保護者の不安と負担

　「体力がないこと」（45.4%），「病状の悪化」（31.9%）など，病気に伴う不安のほか，二次的な問題として「子どもの心理的な不安」（40.5%）というわが子の内面を気遣う不安が挙げられている。また「学校での友人関係」（31.3%）や「学校での学習」（34.2%）に関する不安が大きいことがうかがえた（表4-12）。

110 第1部 通常学級における病気の子どもの教育実態と特別な教育的配慮の課題

表4-12 学校生活に関する不安（全体）

(n=304)（複数回答）

①体力がないこと	138	45.4%
②お子さんの心理的な不安	123	40.5%
③学校での学習への不安	104	34.2%
④病状の悪化	98	32.2%
⑤学校での友人関係	95	31.3%
⑥通院・入院などによる欠席の多さ	55	18.1%
⑦感染への不安	50	16.4%
⑧外見上の問題での不安	41	13.5%
⑨特にない	31	10.2%
⑩その他	10	3.3%

表4-13 学校生活で負担に感じること

(n=304)（複数回答）

⑤病気について学校への理解を求める努力	120	39.5%
①特にない	103	33.9%
⑧学級の子ども・保護者への気遣い	82	27.0%
②登下校の送迎	48	15.8%
⑥勉強を教える	43	14.1%
④行事への付き添い	41	13.5%
⑦学習の不足を補う教育費（家庭教師等）	37	12.2%
③学校への日常的付き添い	13	4.3%
⑨その他	14	4.6%

　「その他」の欄には，「発作や事故の心配」「行事参加での同級生との関係や担任の負担」「宿泊時の吸入」「医師からは OK が出ているが水泳・宿泊が不安」「体育の評価」などの記載が見られた。

　「（負担が）特にない」とする保護者は33.9％だが（表4-13），中には「実際には色々な努力をしてきたがそのこと自体は負担と感じたことはない」「無我夢中でやってきたが負担には思わなかった」という記載があり，負担感は

第 4 章　東京都内の保護者調査からみた病気の子どもが有する学校生活の困難・ニーズ　　111

表4-14　病類別の学校生活に関する不安 （複数回答）

	てんかん n=80		心臓病 n=81		喘息 n=47		腎臓病 n=35		小児がん n=25	
①特にない	9	11.3%	10	12.3%	5	10.6%	3	8.6%	1	4.0%
②病状の悪化	27	33.8%	21	25.9%	14	29.8%	17	48.6%	7	28.0%
③感染への不安	3	3.8%	14	17.3%	6	12.8%	11	31.4%	7	28.0%
④体力がない	25	31.3%	52	64.2%	15	31.9%	16	45.7%	17	68.0%
⑤外見上の問題	2	2.5%	10	12.3%	3	6.4%	8	22.9%	8	32.0%
⑥学校の学習	39	48.8%	23	28.4%	9	19.1%	9	25.7%	12	48.0%
⑦友人関係	30	37.5%	30	37.0%	8	17.0%	9	25.7%	7	28.0%
⑧子どもの心理不安	34	42.5%	33	40.7%	8	17.0%	18	51.4%	9	36.0%
⑨通院・入院による欠席の多さ	4	5.0%	15	18.5%	8	17.0%	6	17.1%	12	48.0%

表4-15　病類別の学校生活の負担感 （複数回答）

	てんかん n=80		心臓病 n=81		腎臓病 n=35		喘息 n=47		小児がん n=25	
①特にない	23	28.8%	25	30.9%	11	31.4%	26	55.3%	7	28.0%
②登下校の送迎	18	22.5%	14	17.3%	2	5.7%	1	2.1%	8	32.0%
③学校の付き添い	3	3.8%	4	4.9%	0	0.0%	0	0.0%	4	16.0%
④行事の付き添い	17	21.3%	15	18.5%	2	5.7%	1	2.1%	5	20.0%
⑤病気理解	24	30.0%	39	48.1%	18	51.4%	13	27.7%	14	56.0%
⑥勉強を教える	22	27.5%	10	12.3%	4	11.4%	1	2.1%	3	12.0%
⑦家庭教師費用	15	18.8%	9	11.1%	2	5.7%	2	4.3%	6	24.0%
⑧学級の子ども・保護者への気遣い	21	26.3%	28	34.6%	11	31.4%	7	14.9%	5	20.0%

個々の事情によって異なる一面が見られた。

　負担の項目では「病気について学校への理解を求める努力」（39.5%），「学

級の子ども・保護者への気遣い」（27.0％）が多く，保護者が子どもの代弁者として学校や子どもの友だちやその保護者との関係をとっており，学校生活の送り方について苦心している様子がうかがえた（表4-13）。

「その他」として，「通院の負担（仕事がある・下のきょうだいを連れて学校に迎えに行く）」「在籍校以外に通級している送迎と，通級学級からの要求が負担」「行事ごとにお願い事があること」「除去食が必要なこと，栄養士・調理の方に負担をかけていること」のほか，体育・行事に参加できないこと，担任や養護教諭に知識がないことなどが挙げられていた。

不安や負担について病類で比較すると，病気や治療の特徴から傾向の違いが見られる（表4-14，表4-15）。しかしどの項目でも不安・負担と感じる保護者がおり，病気によって異なるというよりも，個々の事情によって様々な不安・負担を感じていると見ることができよう。

2.4　学校への報告や相談

回答した保護者のうち285名（93.8％）が学校に病名・病状を「報告した」としており，大半の保護者が報告をしていた。報告していないとする回答は15名（4.9％）であった。

先行研究で保護者からの病名報告が行われていない場合が少なくないことが指摘されてきたが（東山由美，1997，p.347），今回は病児の理解と支援を広げる活発な活動を行っている親の会会員も対象にしていること，煩雑な回答を求められる調査に協力いただいた保護者は病児の教育についての課題意識を持っている方であることが予想されることから，結果として9割以上の「学校への報告」になっていると考えられた。

担任への口頭報告（74.7％）や健康調査票記入（58.9％）という形での報告が多かった（表4-16）。しかし，主治医からの文書による報告は43.9％にとどまっていた。報告の結果が学校生活での配慮として生かされたと考える保護者は64.6％であり，約3割は不十分だと考えていた（表4-17）。

第4章　東京都内の保護者調査からみた病気の子どもが有する学校生活の困難・ニーズ　　113

表4-16　どのような形で報告したか　　(n=285)（複数回答）

①担任に口頭で報告し配慮を依頼した	213	74.7%
②年度始めに全員が提出する健康調査票に記載した	168	58.9%
③主治医からの文書を提出した	125	43.9%
④養護教諭に口頭で報告し配慮を依頼した	106	37.2%
⑤行事の事前調査に記載した	54	18.9%
⑥学級の保護者会の場で伝えた	54	18.9%
⑦その他	32	11.2%

表4-17　情報が伝わり必要な配慮が受けられたか

(n=285)（複数回答）

①はい	184	64.6%
②状態は理解されたが実際の配慮は不十分だった	63	22.1%
③状態についての理解も実際の配慮も不十分だった	28	9.8%

　主に誰と相談しているかという質問に対し，「担任」(70.4%) が一番多く回答され，身近に接する担任に相談している状況が見られる。養護教諭 (33.9%) より主治医 (39.8%) に相談する人が多く，スクールカウンセラーと相談するという人 (1.0%) は非常にまれであった（表4-18）。「その他」としては栄養士（4名），同じ病気を持つ友人（2人），部活の先生（2名），親の会（2名）などが挙げられていた。

　必要な時に相談が「できなかった」という回答が12.8%見られた。相談できたという保護者も，その結果が学校生活に生かされたと考えているのは68.5%であり，他は「生かされなかった」「精神的援助にはなったが実効はなかった」「教職員の間で理解に違いがあった」と回答している（表4-19）。

　教育委員会に相談したが実効はなかったとするケースや「養護教諭には親がすべてすればよい，保健室は使わせない。大変な子には関わりたくないと

114　第 1 部　通常学級における病気の子どもの教育実態と特別な教育的配慮の課題

表4-18　学校生活での健康上の問題の相談相手 （n=304）（複数回答）

①担任の教師	214	70.4%
②主治医	121	39.8%
③養護教諭	103	33.9%
④校長・教頭	47	15.5%
⑤特に話し合い・相談はしていない	17	5.6%
⑥スクールカウンセラー	3	1.0%
⑦その他	20	6.6%

表4-19　相談は学校生活の改善に生かされたか （n=213）

①生かされた	146	68.5%
②生かされなかった	21	9.9%
③精神的援助にはなったが実効はなかった。	24	11.3%
④教職員間での理解の違いがあった。	47	22.1%

いわれ」たケースなど，相談した結果，適切な理解が得られず対応も不十分であったケースでは失望感・不信感を昂じてしまうことが見られた。また「普通の学校は普通の子が前提」「心配あるが話せば"養護学校へ行ってください"といわれそうで何もいえない」など，率直に不安を語ることもできないでいる事例も見られた。第三者が学校と家庭のコーディネーターとして関与することを希望する回答も見られた。

　学校に病名・病状を報告していない保護者15名は，その理由として，12名が「必要以上に制限や管理を受けたくない」と回答しているほか，「子どもに病名を告げていないため」（5名），「偏見やいじめなどが心配された」（6名）なども理由に挙げられていた（表4-20）。

　事例によっては小学校では報告していたが中・高では報告していないというように，本人の病状の安定やケアの状態の変化に伴うほか，学校からの評

第4章　東京都内の保護者調査からみた病気の子どもが有する学校生活の困難・ニーズ　　115

表4-20　学校に病名・病状を報告していない理由　　(n=15)

①必要以上の制限や管理を受けたくない	12	80.0%
②偏見やいじめなどが心配された	6	40.0%
③子どもに病名を告げていないため	5	33.3%
④家庭での健康管理で十分であり学校の配慮は必要ない	4	26.7%
⑤学校に要望しても配慮は期待できない	4	26.7%
⑥その他（進学に不利）	1	6.7%
無記入	2	13.3%

価への不安により報告がなされない場合があった。てんかんの事例では「私立中学なので入学に不利になる可能性があり願書にてんかんという項目がなかったので報告しなかったが，うその申告ではない」と進学への不安から病名を伏せたと述べていた。

　「報告しなかった」とするケース15名の病名は，てんかん9名・喘息1名・小児がん3名・腎臓病1名・心臓病1名であった。ある程度，療養が安定し，報告しなくても支障がなかったとするものが8名であった。しかし「支障はあったがしかたがない」4名のうち，白血病の1ケースは入院や手厚い医療的管理を必要としている事例だが「病名を子どもに伏せているため，対応が難しかった」と記載している。てんかんのケースでは「移動教室で薬を持たせるとき困った」と記載されていた。「学校の理解・協力が得られず，他の児童・保護者からも孤立していた」と親子共に学校生活に苦労したことが記載されているケースもあった。

　病名・病状や年齢など本人の条件とともに学校側の対応との関係で報告をするかどうかの判断がなされていることが見受けられた。報告を行わなくても支障がないケースもあるが，問題を抱えながらも報告を避けている実態があるケースも見られ，子どもや保護者にとって安全で安心できる学校生活の保障の上で改善が求められる。

2.5 学校医・主治医との相談・連絡

　学校医との「相談の機会がなかった」という回答が71.7％と多数であった。また，子どもの学校生活に関する学校医と学校間での相談について，「相談していた」という回答が11.5％であるのに対し，「相談していない」（21.7％），「わからない」（50.5％）であった。保護者や子どもにとって，学校医はその役割がみえにくいといえる。

　主治医と学校の連絡は「連絡が取れていた」（16.4％），「取れていない」（63.8％）となっていたが，「取れていない」と回答した保護者194名のうち，「もっと取れるとよい」という回答は32.6％であるのに対し，「現状程度でよい」（43.8％）と考える保護者が多く，「いいえ」と回答した保護者も15名（4.9％）いた。その理由は（親が伝えているので）「必要がない」13名，「主治医が忙しく時間がとれない」4名のほか，「病気のことを余り学校に知られたくない」と考えている保護者が4名であった。

　主治医との連絡を望んでいる保護者は50.5％が文書連絡の徹底を望んでいるほか，担任による主治医訪問が希望されていた。担任の訪問（42.4％）は養護教諭の訪問（21.2％）より高い割合で要望されていた。主治医自身が学校を訪問し学校生活上のアドバイスを直接，学校に対して行ってほしいと考えている保護者が7.1％であった。また「電話でよいので連絡をとってほしい」という声もあった。

　以上のように，学校医制度が病気療養児の学校生活を支援するという点では十分機能しているとはいえず，主治医と学校との連絡についても，多くの保護者は十分だとは考えていなかった。しかし，その43.8％が「現状程度でよい」と考えていた。その理由として「必要がない」（86.7％）に見るように支障がないケースが大半だと考えられたが，主治医の忙しさに端的に現れているように，相談システムが見えにくい医療機関の現状や，情報が必要なサポートに必ずしも直結せず，むしろ不利な対応になる危惧など，学校対応の

第4章 東京都内の保護者調査からみた病気の子どもが有する学校生活の困難・ニーズ　　117

問題点も示していると考えられる。32.6％が主治医と学校の連絡を求めていることとあわせて，学校と医療の連携の改善は重要な課題だといえる。

2.6　学習保障

　病気療養中の児童・生徒にとって，学校生活のなかで健康と安全が守られることは重要な課題であるが，病気によって生じる学習上の制約，学習の遅れ・空白の補償も不可欠である。とくに進学に関わって学習問題は切実であり，先行研究においても子どもの学校生活を考える上で健康への配慮だけでなく学習についても配慮していくことが必要であると指摘されてきた（平島登志江，1987；福士貴子ほか，1991；東山ふき子ほか，1997）。

　病気・療養生活によって学習上の問題が「あった」という回答は50.3％，「なかった」は40.1％であった。具体的な問題点としては「欠席により学習が遅れる」「体力がなく学習時間が確保しにくい」「学習の遅れから学校生活への意欲が持てなくなる」という順に回答が多かったが，「欠席や学習成績から低い評価」「進学に不利」という問題があることも2割近くから回答されていた（表4-21）。

　また長期欠席（年間30日以上）があったケース85名のうち，院内学級・訪問教育を受けた者は合計すると29.4％であった。また，長期欠席中に，在籍

表4-21　病気療養に生じる学習の問題　　(n=153)（複数回答）

①欠席により学習が遅れる	86	56.2%
②体力がなく学習時間が確保しにくい	60	39.2%
③学習の遅れから学校生活への意欲が持てなくなる	38	24.8%
④学習に偏りが生まれる	29	19.0%
⑤低い評価しかえられない	29	19.0%
⑥進学に不利である	25	16.3%
⑦その他	0	0.0%

している通常の学校から一番多く行われていた対応は「教材が届けられた」
（18.8％）であり，「保護者が教材を受け取りに行った」（14.1％）を合わせて
も3割程度であった。担任やクラスの子どもとの交流を続けたとする回答も
22.4％にとどまっていた。長期欠席期間の学校とのつながりは弱く，とりわ
け学習に関する配慮は不十分であることが見られる。その間の学習は家庭教
師や通信添削指導などを利用する者もいるが，「家族が勉強をみた」（35.3％）
という回答が一番多く，家庭の諸条件に依拠した学習保障になっていること
が明らかになった（表4-22）。

　「その他」には「毎日ノートのコピーを届けてもらった」「先生がきてくれ
た。自宅学習した」という2例や「6ヶ月間教育の場がなく退屈していたの
で病院に申し出て院内教育のある病院に転院した」事例など，学校側の対応
努力や現在の病弱教育制度の活用などが記載されていた。長期欠席中の学習
を考える上で，病弱教育制度の活用やいっそうの整備とともに，在籍する学
校からの対応・援助が位置付けられる必要がある。また，院内教育に措置さ
れた場合でも，学校復帰を視野に入れた在籍校からのフォローが求められて
いることへの理解が必要だといえる（渡部誠一ほか，1993）。

表4-22　長期欠席（年間30日以上）中の学習　(n=85)（複数回答）

①家族が勉強をみた	30	35.3%
②学習を行う余裕はなく，治療に専念した	27	31.8%
③担任や級友との交流を続けることができた	19	22.4%
④入院先の院内学級で授業を受けた	16	18.8%
⑤学校から教材が届けられた	16	18.8%
⑥学校に保護者が教材を受け取りに行った	14	16.5%
⑦家庭教師をつけた	12	14.1%
⑧養護学校から訪問教育を受けた	9	10.6%
⑨通信添削指導を受けた	5	5.9%
⑩その他	9	10.6%

第4章　東京都内の保護者調査からみた病気の子どもが有する学校生活の困難・ニーズ　119

　長期欠席の有無にかかわらず，学校からの学習上の配慮について「あった」とする回答は44.4％，「なかった」とする回答は52.9％であった。「あった」という内容は「学習へのアドバイスや励まし」「保護者との面談」が中心であるが，「教材の提供や紹介」（36.8％）がなされているほか「朝や休み時間，放課後，長期休業中の補習」についても29.4％から回答されていた（表4-23）。

　学校からの配慮が「なかった」とする81名は，「学習へのアドバイスや励まし」を求める要望（51.9％）について，児童・生徒に直接指導する補習を要望していた。「保護者との面談」「教材の提供や紹介」なども要望されており，逆にそうしたものもなされていない現状を物語っているといえる。「その他」の欄に「休んだ時の学習内容を教えてほしい」（3名），「個別に配慮してくれる介助員や複数担任」（4名）という要望も見られた（表4-24）。

　また家庭教師等を利用しない理由は「本人・家庭の考え，希望」とする家

表4-23　学校からの配慮の実際

(n=68)（複数回答）

①学習へのアドバイスや励まし	45	66.2%
②保護者との面談	34	50.0%
③教材の提供や紹介	25	36.8%
④朝や休み時間，放課後，長期休業中の補習	20	29.4%
⑤その他	9	13.2%

表4-24　学校からの配慮が「なかった」保護者の希望

(n=81)（複数回答）

①学習へのアドバイスや励まし	42	51.9%
②朝や休み時間，放課後，長期休業中の補習	23	28.4%
③保護者との面談	16	19.8%
④教材の提供や紹介	13	16.0%
⑤その他	11	13.6%

庭が一番多く53.7%であったが，「体力的に学習時間を増やすのは難しい」ほか「経済的な理由」も31.5%の家庭から回答されており，学習の補償は個々の家庭の努力だけでは解決できない問題である。

　病気の子どもの学習は，病気や生活上の制限から学習の遅れはやむをえない，あるいは本人の努力や家庭の熱意によって解決するという家庭の選択に終わり，学校に対する明確な要望として出されることが少ない。しかし，本人にとっても家庭にとっても進学問題を含んで学習は重要な関心事となっており，病気の子どもの教育的ニーズを考える上で学習保障は欠くことができない内容だと考えられた。

2.7　病気の子どもの学校生活上で必要な配慮・援助

　学校に報告したことで「必要な情報が学校に伝わり，必要な配慮が受けられた」と回答した184名（64.6%）のうち，具体的に配慮の内容が回答された173名の記載内容は表4-25のように分類された。一方，107名から問題点としてあげられていた事項は表4-26のようであった。

　受けられた配慮の内容は，気持ちの理解・コミュニケーションといった内容から，介助員の配置・施設改善を伴う具体的援助まで様々なレベルが記載されていた。病気療養中の児童・生徒が必要とする（あるいは欠けていて問題だとされる）配慮・援助としては，病気・療養への適切な理解と子どもの気持ちへの共感的理解を基礎に，体育・校外行事，日常的な健康管理などがあり，また，表4-26，表4-29に見るように，施設・設備は学校生活を考える上で重要な教育条件となっていた。

　ふたつの表（表4-25，表4-26）を比較すると，「教職員からの理解」が重要な項目になっていると考えられた。あわせて，周囲の子どもや保護者への指導・説明が適切になされ，いじめや偏見が生じないことも強く要望されていた。病気である不安と生活の制限などによるストレスを持ちながら，ひとりの子どもとして友だちと同じように色々な経験をして学びたいという願いを

第4章　東京都内の保護者調査からみた病気の子どもが有する学校生活の困難・ニーズ　121

表4-25　学校から実際に受けた配慮（自由記載の分類）　(n=173)

①教職員から理解が得られた	41	23.7%
②養護教諭による適切な健康管理への協力	36	20.8%
③子どものペースで体育の授業が配慮された	32	18.5%
④行事や体育など事前に家庭と相談してくれる	27	15.6%
⑤具体的な個別の配慮があった	24	13.9%
⑥学級の児童・生徒への説明・指導をしてくれる	19	11.0%
⑦家庭への連絡が密にとられた（緊急時・日常）	18	10.4%
⑧話し合いの場を持ち説明を聞いてくれる	14	8.1%
⑨特別扱いをしないで普通に暮らす	12	6.9%
⑩施設・設備の改善	9	5.2%
⑪給食メニューの調整など給食の配慮	8	4.6%
⑫行事の時，スタッフが配置された（介助員・講師）	7	4.0%
⑬子どもの様子を連絡してくれる	5	2.9%
⑭親の付き添いを認めてくれた	3	1.7%
⑮登校時間や下校への理解・配慮	3	1.7%
⑯登校手段や行事時の交通手段への理解・配慮	3	1.7%
⑰学年の父母への説明	2	1.2%
⑱補習をして勉強をバックアップ	1	0.6%

表4-26　配慮の問題点と要望（自由記載の分類）　(n＝107)

①体育の授業での制限や無理解	60	56.1%
②教員の病気・療養生活に対する理解	40	37.4%
③行事参加の制限	36	33.6%
④病気に関係したいじめ・偏見など友人関係の問題	30	28.0%
⑤親の付き添い義務	26	24.3%
⑥施設・設備（洋式トイレ・エレベーター・冷房など）の不備	25	23.4%
⑦医療的なケア（服薬・インシュリン注射・補食・除去食等）	9	8.4%
⑧その他の問題や要望	11	10.3%

持っていることを理解した対応が望まれているといえる。

　親の付き添いや，プール指導時の帽子の色分けを不適切とみる保護者が多い一方，「気を配ってもらえた」と評価する保護者もいるなど，具体的対処が同じでも「特別扱い・問題」なのか「配慮」なのか評価が異なっている。実際の対応だけでなく，どのような相談過程があったのかで評価が分かれると考えられた。

　表4-27から表4-33は，病気の子どもの学校生活・教育を円滑に進める上で必要と思われる改善について保護者に尋ねた結果である。自分の子どもを基準に選択してもらう形であるため，低い回答率であってもわが子に必要だと考えられた，個別に求められている内容である。この結果からも，「(3)学校生活での保護者の不安と負担」で見たように，病気療養児の教育的ニーズは

表4-27　教職員の基本的理解

(n=304)（複数回答）

①教職員の研修により健康問題の基本的理解の向上	162	53.3%
②教職員の病気の子どもに対する共通理解	149	49.0%
③養護教諭の研修機会と研修参加の条件整備	94	30.9%
④病気の子どもの教育制度の理解と活用	144	47.4%
⑤その他	3	1.0%

表4-28　教育相談機能の充実

(n=304)（複数回答）

①相談窓口が明確でいつでも相談に応じられること	148	48.7%
②プライバシーの尊重	80	26.3%
③保護者や本人も参加してのケア・サポートの検討	113	37.2%
④病気の子どもの教育制度についての適切な情報提供	86	28.3%
⑤他の機関との連携	92	30.3%
⑥スクールカウンセラーの配置	84	27.6%
⑦学級定数の改善で担任がきめ細かい対応ができる	126	41.4%
⑧その他	3	1.0%

第4章　東京都内の保護者調査からみた病気の子どもが有する学校生活の困難・ニーズ　123

表4-29　健康面での配慮

(n=304)（複数回答）

①体育の授業での過度な身体的・心理的負担の解消	83	27.3%
②見学ではなく本人に合った学習ができる形態や評価の工夫	159	52.3%
③養護教諭の複数配置	37	12.2%
④保健室の充実で休養したり学習したりできる空間の確保	79	26.0%
⑤施設設備の改善（エレベーター・洋式トイレ・クーラーなど）	94	30.9%
⑥行事参加の過剰な制限の解消（参加制限，保護者の付き添いなど）	92	30.3%
⑦他の児童・生徒への適切な指導（病気や障害の理解など）	123	40.5%
⑧学校医の充実（相談日を増やす，精神科の拡充）	45	14.8%
⑨食事療法への理解と具体的援助（除去食の協力，生徒指導など）	51	16.8%
⑩その他	2	0.7%

表4-30　学習の保障

(n=304)（複数回答）

①長欠時のお見舞い・教材等の提供など担任の訪問	68	22.4%
②学習の遅れが生じた時の補習など個別の援助	161	53.0%
③登校が難しい時学校から訪問指導が行われること	95	31.3%
④登校が難しい場合に他の教育機関を利用できること	77	25.3%
⑤個別援助ができる TT やサポート・ティーチャーの配置	117	38.5%
⑥その他	9	3.0%

表4-31　保護者の負担の解消

(n=304)（複数回答）

①父母付き添いの解消（TT や介助員の充実）	136	44.7%
②登校手段の確保（タクシーの公費負担）	53	17.4%
③父母控え室の整備	42	13.8%
④その他	3	1.0%

表4-32　教育委員会の就学相談機能

(n=304)（複数回答）

①就学相談委員会の中に病弱の子どもの為の専門医の配置	85	28.0%
②教育委員会の病弱教育に関する情報提供能力の向上	63	20.7%
③教育委員会が病弱教育に関する PR を積極的に行う	65	21.4%

124 第1部 通常学級における病気の子どもの教育実態と特別な教育的配慮の課題

表4-33 病弱教育制度の拡充 (n=304) (複数回答)

①病弱養護学校・病虚弱特殊学級を増やし地域で通常学級と協力して病気療養中の教育が行われる	74	24.3%
②長欠時に訪問教育が受けられる	73	24.0%
③短期間（1ヶ月程度）の入院でも病院内での教育が受けられる	108	35.5%
④学籍変更の簡略化	94	30.9%
⑤高校入試の改善（推薦制度の拡充，体育評価の配慮等）	120	39.5%
⑥教育期間の延長	46	15.1%
⑦就学前の病気の子どもの保育・幼児教育の制度化	67	22.0%
⑧病弱養護学校の高等部設置	71	23.4%
⑨高校で病気療養中の生徒に対する配慮・援助の制度化	78	25.7%
⑩大学・専門学校における病気療養中の学生への配慮	71	23.4%
⑪その他	4	1.3%

多様であり，個々の児童・生徒の病状や療養生活のほか，個人的な資質，家庭の条件，学校側の条件によって異なると考えられる。そのため，それぞれの病気療養児が必要とする内容を理解し対応していくことが必要である。

特に高い割合で回答されている項目は，本人や家庭の努力，個々の教職員の努力・資質に任せるのではなく公的な教育としての責任において一定の共通基盤として整備しておくことが必要だと考えられる。

Ⅲ. 考　察

今回の保護者調査で通常学級に在籍する病気の子どもの多くは，就学前から長期にわたる療養生活が続いており，通院・治療などから生活には何らかの制約が生じていた。

学校生活において，保護者の立場からは，健康への理解・配慮と同時に，ひとりの子どもとして豊かな学びと育ちへのサポートが要望されていたが，

病気の子どもの教育的ニーズの実現は子どもや家族の条件，担任や学校の条件に左右されているといえる。

調査では，入院中の教育保障や病弱養護学校の機能（高等部設置・重度重複学級の認可・通学生の受け入れ・相談機能の充実など）は今日においてもきわめて不十分な状態であり，病弱教育専門機関の改善の必要性が明らかになったが，通常学級の中で病気の子どもが安心して学べる教育条件整備は病弱教育専門機関の整備に置き換えることはできない課題だといえる。

学校からの対応である「健康管理」「体育や校外行事の参加」「体育の見学や軽減」「保護者付き添い」「ケース会議」「個人面談」などに対し，保護者の評価は分かれていた。配慮が必要な場面はその対応如何によっては逆に問題を生じやすいと考えられ，対応がほんとうの意味で子どものニーズに応えるものになっているのかという検証が必要だといえる。

保護者の立場からは対応の形だけでなく，病気や療養本人の気持ちへの理解と共感が重要な内容と考えられており，プライバシーの保護や家族やきょうだいへのケアも求められていた。また保護者の多くは学習の遅れに対する不安を強く持ち，学校からの援助を希望していた。

病気療養中の子どもへのケア・サポートとして，健康上の理解や医療的配慮は要であり，養護教諭を中心とした学校保健の充実（養護教諭の複数配置や研修，学校医の機能の充実，主治医等の校外機関との連携の強化など）が求められていると考えられるが，医療的ニーズだけではなく子どもとしての総合的な発達保障の視点を明確に持つ必要がある。そのためには子どもの内面に配慮した学級経営や，長期欠席による学習空白・病気療養の制約から生じる学習の遅れなどに対する援助が要望されており，学級担任の役割が大きく，さらに校内の連携・協力が必要になってくる。

そうした点で病気の子どもが必要とするケア・サポートは，病気を主要因とはしていないが学校生活上の困難をかかえている不登校・保健室登校，不定愁訴を呈する学習不振の児童・生徒などとも共通する部分が多いといえる。

学校が，診断書のある病気の子どもという限定した子どもへの対応機能を整備するのではなく，心身の健康，友人関係・学習を含む学校生活全般に困難を抱えている共通点に注目し，多様な子どものニーズへのケア・サポートを特殊なことではなく，学校のあり方の基本としていくことが求められている。

　こうした基盤が整えられることによって，病気の子どもの多くの学校生活上の困難の少なくない部分が軽減・改善されるものと考える。

Ⅳ．おわりに

　病気の子どもの学校生活について保護者の立場からは，健康への理解・配慮と同時に，病気や療養・本人の気持ちへの理解と共感，プライバシーの保護や家族やきょうだいへのケア，学習援助など，ひとりの子どもとして豊かな学びと育ちへのサポートが要望されていた。通常学級の中で病気療養児が安心して学べる教育条件整備は，病弱教育専門機関の整備に置き換えることはできない急がれる課題といえる。

　病気療養中の子どもへのケア・サポートとして，健康上の理解や医療的配慮は不可欠であるが，医療的ニーズだけではなく子どもとしての総合的な発達保障の視点を明確に持つ必要がある。そのためには子どもの内面に配慮した学級経営や，長期欠席による学習空白・病気療養の制約から生じる学習の遅れなどに対する援助など，学級担任の役割が大きく，さらに校内の連携・協力が必要になってくる。

　そうした点で病気の子どもが必要とするケア・サポートは，病気を主要因とはしていない不登校・保健室登校，不定愁訴を呈する学習不振の児童・生徒などとも共通する部分が多い。学校が，診断名のついた病気の子どもという限定した子どもへの対応機能を整備するのではなく，心身の健康，友人関係・学習を含む学校生活全般に困難を抱えている共通点に注目し，多様な子どものニーズへのケア・サポートを特殊なことではなく，学校のあり方の基

本としていくことが求められている。

128 第1部　通常学級における病気の子どもの教育実態と特別な教育的配慮の課題

［資料2］

「通常学級在籍の病気の子どもの学校生活に関する実態調査」
（保護者用）調査票

該当する番号に○，または（　　）に記入してください。

1．お子さんの疾患と療養の状態についてお答え下さい。

(1)疾患の種類について該当するものに○をつけるか，記入して下さい。重複する場
合は，主となる疾患に◎をつけ，併記してください。

　①心臓病　　②腎臓病　　③糖尿病　　④てんかん　　⑤喘息

　⑥アレルギー性疾患・アトピー性皮膚炎　　⑦心身症　　⑧神経症

　⑨その他（　　　　　　　　　　　　　　）

(2)年齢　　　　現在（　　　　）才

(3)学籍（現在）

　〔A〕　①公立　　　②私立

　〔B〕　①小学校　　②中学校　　③全日制高校　　④定時制高校

　　　　　⑤通信制高校　　⑥単位制高校　　⑦専門学校

　　　　　⑧その他（　　　　　　　　　　　　　　）

(4)発病時期　　①出生時から

　　　　　　　②就学前　　　（　　）才

　　　　　　　③就学後　　　（　　）才

(5)現在の治療状況

　①定期的な通院と服薬等の医療的処置

　②入院を含む医療的に手厚い対応が必要

　③日常的な健康管理のみ

　④その他（　　　　　　　　　　　　　）

(6)現在の通院状況　おおよそ該当するものを選んでご記入下さい。

　①週（　）回程度　　②月（　）回程度　　③（　）カ月に1回程度

　④年（　）回程度　　⑤体調によって　　⑥その他（　　　　　　　　）

(7)入院経験

　①学校に通っている期間に入院した経験がある。

　　　通算入院期間はおおよそ（　　）年（　　）月（　　）週間

　　　入院回数はおおよそ（　　）回

第4章　東京都内の保護者調査からみた病気の子どもが有する学校生活の困難・ニーズ　　129

②学校に通っている期間に入院した経験はない

2．保護者の不安や負担

⑴お子さんの学校生活を考える上で不安に思うことがありますか。（該当するもの）

　①特にない　　②病状の悪化　　③感染しやすいことへの不安

　④体力がないこと　　⑤外見上の問題での不安　　⑥学校での学習への不安

　⑦学校での友人関係　　⑧お子さんの心理的な不安

　⑨通院・入院などによる欠席の多さ

　⑩その他（　　　　　　　　　　　　　　　）

⑵お子さんの学校生活のことでどんな点に負担に感じていますか。（該当するもの）

　①特にない　　②登下校の送迎　　③学校への日常的付き添い

　④行事への付き添い　　⑤病気について学校に理解を求める努力

　⑥勉強を教える　　⑦学習の不足を補う教育費（家庭教師等）

　⑧学級の他の子や保護者への気遣い（理解してもらう，いじめや偏見の不安等）

　⑨その他（　　　　　　　　　　　　　　　）

3．学校選択

⑴病弱養護学校や健康学園に在籍したことはありますか。

　①ある　　②ない

⑵⑴で「②ない」と答えた方は，病弱養護学校・健康学園を利用しなかったのはな
　ぜですか。該当するものを選んで下さい。

　①そういう教育の場があることを知らなかった。

　②寄宿舎に入舎しなくてはならず生活や精神面で無理だと考えた。

　③子どもの実態に合った医療的なケアや通院などが行いにくい。

　④指導内容や学歴の面で不安である。

　⑤元の学校から学籍を変更したくなかった。

　⑥利用する必要がなかった。

　⑦その他（　　　　　　　　　　　　　　　　　　　　）

⑶入院経験がある方は，院内学級での教育や病院への訪問教育を受けたことはあり
　ますか。

　①ある　　②ない

⑷⑶で「②ない」と回答された方は，病院内教育・病院への訪問教育を利用しなか
　ったのはなぜですか。該当するものを選んで下さい。

　①そういう教育があることを知らなかった。

　②入院先に院内学級等の教育の場がなかった。

130　第1部　通常学級における病気の子どもの教育実態と特別な教育的配慮の課題

　　③入院期間が短く，転校できなかった。

　　④指導内容や学歴の面で不安があった。

　　⑤病気治療に専念して早く退院することが先決だと考えた

　　⑥元の学校から学籍を変更したくない。

　　⑦その他（

4．健康上の配慮をめぐって

　(1)学校には病名・病状を知らせていましたか。

　　①はい　　②いいえ

　　※　②「いいえ」と答えた方は，(9)以下に回答してください。

　(2)「はい」と答えた方に伺います。どのような形で知らせましたか。

　　①担任に口頭で報告し，配慮を依頼した。

　　②養護教諭に口頭で報告し，配慮を依頼した。

　　③主治医からの文書（意見書・生活管理表）を提出した。

　　④年度初めに全員が提出する健康調査表に記載した。

　　⑤行事の事前調査に記載した。

　　⑥学級の保護者会の場で伝えた。

　　⑦その他（　　　　　　　　　　　　　　　　　　　）

　(3)必要な情報が学校に伝わり，必要な配慮が受けられたと思いますか。

　　①はい

　　②状態は理解されたが，実際の配慮は不十分だった

　　③状態についての理解も，実際の配慮も不十分だった

　(4)(3)で「①はい」と答えた方は，実際にどの様な配慮を受けることができましたか。

　(5)(3)で②③と回答された方は，健康面に対してどのような配慮を受け，不十分・問題があると感じられたのはどんなことですか。問題があると思われた項目について，●配慮の有無（○で囲んで下さい），実際の配慮，●具体的にはどんな問題があったのか，●どの様な改善を希望されるか，ご記入下さい。

　　①体育の授業（制限や無理解）

　　　●受けた配慮（あった，なかった）

　　　●問題点

　　　●改善の要望

　　②施設・設備の不備（トイレ，エレベーター，冷房など）

　　　●受けた配慮（あった，なかった）

　　　●問題点

第4章　東京都内の保護者調査からみた病気の子どもが有する学校生活の困難・ニーズ　　131

　　　　●改善の要望
　　③行事参加の制限
　　　　●受けた配慮（あった，なかった）
　　　　●問題点
　　　　●改善の要望
　　④親の付き添いの義務づけ
　　　　●受けた配慮（あった，なかった）
　　　　●問題点
　　　　●改善の要望
　　⑤医療的なケア（服薬，インシュリン注射や補食，除去食など）の場所や配慮
　　　　●受けた配慮（あった，なかった）
　　　　●問題点
　　　　●改善の要望
　　⑥教員の病気・療養生活に対する理解
　　　　●受けた配慮（あった，なかった）
　　　　●問題点
　　　　●改善の要望
　　⑦病気に関係したいじめ・偏見などの問題
　　　　●受けた配慮（あった，なかった）
　　　　●問題点
　　　　●改善の要望
　　⑧その他の問題や要望
(6)学校生活での健康上の問題は主にだれと話したり，相談しましたか。
　　①担任の教師　　②養護教諭　　③校長・教頭　　④スクールカウンセラー
　　⑤主治医　　⑥特に話し合い・相談はしていない
　　⑦その他（　　　　　　　　　　　　）
(7)必要なときに十分，相談することができましたか。
　　①はい　　②いいえ
(8)その結果は，学校生活の改善に生かされましたか。
　　①はい　　②いいえ　　③精神的援助にはなったが実効はない。
　　④教職員間での理解のちがいがあった
(9)学校への病気の報告(1)で「いいえ」と答えた方は，なぜですか。
　　①子どもに病名を告げていないため。

②必要以上の制限や管理を受けたくない。

③偏見やいじめなどが心配された。

④家庭での健康管理で十分で学校での配慮は特に必要ではない。

⑤学校に要望しても配慮は期待できない。

⑥その他（　　　　　　　　　　　　　　　）

　お子さんの学校生活の上で支障はありませんでしたか。

①なかった　　②あったがしかたがない。

　どのような問題がありましたか。またどのような点を改善していけばいいと思われますか。

⑽校医との相談や協力

　お子さんの病状や療養について，保護者・子ども本人と校医との相談の機会はありましたか。

①はい　　②いいえ

　お子さんへの対応について校医と学校は相談していましたか。

①はい　　②いいえ　　③わからない

⑾主治医と学校側の連絡はとれていましたか。

①はい　　②いいえ

⑿主治医と学校はもっと連絡がとれるとよいと思いますか。

①はい　　②現状程度で問題はない　　③いいえ

⒀⑿で「はい」と答えた方はどのような形を希望しますか。

①担任の主治医訪問　　②養護教諭の主治医訪問　　③文書連絡の徹底

④主治医等の学校訪問　　⑤その他（　　　　　　　　　）

⒁⑿で「いいえ」と答えた方はなぜですか。

①必要がない　　②病気のことを学校にあまり知られたくない

③主治医は忙しく時間がとれない　　④その他（　　　　　　　　　　）

5．学習上の問題

⑴病気・療養生活によって学習上の問題がありましたか。

①あった　　②なかった

⑵⑴で「あった」という方にお尋ねします。該当する番号に○をつけてください

A．どのような問題ですか。

①欠席により学習が遅れる。

②体力がなく，学習時間が確保しにくい。

③学習に偏りが生まれる（主要科目を重点にする，通院日と時間割の関係等）

④欠席日数・学習成績から低い評価しか得られない。

⑤進学のために不利である。

⑥学習の遅れから学校生活への意欲が持てなくなってしまう。

⑦その他（　　　　　　　　　　　　　　　　　　）

B．長期欠席（年間30日以上）があった方はその間の学習はどうしましたか。

①入院先の病院内学級で授業を受けた。

②養護学校から訪問教育を受けた。

③学校から教材が届けられた。

④学校に保護者が教材を受け取りに行った。

⑤家庭教師をつけた。

⑥通信添削指導を受けた。

⑦家族が勉強をみた。

⑧学習を行う余裕はなく治療に専念した。

⑨担任やクラスの子どもたちとの交流を続けることができた。

⑩その他（　　　　　　　　　　　　　　　　　　）

C．⑴で学習上の問題が「あった」方は，学校からの配慮はありましたか。

①あった　　②なかった

D．C.で学校からの配慮が「あった」方はどのような配慮でしたか。

①朝や休み時間，放課後，長期休業中の補習　　②教材の提供や紹介

③学習へのアドバイスや励まし　④保護者との面談

⑤その他（　　　　　　　　　　　）

E．C.で学校からの配慮が「なかった」方はどのようなことを要望したいですか。

①朝や休み時間，放課後，長期休業中の補習　　②教材の提供や紹介

③学習へのアドバイスや励まし　　④保護者との面談

⑤その他（　　　　　　　　　　　）

F．学校のほかに学習を補うために家庭教師等を利用した方でその効果はあがりましたか

①はい　　②いいえ　　③どちらともいえない

G．学校以外に家庭教師等を利用しなかったと答えた方はどうしてですか。

①体力的に学習時間を増やすことはむずかしい　　②経済的な理由

③本人・家族の考え，希望

④その他（　　　　　　　　　　　　　　　　　　）

6．病気療養中のお子さんの学校生活を改善する上での要望

134　第1部　通常学級における病気の子どもの教育実態と特別な教育的配慮の課題

　通常の学級に在籍している子どもが学校生活を送り学習を進める上で，特別な配慮を必要とする場合に，そうした子どものニーズに応えるサービス・ケアを受けられるようにしようという議論が始まっています。そうした考えにたって出されてきているものに「学習障害児（LD）のための校内委員会」や，通常学級に在籍しながらそこでの学習で足りない部分を近辺の学校にある特殊学級で補う「通級制度」などがあります。病気療養中の子どもたちにとっても，条件整備が必要だと思われますが，以下のような項目のなかでお子さんにとって必要と思われるものに○をつけて下さい。

(1)教職員の基本的な理解

　①教職員の研修により健康問題に対する基本的理解の向上

　②教職員のなかでのそれぞれの子どもに対する共通理解

　③養護教諭の医学的な研修

　④病気の子どもの教育制度を理解し必要な時に活用できること

　⑤その他（　　　　　　　　　　　　　　　　　　　　　　　）

(2)教育相談機能の充実

　①相談窓口が明確になっていていつでも学校生活について相談に応じてくれること

　②プライバシーの尊重

　③保護者や本人も対等に参加して必要なケア・サポートを検討する場があること

　④病気の子どもの教育制度について，学校から本人・保護者に適切に情報提供できること

　⑤他の機関との連携（病弱養護学校，医療，教育委員会，福祉関係など）

　⑥スクールカウンセラーの配置

　⑦学級定数の改善で担任がきめ細かい対応ができること

　⑧その他（　　　　　　　　　　　　　　　　　　　　　　　）

(3)健康面での配慮

　①体育の授業での過度な身体的・心理的負担の解消

　②体育の授業は見学ではなく，本人に合った学習ができる形態や評価の工夫

　③養護教諭の複数配置

　④保健室の充実で，休養したり学習したりできる空間の確保

　⑤施設・設備の改善（エレベーター，洋式トイレ，教室の位置，クーラーなど）

　⑥行事参加への過剰な制限の解消（参加の制限，保護者の付添いなど）

　⑦他の児童・生徒への適切な指導（病気や障害の理解など）

⑧学校医の充実（相談日をふやす，精神科医の拡充など）

⑨給食時の食事療法への理解と具体的援助（除去食の協力，生徒指導など）

⑩その他（　　　　　　　　　　　　　　　　　　　）

(4)学習の援助

①長期欠席の時のお見舞い・教材等の提供など担任の訪問

②学習の遅れが生じた時の補習など個別の学習援助

③欠席が続き登校が難しいとき学校から訪問指導が行われる（学習や心理的援助）

④長期に欠席が続き登校がむずかしいときの他の教育機関の紹介（院内教育，訪問教育，病弱養護学校など）

⑤個別の援助ができるよう複数の教員の配置（ティーム・ティーチングやその子自身への学習援助，学習室での指導など）

⑥その他（　　　　　　　　　　　　　　　　　　　）

(5)父母負担の解消

①父母付添いの解消のためティームティーチングや介助員の充実

②登校手段の確保（タクシーの公費負担）

③父母控室の整備

④その他（　　　　　　　　　　　　　　　　　　　）

(6)教育委員会の就学相談機能と病弱教育制度の拡充

①就学相談委員会のなかに病弱の子どものための専門医が参加し必要な助言を受ける

②教育委員会が気軽に相談にのってくれること

③教育委員会が，学校・病院関係者への病弱教育に関するPRを積極的に行う

④病弱養護学校・病弱特殊学級をふやし，身近な地域で通常学級と協力して病気療養中の教育が受けられること

⑤長期欠席時の訪問教育が受けられること

⑥短期間（1か月程度）の入院でも病院内で教育が受けられること

⑦学籍変更の簡略化（学籍を移さず病院内での教育が受けられる等）

⑧高校入試の改善（推薦制度の拡充，体育評価への配慮など）

⑨教育期間の延長（長欠・学習空白の補償として希望があれば留年ができる等）

⑩就学前の病気の子どもの保育・幼児教育の制度化（院内保育，訪問保育など）

⑪病弱養護学校に高等部設置

⑫高校で病気療養中の生徒に対する配慮・援助を制度化すること

⑬大学・専門学校で病気療養中の学生への配慮が行われること

⑭その他（　　　　　　　　　　　　　　　　　　　　　）

7．その他，病気療養中の子どもたちの学校生活でお気づきの点，ご要望があればご記入下さい。

大変ありがとうございました。

第5章　通常学級在籍の病気の子どもの
特別な教育的配慮の課題

I．はじめに

　本章では，第1部「通常学級における病気の子どもの教育実態と特別な教育的配慮の課題」のまとめとして，第1章で行った先行研究の検討をふまえ，第2章・第3章で行った養護教諭調査，そして第4章において行った保護者調査の比較検討を通して，通常学級における病気の子どもの困難・ニーズを明らかにし，病気の子どものケア・サポートのあり方を検討する。

　その際に，病気の子どもの保護者が求める特別な教育的配慮・サポートと，学校保健の専門職である養護教諭が病気の子どもに必要と考える特別な教育的配慮・サポートが，どのように一致するのか否かが重要な分析の視点となる。

II．病気の子どもの学校生活の実態と特別な教育的ニーズ

2.1　病気の子どもの実態把握の問題

　養護教諭調査において病気の子どもの在籍は，小学校404校86.5％，中学校190校90.9％，高校88校93.6％で確認された。しかし養護教諭のアレルギー疾患・喘息・肥満に対する認識の違いにより，病気療養児の人数把握に大きな差が生じていた。また具体的な病名がついていても「特別の配慮を必要としていない」とされる子どもがいる一方，「家庭から報告されていないが

138　第1部　通常学級における病気の子どもの教育実態と特別な教育的配慮の課題

医療的配慮を必要とする子ども」が小学校15.0%，中学校16.3%，高校27.7%で回答されていた。

　病気の子どもの把握は，保護者からの個人調査票や主治医からの文書などで行われているが，最も多いのは保護者の口頭報告であった。養護教諭の多くは学校の病気の子どもの実態把握は不十分と考えており，その理由として「保護者の考え方により報告がまちまちである」ことを一番に挙げていた（表5-1）。このように病気の子どもに対する認識と実態把握は，養護教諭によりまちまちであった。

　保護者調査において，学校に病名・病状の報告を行っている保護者が93.8%と高い割合であったが，報告の結果，学校の理解が得られ，必要な配慮が受けられたと考える保護者は64.6%であった。学校に病名・病状を報告していない事例（4.9%）の多くは，必要以上の制限や管理を受けたくないと回答していたが，学校の配慮は不必要というケースは少なく，「子どもに病名を告げていない」「偏見やいじめが心配」「学校に要望しても期待できない」などの理由で，問題を抱えながらも報告を避けていることが記述されていた。

表5-1　実態把握が不十分と思う理由

（養護教諭調査，複数回答）

	小学校 n=218		中学校 n=119		高校 n=58	
①保護者により報告がまちまち	174	79.8%	98	82.4%	51	87.9%
②保健室業務が多く十分な聞き取りや研修ができない	38	17.4%	66	55.5%	10	17.2%
③担任と保健室の連絡が不十分	28	12.8%	10	8.4%	8	13.8%
④主治医の見解と学校側の理解が一致しない	46	21.1%	18	15.1%	8	13.8%
⑤その他	5	2.3%	6	5.0%	13	22.4%

2.2 病気の子どもへの対応とその評価

　養護教諭調査では病気の子どもの学校生活において必要な配慮として「適切な健康管理」「体育や校外行事の参加への配慮」が重視され，また実際に学校が行っている対応として「体育の見学や軽減」「ケース会議」「個人面談」などが挙げられていた。病気の子どもの実態に応じて「必要な配慮や対応はケースバイケースである」という記載も多く見られた（表5-2）。

　保護者調査では，上記のような対応を「配慮があった」と積極的に評価する回答がみられた一方で，それらを「配慮がなかった」「不十分」「不適切」と問題視する保護者も多かった。

　表5-3のように保護者は「体育の授業」「行事参加」「親の付き添い」「施

表5-2　学校での病気の子どもへの対応

（養護教諭調査，複数回答）

	小学校 n=467		中学校 n=209		高校 n=94	
①個人面談	134	28.7%	64	30.6%	24	25.5%
②教員間でのケース会議	186	39.8%	61	29.2%	16	17.2%
③長欠時の見舞い・連絡	129	27.6%	59	28.2%	0	0.0%
④体育授業の見学や軽減などの配慮	191	40.9%	105	50.2%	33	35.1%
⑤補習授業	25	5.4%	6	2.9%	15	16.0%
⑥施設・設備の工夫	77	16.5%	36	17.2%	1	1.1%
⑦保護者の付き添い依頼	132	28.3%	24	11.5%	0	0.0%
⑧主治医訪問	45	9.6%	14	6.7%	10	10.6%
⑨病弱養護学校等との連携	17	3.6%	4	1.9%	0	0.0%
⑩スクールカウンセラーとの連携	7	1.5%	16	7.7%	0	0.0%
⑪児童福祉施設等との連携	19	4.1%	1	0.5%	0	0.0%
⑫特になし	29	6.2%	15	7.2%	8	8.5%
⑫その他	14	3.0%	11	5.3%	30	31.9%

140 第1部 通常学級における病気の子どもの教育実態と特別な教育的配慮の課題

表5-3 保護者調査にみる学校の配慮の問題点と要望 (n＝107)

①体育の授業での制限や無理解	60	56.1%
②教員の病気・療養生活に対する無理解	40	37.4%
③行事参加の制限	36	33.6%
④友人関係における病気に関係したいじめなど	30	28.0%
⑤親の付き添いの義務づけ	26	24.3%
⑥施設設備（洋式トイレ，エレベーター，冷房など）の不備	25	23.4%
⑦医療的ケア（服薬，インシュリン注射など）への配慮	9	8.4%
⑧その他	11	10.3%

設・設備」「医療的ケア」への配慮のほか，病気・療養生活・本人の気持ちに対する理解・共感を重要な問題として考えており，学校における教職員，児童・生徒，他の保護者の理解も要望していた。また病気の子ども本人だけでなく，同じ学校で学ぶ「きょうだい」へのケアも必要という保護者の指摘もみられた。

養護教諭調査から，病気の子どもへの対応は保健部などの保健関係の分掌よりも生活指導・教育相談の関係分掌で扱われていることが多く，健康面だけでなく学校生活全体から実態把握や対応が検討されていることが推測された。

学年担任や教科担任などの関係職員で検討されているのは，小学校46.5%，中学校33.0%，高校30.9%であるが，校内の共通理解，連携・協力の不足を問題として指摘する養護教諭の記載が多くみられた。しかし，数は少なかったが，関係教職員で検討を行い，その結果を職員会議で報告するなどして，全校での共通理解と連携をはかっているという記載もみられた。

それに対して保護者調査では，教員により理解・対応が大きく異なること，話し合い・相談をしても，実際の理解や具体的配慮が十分ではないという記載も多くあった。主に相談するのは担任教師と回答している保護者が70.4%であった。68.5%は「その結果が学校生活の改善に生かされた」と回答して

第5章　通常学級在籍の病気の子どもの特別な教育的配慮の課題　141

いたが，「生かされなかった」「精神的援助にはなったが実効はなかった」と
する保護者も21.2％あった。「みなと同じ生活ができるということが前提で
通常学級にいるので，どこまで学校に要望していいのかわからなかった」
「いろいろ言えば養護学校に行くように言われないかが心配で，学校に正直
な気持ちが話せなかった」などの記述からは，通常学級において，本人・家
庭の努力や我慢で何とか学校生活を送っている現状が示されているといえよ
う。

　「病気の子どもの教育を進める上で必要と考えられる校外機関との連携」
の問題に関し，養護教諭調査では，主治医から「病状理解，学校での対応」
などの情報を得たいという理由から，主治医との連携が強く求められていた
が（76.3％），「主治医が忙しい」「保護者が希望しない」などの理由で，それ
は困難であると考えられていた。それ以外には，「病弱養護学校・院内学級」
（37.5％），「学校医」（30.1％），「教育委員会（教育相談室，教育センター）」
（25.7％），「児童福祉施設（虚弱児施設，養護施設，児童自立支援施設）」（19.8％）
など多様な連携が求められていた。

　保護者調査において，学校と主治医の連絡がとれていないとする保護者は
63.8％であり，32.6％はもっと連携がとれることを希望し，「文書連絡の徹
底」50.5％，「担任の主治医訪問」42.4％，「養護教諭の主治医訪問」22.2％，
などを希望していた。しかし43.8％は「現状程度でよい」と回答しているが，
それは「親が伝えればよい」「病気のことをあまり学校に知られたくない」
という理由であった。

　学校と主治医の連絡・連携が，子ども・保護者の思いとずれることなく円
滑な学校生活につながる形で機能するよう，今後，いっそう学校側からも医
療側からも改善をすすめる必要があると考える。

　「学校医と相談する機会があった」とする保護者は少なく（13.8％），「学校
医が子どもの学校生活にどのように関わっているかわからない」50.0％，
「学校と相談していない」21.7％など，保護者は学校医が病気の子どもにと

142　第1部　通常学級における病気の子どもの教育実態と特別な教育的配慮の課題

ってほとんど機能していないと判断しており，学校医制度の充実に関する要望は低かった。しかし，医療的ニーズの高い子どもが今後さらに通常の学級に増えていくことを考えると，学校医制度の機能の実質化は重要な課題だといえよう。

2.3　病気の子どもの学習保障の実態

　表5-4の保護者調査に示されるように，入院中の学習空白（年間30日以上の欠席）への対応では，「家族が勉強をみた」35.3%，「学校に保護者が教材を受け取りに行った」16.5%，「家庭教師をつけた」14.1%など，家庭の努力に依拠したものになっている。

　養護教諭の自由記載の欄には「病弱児がいなくてもハードである。さらに加わったら指導は不可能」というように，長期欠席になった場合に通常学級からの支援は難しく，また通常学校では現在ある病弱教育制度も十分に知られておらず，活用されていないと述べられていた。

　表5-5の保護者調査では，入院の有無にかかわらず，50.3%が病気療養に

表5-4　保護者調査にみる長期欠席中の学習支援

(n=85)（複数回答）

①家族が勉強をみた	30	35.3%
②学習を行う余裕はなく，治療に専念した	27	31.8%
③担任や級友との交流を続けることができた	19	22.4%
④入院先の院内学級で授業を受けた	16	18.8%
⑤学校から教材が届けられた	16	18.8%
⑥学校に保護者が教材を受け取りに行った	14	16.5%
⑦家庭教師をつけた	12	14.1%
⑧養護学校から訪問教育を受けた	9	10.6%
⑨通信添削指導を受けた	5	5.9%
⑩その他	9	10.6%

第5章　通常学級在籍の病気の子どもの特別な教育的配慮の課題　　143

表5-5　保護者からみた病気療養に伴う学習問題

(n=153)（複数回答）

①欠席により学習が遅れる	86	56.2%
②体力がなく学習時間が確保しにくい	60	39.2%
③学習の遅れから学校生活に意欲がもてなくなる	38	24.8%
④学習に偏りが生まれる	29	19.0%
⑤欠席日数などから低い教育評価しかえられない	29	19.0%
⑥進学のために不利である	25	16.3%
⑦その他	0	0.0%

伴う学習の問題があるとしていた。その内容は「欠席による学習の遅れ」
56.2%,「体力がなく学習時間が確保しにくい」39.2%,「学習の遅れから学
校生活に意欲がもてなくなる」24.8%などであった。

　学習の問題があったとする保護者の52.9%は，学校から学習の問題への配
慮はなかったとしている。また保護者の側でも，学習の問題は学校に要求す
る内容というより，個々の子どもや家庭の努力の範疇であるという認識がみ
られた（自由記述意見）。

　かつて「病気治療が先決」として教育保障は二の次とされたが，今日でも
通常教育では病気の子どもの学習空白を補償する制度は確立しておらず，学
習は家庭と本人の条件に左右されている。とくに中学校では，表5-5のよう
に「欠席日数などから低い教育評価しかえられない」19.0%,「進学のため
に不利である」16.3%など，進路・進学問題が病気の子どもの学校生活を困
難にしている実態がみられた。

　養護教諭のなかには「学習が子どもを追い詰める」として病気の子どもへ
の学習指導を懸念する意見もみられたが，教育内容・方法の工夫や条件整備
により解決できる問題でもある。

　保護者調査では，学習保障に関する改善課題として，「学習の遅れが生じ
た時の補習など個別の援助」53.0%,「個別の援助ができる TT やサポーテ

144 第1部 通常学級における病気の子どもの教育実態と特別な教育的配慮の課題

ィングティーチャーの配置」38.5%,「長欠が続き登校が難しい時,学校から訪問指導が行われること」31.3%,などが強く要望されていた。

III. 通常学校における学校保健と病気の子どもの問題

3.1 学校保健の現状

学校保健・健康教育の中心的役割を担う養護教諭が必ずしもか病気の子どもの理解者・援助者として機能していないことが,小児医療関係者や保護者からしばしば指摘されてきたが,それはどうしてなのであろうか。

養護教諭調査では,表5-6のように,ほとんどの学校で養護教諭は1名体制であった。今回の調査では複数配置基準30学級を越える学校はなく,第7次(高校6次)教職員定数改善計画の基準である児童生徒数(小学校851人以上,中学・高校801名以上)でも複数に改善されるのは高校20校のみであった。また健康・保健の専門職として,一人の養護教諭が多岐にわたって校務分掌に関わらざるをえないという実態もある。

学校医の配置状況では,小児科(または内科)・歯科・眼科・耳鼻科とそろっている学校は小学校36.6%,中学校29.2%,高校34.4%,それに対して小児科・内科のいずれも配置されていない学校が小学校12.2%,中学校15.3%

表5-6　一校あたりの養護教諭配置人数

	小学校 n=467		中学校 n=209		高校 n=94	
1名	463	99.1%	204	97.6%	84	89.4%
2名	3	0.6%	3	1.4%	3	3.2%
その他	1	0.2%	2	1.0%	7	7.4%

その他:
小学校1校は小・中兼務　中学校2校・高校5校は養護教諭1名と嘱託1名　高校1校は未配置　高校1校は養護教諭2名と有資格嘱託1名と嘱託1名

などのようなばらつきがみられ，学校保健における医療的バックアップ体制はきわめて不十分である。

　養護教諭からみた子どもの健康問題では，身体症状そのものよりも，「基本的生活習慣・生活リズムの未確立」（小：74.1%，中：78.0%，高：91.5%），「心理的不適応」（小：42.6%，中：67.5%，高：91.5%）などの問題に関心が強く示され，中学・高校へと進むにしたがって，その割合が高まる傾向がみられた。

　こうしたなかで養護教諭は事務処理と子どもの対応に追われ，「健康・保健指導が十分行えない」31.5%，「校内における健康問題への認識不足と連携の不十分さ」32.4%などが指摘され，とくに「生活指導・家庭の問題など複雑な要素が多く，生徒指導が難しい」ことが61.3%という高い割合で回答されていた。

3.2　病気の子どもと多様な教育ニーズを有する子ども

　こうした実態にみるように，通常学校では保健室の頻繁な利用や保健室登校など，心身の健康発達・不適応・精神神経疾患などの特別な教育ニーズを有する子どもが増加し，特別な配慮を必要とする子どもは病気の子どもだけでないという現実に直面している。

　今回の養護教諭調査でも「病気による30日以上の長期欠席者」の疾病状況は，小児がん，心臓病・腎臓病などの内部疾患のほか，喘息・アレルギー性疾患，心身症・軽度うつ・拒食症，集団不適応・場面緘黙，精神神経疾患とその周辺群のほか，発熱や腹痛，病名不明というケースもあり，挙げられた病名・病状はじつに多種多様であった。

　長期欠席の理由として，入院のみと回答された事例は小・中・高校全体で118事例（33.2%）であり，それ以外は家庭療養とみることができる。また多くの場合，入院の前と退院の後に家庭療養期間があることもみられた。

　また「病気による長期欠席」の実態は，表5-7に示されるように，病気と

146 第1部 通常学級における病気の子どもの教育実態と特別な教育的配慮の課題

表5-7 病気長欠の理由 （複数回答）

	小学校 n=198		中学校 n=78		高校 n=79	
①入院	85	42.9%	32	41.0%	23	29.1%
②家庭療養	32	16.2%	13	16.7%	9	11.4%
③病気と心理的問題	53	26.8%	21	26.9%	10	12.7%
④家庭の考え	21	10.6%	4	5.1%	0	0.0%
⑤適切な教育の場がない	2	1.0%	1	1.3%	0	0.0%
⑥その他	1	0.5%	0	0.0%	0	0.0%

病気以外の諸要因が重なっており，不登校傾向，心理的問題，学習の遅れからの登校しぶり，家庭の養育問題などを抱えた児童・生徒が混在していた。病気長欠者への学校側の対応は「お見舞い」39.4％，「ほとんど対応できなかった」5.9％という回答もみられ，不十分であることがうかがえた。また継続した長期欠席が小・中・高校全体で43.0％と高いが，病弱教育機関への紹介は小学校9.2％，中学校4.1％という低い割合であり，現行の病弱教育制度はほとんど活用されていなかった。

養護教諭調査において保健室登校をする子どもは，小学校59校12.6％，中学校41校19.6％，高校13校13.8％で「いる」と回答されたほか，教育相談室で再雇用教員が対応している事例や，毎日一定の時間，保健室に立ち寄っていく事例も報告されていた。

表5-8に示したように，保健室登校の理由において「身体症状や疾患」の割合は低く，学校不適応や対人関係などが高い割合を占めていた。表5-9に示したように，養護教諭が保健室登校の対応で苦慮している問題では，「その児童・生徒を理解すること」「養護教諭の過剰な負担」「担任と連携して対応すること」などが上位に挙げられていた。

また養護教諭が保健室登校への対応で要望しているのは，「養護教諭以外の教職員を含めた相談体制」34.7％，「校内での共通理解」34.6％，「養護教

第5章　通常学級在籍の病気の子どもの特別な教育的配慮の課題　147

表5-8　保健室登校の理由 （養護教諭調査，複数回答）

	小学校 76名		中学校 82名		高校 29名	
①身体症状や疾患	6	7.9%	6	7.3%	3	10.3%
②対人関係（友人関係）	11	14.5%	22	26.8%	8	27.6%
③学校生活への不適応	29	38.2%	17	20.7%	17	58.6%
④家庭環境の問題	13	17.1%	15	18.3%	4	13.8%
⑤不登校からの立ち直り	17	22.4%	11	13.4%	4	13.8%
⑥その他	6	7.9%	2	2.4%	0	0.0%

表5-9　保健室登校の対応で困っていること

（養護教諭調査，複数回答）

	小学校 n=467		中学校 n=209		高校 n=94	
①その児童・生徒の理解	164	35.1%	64	30.6%	19	20.2%
②担任と連携して対応すること	154	33.0%	52	24.9%	22	23.4%
③教科・学年・管理職等との校内連携	85	18.2%	62	29.7%	14	14.9%
④他の児童・生徒との関係	143	30.6%	72	34.4%	18	19.1%
⑤学習への援助	60	12.8%	35	16.7%	6	6.4%
⑥養護教諭の過剰な負担	161	34.5%	81	38.8%	25	26.6%
⑦家庭との連携不足	131	28.1%	50	23.9%	17	18.1%
⑧医療との連携不足	24	5.1%	11	5.3%	10	10.6%
⑨学校だけの対応の限界	122	26.1%	29	13.9%	17	18.1%
⑩単位認定					10	10.6%
⑪その他	8	1.7%	2	1.0%	0	0.0%

諭の複数配置」18.8%，「スクールカウンセラーの配置」17.8%，「学校以外の専門家・専門機関との連携」16.7%，「精神科医の関わり」14.5%などであった。

　今日，保健室登校問題への理解が広がりつつあるとはいえ，実際には養護

教諭の負担が大きく，学校内外における連携・協力システムの構築が重要な課題となっていることを示している。

Ⅳ．おわりに

　今回の実態調査から，通常学級に在籍する病気の子どもは，身体・健康面における特別な教育的配慮をはじめとして，学習と生活面への総合的な支援が必要であることが明らかになった。

　その特別な教育的配慮や具体的なケア・サポートの内容は，一人ひとりの子どもの実態と家庭や学校の条件によって大きく異なっており，それぞれの子どもの実態と特別な教育的ニーズに応じて対応していくという視点から，実際の支援を展開していくことが求められていた。

　病気の子どもの実態や必要としているケア・サポートは多様であった。また病気の子どもの特別な教育的ニーズは，病気を主要因としてはいない不登校・保健室登校や不定愁訴を呈する学習不振の子どもなどとも部分的に重なる点が見られた。

　それゆえに通常の学校においても，多様な子どもの特別な教育ニーズを視野に入れ，それに対応する教育条件・システムの整備・拡充を促進していくことは，現実的かつ今日的な課題になっているといえる。

　また病気の子どもの実態の多様性や流動性に対応するためには，子どもの療養状況に見合ったオルタナティヴな教育の場が必要である。すなわち通常学級における病気の子どものケア・サポートの確立とともに，病弱養護学校，病弱・身体虚弱学級，通級による指導，適応指導教室の整備・拡充など，通常学級と連携・協力する教育の場を連続させながら広げていく必要があるだろう。

第 2 部
通常学級在籍の病気長欠児の困難・ニーズの実態と
特別な教育的配慮の課題

第6章　通常学級在籍の
病気長欠児問題に関する研究動向

Ⅰ．はじめに

　本章では，先行研究のレビューを通して，通常学級における長期欠席問題全体の中で病気長欠問題がどのように把握され，改善に向けた議論がなされてきたのかについて明らかにする。

　とくに次の2点についての検討作業を行う。

① 1990年代以降の不登校問題の調査研究のレビューをもとに，不登校という長期欠席がどのように論じられてきたかを明らかにする。
② 「病気の子どもの長期欠席問題と不登校問題との共通性と独自性」という視点から，病気の子どもの特別な教育的ニーズを明らかにし，病気療養による長期欠席の子どもが必要とする特別な教育的配慮・サポートの内容を検討する。

Ⅱ．長期欠席問題の研究動向

2.1　厚生省心身障害研究「長期療養児の心理的問題に関する研究」
　　（1994年度）にみる病気長欠問題

　1994（平成6）年度にまとめられた厚生省心身障害研究「小児の心身障害予防・治療システムに関する研究」において，加藤安雄は「病気による長期欠席児童の実情と課題」をまとめており，病気による長欠児に関する研究と

152　第2部　通常学級在籍の病気長欠児の困難・ニーズの実態と特別な教育的配慮の課題

して注目される。

　本研究において加藤は，対象者把握のための資料が「文部省の学校基本調査の病気による長期欠席者の数量だけの提示であり，その実情は皆目不明である」と指摘し，表6-1および表6-2のように，1968（昭和43）年に加藤がA県及びB県で実施した「病気による長期欠席者についての病気の種類等の調査」と1992（平成4）年調査の比較をしながら以下のような分析を行っている[1]。

○病気長欠者は，学校ぎらいの増加により長欠者総数に占める割合は低下しているが昭和58年度以降増加している。
○「学校嫌い」による長欠者の中には神経症，心身症の診断名の下に病弱教

表6-1　1992年度における人数の多い順の病類

A県		B県	
その他	34.6%	呼吸器疾患	29.4%
呼吸器疾患	17.3%	その他	20.9%
精神疾患	7.9%	損傷	9.1%
腎臓疾患	6.4%	腎臓疾患	8.0%
消化器疾患	5.6%	骨疾患等	5.9%

平成6年度厚生省心身障害研究報告書『小児の心身障害予防，治療システムに関する研究』，p.115.

表6-2　A県における「その他の内容」　　（265人中）

発熱等	34.7%	欠陥性紫斑病	0.4%
風邪等	34.3%	倦怠感ほか	0.4%
腹痛等	9.4%	好菌球性肉芽	0.4%
体調不良	6.0%	自家中毒	0.4%
頭痛等	5.3%	尿道手術	0.4%
虫垂炎	1.9%	無記入	0.4%
虚弱	0.4%		

平成6年度厚生省心身障害研究報告書『小児の心身障害予防，治療システムに関する研究』，p.116.

育の対象となるものが多数含まれており，今後通常教育と病弱教育の関わり方の検討が必要である。

○6月以上の欠席が減少し病弱養護学校在籍者はほとんど3月未満であり，とくに30日〜39日が最大である。学年の進行とともに長欠者数が増加する傾向が見られる。

○病類の変化として，「その他（風邪・頭痛・腹痛）」の増加が大きな特徴であり，医学・教育学・心理学の一体となった対応が重要である。

○調査結果から得られた入院率32.4%から類推すると1月以上の長欠の70%以上が在宅，35600人の入院長欠と74300人の在宅長欠がある。病類により教育対応も異なるため医療機関と教育機関で教育方法を協議する必要がある。

○教育対応として，第1類型：養護学校等（分校・分教室・訪問教育）や特殊学級による正式の教育の実施，第2類型：担任教員による教育対応，第3類型：教員以外の者による教育対応（ボランティア，病院職員），第4類型：電話連絡等（教師や級友によって，電話による近況のお知らせ，教科の進度の報告），第5類型：対応を行っていないという5つの類型が見られたが，その内容・程度は様々である。

○病弱児の教育機会確保の盲点として，「病気長欠児の実情把握の問題」と「病気長欠の有無を問わずに入院児の教育の質の問題」がある。

　上記の「長期療養児の心理的問題に関する研究」では，疾病間で共通する長期療養児とその家族が抱える心理的問題として「親子関係，学業不振（学校問題），疾病自体の予後を含めての不安」などがあり，患児が「心理的問題を持つリスクは健康児に比べて1.5〜3倍高く」なるなど，病弱児の教育においては，心理的問題がきわめて大きいことを指摘している[2]。

　具体的には「精神的症状では焦燥感・無気力感・感情の易変性・強迫観念・分離不安・不安や恐怖，心身症様身体症状では頭痛・易疲労感」が多く，

「社会的問題としては，学業への不安／焦り，仲間外れやいじめへの心配，家族に対する負い目，同胞葛藤などが多い」傾向が指摘されている。

また家族への影響としては同胞の患児への気遣い，家族の結束強化がみられる反面，家族の精神的・身体的症状が多く，「長期療養児とその家族に対する心理的支持・介入や，介入に携わる者の専門的な研修」と「患児のための院内学級等の一層の整備・充実」が必要とされている[3]。

この厚生省心身障害研究においても，長期療養児においては心理・精神的問題や社会的問題を派生させることが多く，そうした問題を含めた援助の必要性が指摘されている。同研究は通常学級における教育の問題については触れずに終わっているが，長期療養児の困難・ニーズの解明に本格的に取り組んだ調査研究として注目に値する。

2.2　不登校による長期欠席と病気による長期欠席

「怠学傾向」全般から「学校恐怖症」など神経症的症状を分離して始まった不登校研究であるが，今日において不登校は「だれにも起こりうる」という認識が定着しつつある[4]。

森田洋司（1991）が，1989年3月に11の政令都市と東京都区部の中学2年生を対象にして行った調査では，年間50日以上欠席した生徒は全体の0.9%にすぎないが，年間50日未満の欠席であった生徒は16.2%になっており，さらに欠席はしていないが登校回避感情を持つ生徒が半数という結果が出ている[5]。

また文部省「学校不適応調査協力者会議報告」（1990）では，「特別な子どもの病気」というとらえ方から「だれにも起こりうる」という認識への転換が提起され，1991年度以降は文部省学校基本調査で扱う長期欠席は，それまでの年間50日以上から30日以上となるなど，新たな段階を迎えている。

そうしたなかで積み上げられてきた不登校問題研究においては，以下のよ

うな不登校の実態やケア・サポートの内容・システムについての検討課題が
提起されてきた。

○精神神経疾患の症状を伴う不登校への治療と教育のあり方
○多様な不登校要因の関連性・複合性の実態解明
○学習空白・学業不振問題
○学校の抱える問題点と対策・対応の弱さ
○保護者・家族へのサポートの必要性
○早期からの教育相談による適切なケア・サポート
○関係領域との連携・協同によるケア・サポートシステム
○卒業後の就労，自立，社会参加にむけた移行支援

　不登校研究においても，病気と心理的不適応の関連性が指摘され，不登校
の子どもの身体症状に注目する先行研究も多い[6]。しかし不登校か病気かど
うかを判定することは難しく，とりわけグレーゾーン，潜在群をもつ身体不
調（病気）の判定の困難性が指摘されている。

　本人・家族から他の事情があっても「病気」として欠席届が出されるとい
うことがみられ，教師の認識においては「病気」による欠席が容認されやす
く，また非行・問題行動に比してその背後にある「勉強の意欲の喪失，授業
のつまずき」への着目が低いことが指摘されている[7]。

　保坂亨（2000）は，千葉県A市の「病気を理由とした長期欠席」について
学級担任の指導記録を含めて分析し，「そのほとんどが『かぜ，腹痛・頭痛』
などを理由とした短期間の欠席が1年間に累積して30日以上に至った場合」
であり，ある月に休みが7日以上集中し，一貫して明確な欠席理由が記載さ
れていたのは病気欠席の7.8％（小学生），5.5％（中学生）という結果を示し
ている。明確な病気欠席は「交通事故による骨折」「心臓病等の手術」での
入院と，「特殊な病気による欠席」（ネフローゼ・アトピー性皮膚炎・小児糖尿

病・若年性リュウマチなど）としている。

　同様にＡ市の長期欠席児童生徒全体の8.3%を占めている「ぜんそく児」について，欠席理由と担任の指導記録や対応にあたっている養護教諭からの報告にもとづいて事例分析を行った結果，欠席理由欄に「情緒障害」「勉強ぎらい」と記入されて「学校ぎらい」に分類されている事例や，「病気」「ぜんそく」とならんで「登校拒否」と記入され「病気」に分類されている事例が混在していることを明らかにしている。また100日以上の欠席者で前年度も長期欠席の事例では，学級担任の指導記録や養護教諭の報告の中に「なんらかの心理的なものによる欠席であることを示す記述が多く見られた」という。

　以上から保坂は「どこまでが病気によるやむをえない欠席で，どこからが不登校と考えられるかを，厳密に線引きすることがいかに難しいかが明らかになった」とし，「現在ではあらゆる病気が心理的要因の影響を受けている可能性がある」ことなどからも「学校基本調査の長期欠席のうち『学校ぎらい』だけをとらえて『登校拒否』の数字としてみること」を疑問視している[8]。

　それではこれまでの不登校研究において，子どもの教育ニーズはどのように認識されてきたのであろうか。従来の研究では，学校不要論・脱学校論としての展開のほか，登校刺激が及ぼすマイナス効果，学校制度の枠組みの外に「居場所」を選択していく意味を強調する研究も多く，学校からのアプローチに対する評価は様々である。不登校とは「単一」ではなく，「もともと多種多様な内容をはらんだ現象形態」であることから，様々な類型分類，理論的な解釈，援助法が導かれているといえる[9]。

　大枠では教育・学校制度そのものの問題であることを共通認識にしつつも，実際の学校からの対応については多様な考え方がある。

　再登校を促す学校の登校援助に対する疑問や批判も強いが，マスコミが注目するような「異議申し立て」としての不登校は少ないという報告もあり，

また「学校教育の立場からすれば，精神医学的治療は（中略）学校教育にとっては中核群どころかむしろ辺縁的位置にある」とする指摘もあり[10]，学校からの援助・働きかけの意義とその具体的な方策を取り上げる研究も多く見られる。

明石要一（1991）らは，一人の教師だけでなく学校全体の教師の理解や援助，専門機関からの支援により安定して登校するようになった者は3割強，不安定ながら登校できるようになった者は4割弱，依然としてずっと登校できない者は3割と報告している。

専門機関，親の会，学習塾・家庭教師などの援助と比較して，学校の対応・援助が多くの子どもを支えており，学校の「どんな対応も行為そのものではなく，その底流にあるそれまでの人間関係の質が変化の鍵を握っている」と分析している。学校不適応感を抱きながらも登校している「不安定登校期」において教師が子どもをどのように支えるのかということや，欠席による「学習の遅れ」への対応の重要性が指摘されている[11]。

一谷彊ら（1992）は，類型化してみるだけでなく「『長期欠席』で苦悩する一人ひとりの生徒が生き生きと学校の生活場面で蘇ることのできるための援助や手立ては何かをさぐるためのとりくみであるということを忘れてはいけない」と述べている。

一谷らはまた，潜在能力が低いわけではないが長期欠席によって学業成績が徐々に低下する傾向を指摘し，「自分も勉強がわかるようになりたい」という気持ちを引き出し援助することが重要であるとしている。同時に土台となるべき学校のとりくみが，課題をかかえる生徒をはじめすべての生徒にとって，学校が登校するに値する「楽しいもの」でなければならないとし，「専門的役割を担う教員」が学年・担任教師と協力して対応するほか，外部専門機関との連携，校長・教頭を中心に登校拒否や長期欠席の実態等に関わる学習・研修，保護者への理解と支援の重要性を指摘している[12]。

不登校児が身体症状を訴える割合は高く，その時期の関わり方が，不登校

の治療・援助において重要であるという指摘も多くなされている。

神保信一（1995）は不登校の初期において身体的精神的休養を図ることが必要な場合もあるが，「登校刺激はよくない」と機械的に思い込み，必要なときに登校刺激を与えないことの問題を指摘している。また養護教諭の多くが，不登校の前触れ現象としての不定愁訴に対し「体の不調をきっかけとしてその背後にある子どもの生活全般」に目を向けているのに対し，「初期の現象に気付かない」「気付いても放任」という教師の問題が初期的対応を遅らせているとしている。

また，相談学級の実践と結合した校内での事例研究会等を紹介しながら，心理的な側面への対応だけでなく子どもの生活全体に関わることを対応の基本に置き，特別の子どもだけではなく学級・学年の全ての子どもへの理解を深めて対応をするという，学校の教育実践を高めていくことの重要性を指摘している[13]。

保坂亨（2000）は，怠学を含めた広い概念から不登校問題を長期欠席全体の中において捉え直し，教育相談活動にとどまらない学習指導・学級経営などを包括した学校全体の教育実践に注目している。教育相談部会を中心とした援助活動のほか，教師集団が「学力不振」を捉え直しながら行う学習援助，早期の予防的な援助を目的とした学級経営，学級不適応傾向の生徒に対する学級担任による学級内援助，教科担任による学習援助，クラブ・生徒会担当による援助体制などが総合的に組み込まれている教育実践を紹介し，教師と生徒の人間関係づくりとともに，チームとしての教師の合意形成を重視した学校全体の取り組みが，教育相談部を中心とした長期欠席生徒の学校復帰・学級復帰の土台となっていると分析している[14]。

Ⅲ. 考　察

以上に検討したように，病気長欠の実態は，病気だけでなく学習・心理・

生活などの諸要因がからんだ複合的な状態であることが示され，教育としての配慮を行うことのほか医療・福祉・就労等の総合的な支援が求められていた。

　病気長欠は学習空白による学業の遅れを生じるばかりでなく，友人・所属集団の喪失感，進学はじめ将来への不安，病気そのものの不安の増大，病状の悪化や生活パターンのくずれなど，精神的・身体的諸症状を悪化させ，家族の精神的・生活面の諸問題も発生させている。それらが複合して，多様な教育困難として展開していくのである。

　また病気長欠と不登校による長期欠席の線引きの難しさについて，加藤安雄（1994）は，病弱教育の立場から「学校嫌いによる長期欠席」とされる子どもの中に病弱教育の対象となる心身症等の子どもが混在していると見ている[15]。

　また保坂亨（1995）は，臨床心理学の立場から病気による長期欠席に心身症的な「不登校児」が相当含まれると考えている。適応指導教室・児童精神科病棟の院内学級の統計上の扱いとして「特殊教育に位置づけられ『学校ぎらい』にも『登校拒否』にも含まれない子どもがいるのではないか」という問題意識を示している。保坂は，病気による長期欠席の実態は病気だけではなく，むしろ心理的問題が直接の欠席要因となっている事例がほとんどで，不登校と判定される可能性を持っていると考えていた[16]。

　こうしたことは，学校基本調査の長期欠席が年間50日以上とされていたことと関わって，「線引きがひとり歩き」し，認識の枠組や対応の基準となってしまうこと，とくに「線引きによって切り捨てられる現象が多い場合に」問題が深刻になることが指摘され，グレーゾーンに注目する研究が進められてきたところである[17]。

　佐藤学（2003）が「子どもの示す危機的現象は，いつも個別的であり複合的」であり，「（不登校，学級崩壊，いじめ，暴力などの：引用者）一般化したラベルを引き剥がして，一つひとつの行動の意味を個別に理解しなければいけ

ない」と指摘しているように[18]，病気か不登校かという要因による線引きをどうするのかという議論ではなく，個々の子どもの実態と困難・ニーズに応じた具体的な援助によって長期欠席問題を解決することが，学校教育の実践として求められているといえる。

　今日の通常教育制度では，病気が原因となって通常の登校が不可能になり，長期欠席が生じてしまう可能性があるが，不登校研究でも「理由が明らかな病気による長期欠席をまず除外する」という研究方法がとられているように，病気は欠席の「正当な理由」とみなされ，病気による長期欠席はやむを得ないとされがちである。しかし「教育より，病気を治すことが優先」という理解に留まり，学習要求が権利として十分に保障されていないことや病気による長期欠席に対する教育的配慮の不足から，学習の遅れや意欲の喪失を助長させる結果も生じている。

　さらに不登校対策における「登校刺激」の及ぼすマイナス効果，学校以外に「居場所」をつくることの意義，「異議申し立て」としての積極的な不登校がマスコミで取り上げられたことなどは，不登校問題が社会において広く承認されていく上で大きな意味があった反面，それが不登校以外の長期欠席者問題全体に対しても一般化され，「学校の外での居場所づくり」が強調されすぎた結果，病気による長期欠席者問題に対して公教育が果たすべき責任・役割や取り組むべき改善策を曖昧にしてきたきらいもある。こうした状況のなかで病気長欠は類型分類のための理由の一つでしかなく，病気の子どもの困難・ニーズの把握や問題解決の具体的方略とは切り離されているのである。

　病気長欠の子どもの困難・ニーズが，不登校児の心理的不適応，学業不振，家族問題から発生する特別ニーズとも共通する部分が少なくないという前述の実態から，病名・診断名がつく病気の子どもに対象を限定した対応ではなく，多様な困難・ニーズを有する子どもの実態に応じた具体的な援助によって長期欠席問題を解決することが，学校教育の実践として求められている。

その解決の方策としては，担任一人が問題を抱え込むことなく校内の連携により学級等での指導を支える校内委員会の設置，校長等を含めて全校で共通理解を進めて協同・協力する体制，コーディネーターの配置，必要に応じて医療・福祉など校外の関連機関等と連携するなど，すでに不登校・保健室登校の実践・研究などで工夫されている実践とシステムの拡充なども必要である。

なお校内委員会は，文部省の学習障害に関する調査研究協力者会議の最終報告に示され，さらに「今後の特別支援教育の在り方について（最終報告）」においても打ち出されたシステムであるが，今後こうした校内委員会が，不登校問題など障害以外の理由に起因する特別な教育ニーズと，学習障害（LD）・注意欠陥多動性障害（ADHD）・高機能自閉症などの障害に起因する特別な教育ニーズに対して，実際にどのように機能するのかについての検証が求められている。

それとともに，病気の子どもの独自の特別な教育ニーズにも十分に配慮されなければならない。通常教育の場においても，病気療養という状態に適切に対応するためには，特別な配慮・サポートとしての医療的な理解と援助が不可欠であり，学校保健制度の整備・拡充や医療機関などからのバックアップが求められている。

さらに通常教育と病弱教育との連携・協働のもとに，入院，在宅療養，「通院しながらの通学」などの病気の子どもの多様な生活やニーズに連続してきめ細かく対応できる，特別ニーズ教育のための制度創出は，今日いっそう重要な課題となっている。

具体的には，病弱・身体虚弱特殊学級の増設，通級指導・適応指導教室の拡充など通常学級と連携・協働できる教育の場を広げながら，校内においては養護教諭の複数配置や学校医との連携強化などの学校保健制度の拡充が急がれている。

さらにシステムの整備だけでなく，病気等の生活上の制約を生じた子ども

が，その身体的・心理的問題を克服し，主体的に学んでいくことができるような教育内容・指導方法の充実が求められており，そのためには病気だけではなく子どもの健康問題の諸相をとらえた健康教育の発展が重要といえる。

Ⅳ．おわりに

先行研究のレビューを通して，通常学級における長期欠席問題全体の中で病気長欠問題がどのように把握され，改善に向けた議論がなされてきたのかについて明らかにした。

病気長欠児問題を直接取り上げた先行研究は少ないが，そのひとつである厚生省心身障害研究「小児の心身障害予防・治療システムに関する研究」(1994) において，加藤安雄 (1994) は，病気による長期欠席の実態は，病気だけでなく学習・心理・生活などの諸要因がからんだ複合的な状態であり，病気による長期欠席と不登校による長期欠席の線引きの難しさを指摘していた。

不登校研究でも「理由が明らかな病気による長期欠席をまず除外する」という研究方法がとられるなど，病気は欠席の「正当な理由」，病気による長期欠席はやむを得ないとされがちである。また，「登校刺激」の及ぼすマイナス効果がマスコミで取り上げられてきたことも，病気による長期欠席者問題に対して公教育が取り組むべき改善策を曖昧にしてきていると考えられる。

不登校児の心理的不適応，学業不振，家族問題から発生する特別ニーズとも共通する部分が少なくないという実態から，病気か不登校かという形式的線引きではなく，個々の子どもの困難・ニーズに応じた具体的な援助によって長期欠席問題を解決していくことが求められている。通常教育の場における病気療養に対する特別な配慮・サポートとして，学校保健制度の整備・拡充や医療機関などからのバックアップも不可欠である。

さらにシステムの整備だけでなく，病気等による生活上の制約を生じた子

どもが，その身体的・心理的問題を克服し，主体的に学んでいくことができるような教育内容・指導方法の充実が求められており，そのためには子どもの健康問題の諸相をとらえた健康教育の発展が重要といえる。

引用・参考文献

1）加藤安雄（1994）病気による長期欠席児童の実情と課題，平成6年度厚生省心身障害研究報告書『小児の心身障害予防，治療システムに関する研究』（分担研究：長期療養児の心理的問題に関する研究），pp. 113-120.

2）西間三馨・吾郷晋浩・加藤安雄ほか（1994）長期療養児の心理的問題に関する研究，平成6年度厚生省心身障害研究報告書『小児の心身障害予防，治療システムに関する研究』，p. 106.

3）吾郷晋浩・山下 淳・Ratnin D. Dewarajya（1994）長期療養児にみられる心理的問題についての総論的検討，平成6年度厚生省心身障害研究報告書『小児の心身障害予防，治療システムに関する研究』，p. 121.

4）花谷深雪・髙橋 智（2004）戦後日本における「登校拒否・不登校」問題のディスコース－登校拒否・不登校の要因および対応策をめぐる言説史－，東京学芸大学紀要，55（第1部門・教育科学）.

5）森田洋司（1991）「不登校現象」の社会学，pp. 28-32，学文社.

6）山﨑 透（1997）不登校に伴う身体症状の遷延に影響を及ぼす要因について，『児童青年精神医学とその近接領域』38(1)，pp. 27-28.

7）前掲5），森田洋司：「不登校現象」の社会学，pp. 50-51.

8）保坂亨（2000）学校を欠席する子どもたち－長期欠席・不登校から学校教育を考える－，pp. 49-59，東京大学出版会.

9）滝川一廣：家庭のなかの子ども 学校のなかの子ども，p. 152，岩波書店.

10）前掲5），森田洋司：「不登校現象」の社会学，p. 10.

11）明石要一・中原美恵（1991）不登校の子どもに対する教師の指導・援助に関する調査研究，『千葉大学教育相談研究センター年報』第8巻，pp. 1-26.

12）一谷 彊・相田貞夫（1991）児童・生徒の精神的環境と生徒指導の教育心理学的研究，pp. 597-630，風間書房.

13）神保信一（1995）不登校への対応と予防－担任・養護教諭・教頭・校長はどう連携するか－，金子書房.

14）前掲8），保坂 亨：学校を欠席する子どもたち，pp. 157-170.

15) 前掲 1 ），加藤安雄：病気による長期欠席児童の実情と課題，p. 114.

16) 保坂 亨（1995）学校を欠席する子どもたち―長期欠席の中の登校拒否（不登校）とその潜在群―，『教育心理学研究』43(1)，p. 56.

17) 森田洋司・松浦善満編著（1991）教室からみた不登校―データが明かす実像と学校の活性化―，東洋館出版社，p. 3.

18) 三脇康生・岡田敬司・佐藤学編（2003）学校教育を変える制度論―教育の現場と精神医療が出会うために―，p. 178，万葉舎.

第7章　東京都内の公立小・中学校の養護教諭からみた病気長欠児の困難・ニーズ

Ⅰ．はじめに

　第6章で行った先行研究の検討をふまえ，本章では，東京都内の公立小・中学校の養護教諭対象の「病気による長期欠席に関する実態調査」（調査1「病気長欠の有無と校内体制」，調査2「長期欠席の児童・生徒の事例」）を通して，通常学級在籍の病気長欠児が有する困難・ニーズの実態を明らかにする。

　調査の概要は以下の通りである。

1．調査対象：調査への協力を得られた東京都内の10区（世田谷・杉並・渋谷・目黒・港・中野・墨田・江東・中央・千代田区）および3市（日野・八王子・武蔵野市）の公立小学校402校・公立中学校199校，合計601校の養護教諭。

2．調査方法：調査への協力を得られた公立小・中学校の学校長を通じて郵送による質問紙法で実施。

3．調査期間：2003年12月1日−2004年1月20日。

4．調査票の回収：601通発送，192通回収（回収率：31.9％，小学校：135通33.6％，中学校：57通28.6％）。69校から回答された病気長欠児86事例を入手（小学生63人，中学生23人；通常学級在籍者73人，心身障害学級在籍者2人，在籍学級未記入11人）。

5．調査内容：2000年度から2002年度の3年間における病気長欠児の事例について「年度別長欠日数」「欠席状態（連続・断続）」「病名・病類」「病気長欠の要因」「長欠中の子どもの病状・生活」「病気長欠と判断した根拠」「学校からの対応・援助」「援助の重点」「主たる対応・援助者」「長期欠席にな

166　第2部　通常学級在籍の病気長欠児の困難・ニーズの実態と特別な教育的配慮の課題

る以前の学校からの援助」「再登校開始後の援助」「対応・援助の適切さ」「学校医からの援助・アドバイス」「主治医からの援助・アドバイス」「校外機関との連携」「病弱教育専門機関の活用」「自由意見」の17項目を設けた（章末の資料に質問紙調査票を添付した）。

Ⅱ. 調査の結果

2.1　病気長欠児の有無

　表7-1のように病気長欠児が「いない」という回答は2000年度125校（65.1%），2001年度129校（67.2%），2002年度136校（70.8%）と7割前後見られた。しかし，未記入や不明という回答も少なくなく，年度を遡るにともなってその割合は高くなっていた。

　過去に遡って資料を調べる煩雑さもあるが，「自分が転勤してくる前なので不明」という回答が見られ，学校として，あるいは保健室としての実態把握は必ずしも定着していないと考えられた。また，現任校勤務年数が様々な養護教諭から「不明」とする回答があることから，病気長欠児の実態が保健室で十分に把握できているとは限らないことがうかがえた。

2.2　欠席の状態

　表7-2のように，連続して年間30日以上欠席している事例は全体で39.5%

表7-1　病気による30日以上の長期欠席者の有無　　(n=192)

	いた		いない		不明		未記入	
2000年度	27人	14.1%	125人	65.1%	16人	8.3%	25人	13.2%
2001年度	35人	18.2%	129人	67.2%	8人	4.2%	20人	10.4%
2002年度	44人	22.9%	136人	70.8%	4人	2.1%	4人	2.1%

第7章　東京都内の公立小・中学校の養護教諭からみた病気長欠児の困難・ニーズ　　167

表7-2　欠席の状態

	全体 n=86		小学校 n=63		中学校 n=23	
①連続した欠席	34	39.5%	21	33.3%	13	56.5%
②断続的な欠席	35	40.7%	29	46.0%	6	26.1%
③その他	3	3.5%	2	3.2%	1	4.3%
④不明	2	2.3%	2	3.2%	0	0.0%
⑤未記入	12	14.0%	9	14.3%	3	13.0%

【その他】年度によって断続から連続に変化している

（小学校33.3%，中学校56.5%）であり，断続的に欠席して合計30日以上の欠席になっている事例は全体で40.7%（小学校46.0%，中学校26.1%）となっている。断続的な欠席が累積するような場合には，現在の病弱教育制度の活用は困難である。

2.3　病気の状態

表7-3のように，病名が報告されている事例は44.2%であった（報告された病名は欄外に示した）。「おおよその病類がわかっている」事例は30.2%である。病気長欠児の病状・程度は多様であり，一見軽微な「頭痛・腹痛・発熱などの不調」が原因になっている事例も小学校14人（22.2%），中学校4人（17.4%）にみられた。

2.4　病気長欠の要因

病気長欠の要因について，小学校では「明らかな病気による長期欠席」28人（44.4%）に対して「病気以外の要因がある」32人（50.8%），中学校では「病気による長期欠席」11人（47.8%）に対して「他の要因がある」8人（34.8%）となっており，病気以外の要因が複合している事例が高い割合で見られた（表7-4）。

病気長欠児の生活状態について小学校51事例，中学校15事例について具体

168　第 2 部　通常学級在籍の病気長欠児の困難・ニーズの実態と特別な教育的配慮の課題

表7-3　病気の状態

（「③おおよその病名把握」はA～Mの複数回答を含む）

病類等	全体 n=86		小学校 n=63		中学校 n=23	
①頭痛・腹痛・発熱など	18	20.9%	14	22.2%	4	17.4%
②病名が確認されている	38	44.2%	28	44.4%	10	43.5%
③おおよそ病名把握	26	30.2%	20	31.7%	6	26.1%
A　アトピー性疾患	3	3.5%	1	1.6%	2	8.7%
B　喘息	11	12.8%	10	15.9%	1	4.3%
C　肥満	2	2.3%	2	3.2%	0	0.0%
D　骨折などの損傷	3	3.5%	2	3.2%	1	4.3%
E　糖尿病などの内分泌疾患	5	5.8%	4	6.3%	1	4.3%
F　腎臓疾患	4	4.7%	2	3.2%	2	8.7%
G　心疾患	1	1.2%	1	1.6%	0	0.0%
H　血液疾患	4	4.7%	2	3.2%	2	8.7%
I　小児がん	4	4.7%	2	3.2%	2	8.7%
J　消化器系疾患	1	1.2%	0	0.0%	1	4.3%
K　心身症	4	4.7%	2	3.2%	2	8.7%
L　精神疾患	5	5.8%	1	1.6%	4	17.4%
M　結核などの感染症	0	0.0%	0	0.0%	0	0.0%
④詳細不明	9	10.5%	8	12.7%	1	4.3%
⑤未記入	7	8.1%	6	9.5%	1	4.3%

【「②病名が確認されている」で記載された病名】水頭症，先天性下肢形成不全，小児麻痺 2 名，薬疹，シックスクール，もやもや病，睡眠相交代症，思春期精神分裂症，摂食障害，先天性大動脈弁閉鎖不全，小児がん 2 名，白血病 2 名，ネフローゼ 2 名，慢性腎炎，てんかん，バセドウ氏病，膠原病，肥満，先天性広範囲腸管無神経節症，先天性溶血性貧血，喘息 2 名，糖尿病，適応障害，具体的病名記載なし13名

的に記載されていた。

　「入院・治療」「健康状態」のほか，「健康問題以外の障害」がある事例，本人の「登校しぶり」，「不登校状態」，「生活リズムや生活習慣の未確立」，「家庭の考えや養育に関する問題」などが含まれていることが記載から明ら

第 7 章　東京都内の公立小・中学校の養護教諭からみた病気長欠児の困難・ニーズ　　169

表7-4　病気長欠の要因

(複数回答)

	全体　n=86		小学校　n=63		中学校　n=23	
①明らかに病気による長欠	39	45.3%	28	44.4%	11	47.8%
②心理的問題	31	36.0%	24	38.1%	7	30.4%
③学習不振・学習意欲減退	12	14.0%	12	14.0%	0	0.0%
④家庭の考え	16	18.6%	14	22.2%	2	8.7%
⑤家庭の経済的事情	1	1.2%	1	1.6%	0	0.0%
⑥その他	8	9.3%	6	9.5%	0	0.0%
⑦詳細不明	2	2.3%	1	1.6%	1	4.3%
⑧未記入	5	5.8%	2	3.2%	5	21.7%

【その他】小学校：起床できない 2，家庭の怠慢，家庭の事情（父子家庭），家族病理（母の押しつけ）

かになった。また，それらが重複している事例もみられた。

　「登校しぶり」，「生活リズムの未確立」は，事例によっては家族の生活の不安定さに重なっているという記載が散見された。「朝起きられない」「家でゲームをしている」などの登校しぶりや生活リズムができていない事例，「家族も朝起きない」「保護者の考え」「経済的事情」など，病気以外の家族を含めた生活上の諸問題がうかがえる。

2.5　病気長欠の判断理由

　病気欠席という判断理由として，「保護者からの届け」だけを挙げている回答は小学校30人（47.6%），中学校12人（52.2%）にのぼり，合計42人（48.8%）は保護者の届けだけで病気長欠として処理されていた（表7-5）。「保護者の届け」とあわせて他の理由を挙げた回答を合計すると，全体で66事例（76.7%）が保護者の届けを大きな判断要素にしていると推定できる。

170　第２部　通常学級在籍の病気長欠児の困難・ニーズの実態と特別な教育的配慮の課題

表7-5　病気長欠の判断理由　　（複数回答）

	全体 n=86		小学校 n=63		中学校 n=23	
①保護者の届け	66	76.7%	49	77.8%	17	73.9%
②医師の診断書	12	14.0%	8	12.7%	4	17.4%
③本人の話・状態	14	16.3%	13	20.6%	1	4.3%
④学校の総合判断	15	17.4%	12	19.0%	3	13.0%
⑤その他	4	4.7%	2	3.2%	2	8.7%
⑥詳細不明	4	4.7%	3	4.8%	1	4.3%
⑦未記入	12	14.0%	9	14.3%	3	13.0%

【その他】小学校の１名：入院したため

表7-6　病気長欠児への学校の対応　　（複数回答）

	全体 n=86		小学校 n=63		中学校 n=23	
①お見舞い	13	15.1%	6	9.5%	7	30.4%
②配布物を届ける	64	74.4%	46	73.0%	18	78.3%
③配布物郵送	4	4.7%	1	1.6%	3	13.0%
④本人と電話	28	32.6%	21	33.3%	7	30.4%
⑤訪問して本人と話す	34	39.5%	25	39.7%	9	39.1%
⑥学習連絡・教材配布	35	40.7%	28	44.4%	7	30.4%
⑦学習援助	14	16.3%	12	19.0%	2	8.7%
⑧級友との交流の工夫	30	34.9%	25	39.7%	5	21.7%
⑨保護者面談	57	66.3%	39	61.9%	18	78.3%
⑩医療面の相談・紹介	14	16.3%	8	12.7%	6	26.1%
⑪その他	5	5.8%	2	3.2%	3	13.0%
⑫詳細不明	1	1.2%	1	1.6%	0	0.0%
⑬未記入	3	3.5%	3	4.8%	0	0.0%

【その他】小学校：「保護者・担任・養護教諭で担当医との面談」１事例，「児童相談所・教育センター相談室からの面接などの支援」１事例　中学校：「学校カウンセラーとの協力」１事例，「電話するが５分で終わる。本人までは回らない」１事例，「電話には出ない。家庭訪問するが本人は出てこない」１事例

第7章　東京都内の公立小・中学校の養護教諭からみた病気長欠児の困難・ニーズ　　171

2.6　病気長欠児への学校の対応

病気長欠への学校の対応は「本人との電話」「配布物を届ける」「保護者との面談」が多かった（表7-6）。「その他」として，担当医や児童相談所を含めた面談の実施を記した事例も報告されているが，本人と接触できない事例も回答されていた。

学校が病気長欠の本人・家庭への援助において重視したこととして，「心理的援助」「保護者への援助」が多く挙げられていた（表7-7）。ここでも，保護者の状況によって学校からの支援が行えない事例が報告されていた。

2.7　学校の主たる対応者

病気長欠の本人・家庭への学校の主たる対応者は「担任」とする回答50％，「担任が養護教諭や教頭とともに対応」という回答を合わせると94.2％であり，主たる対応者は担任であった（表7-8）。

表7-7　学校が本人・家庭への援助で重視したこと　（複数回答）

	全体　n=86		小学校　n=63		中学校　n=23	
①医療への専念	11	12.8%	6	9.5%	5	21.7%
②心理的サポート	50	58.1%	33	52.4%	17	73.9%
③学習への配慮	30	34.9%	26	41.3%	4	17.4%
④友人との関係	27	31.4%	20	31.7%	7	30.4%
⑤保護者への援助	40	46.5%	32	50.8%	8	34.8%
⑥その他	3	3.5%	2	3.2%	1	4.3%
⑦詳細不明	1	1.2%	1	1.6%	0	0.0%
⑧未記入	4	4.7%	4	6.3%	0	0.0%

【その他】小学校：「特になし」1事例，「保護者が精神的に不安定なので理解してもらうのが難しい」1事例　中学校：「全く学校を受け入れない保護者とコンタクトをとること」1事例

172　第２部　通常学級在籍の病気長欠児の困難・ニーズの実態と特別な教育的配慮の課題

表7-8　学校の主たる対応者
（複数回答）

	全体 n=86		小学校 n=63		中学校 n=23	
①担任	81	94.2%	59	93.7%	22	95.7%
②管理職	20	23.3%	18	28.6%	2	8.7%
③養護教諭	24	27.9%	15	23.8%	9	39.1%
④教育相談	6	7.0%	6	9.5%	0	0.0%
⑤スクールカウンセラー	9	10.5%	5	7.9%	4	17.4%
⑥その他	0	0.0%	0	0.0%	0	0.0%
⑦詳細不明	0	0.0%	0	0.0%	0	0.0%
⑧未記入	4	4.7%	4	6.3%	0	0.0%

2.8　病気長欠前後の対応・援助

　長期欠席前に予兆をキャッチして対応することについて，「事前に対応を行った」という回答は合計30人（34.9%），対応の内容は「面談」9人，「家庭訪問」3人，「電話」7人，「保健室登校・保健室対応」2人などが挙げられた（表7-9）。「事前対応しなかった」理由は，「必要がなかった」が13人（41.9%）を占め，「状況がわからなかった」「家庭の考え」がそれぞれ4人（21.1%），対応する「体制がとれなかった」は1人（5.3%）であった（表7-10）。

　登校再開後において対応・配慮を「行った」とする回答は，小学校36人（57.1%），中学校8人（34.8%），全体では51.2%となっており，事前の対応よりは多かった（表7-11）。具体的には「保護者との連絡・面談」8人，「健康面の配慮」9人，「友人や周囲の理解」6人，「保健室登校・対応」3人，「補習など学習の援助」3人，「担任の迎え」2人など，事前対応と比べて内容に幅が見られた。子どもが必要とする援助が見えやすくなり，具体的な対応が努力されたことが見られる。

　表7-12のように，対応・援助を行わなかった17事例の理由は，「必要がな

第 7 章　東京都内の公立小・中学校の養護教諭からみた病気長欠児の困難・ニーズ　173

表7-9　病気長欠前の対応・援助

	全体　n=86		小学校　n=63		中学校　n=23	
①行った	30	34.9%	21	33.3%	9	39.1%
②行わなかった	31	36.0%	19	30.2%	12	52.2%
③詳細不明	11	12.8%	10	15.9%	1	4.3%
④未記入	14	16.3%	13	20.6%	1	4.3%

表7-10　対応を行わなかった理由　　　　　　　（複数回答）

	全体　n=31		小学校　n=19		中学校　n=12	
①必要がなかった	13	68.4%	10	52.6%	3	25.0%
②体制がとれなかった	1	5.3%	0	0.0%	1	8.3%
③状況不明	4	21.1%	2	10.5%	2	16.7%
④家庭の考え	4	21.1%	3	15.8%	1	8.3%
⑤その他	5	26.3%	2	10.5%	3	25.0%
⑥未記入	3	15.8%	2	10.5%	1	8.3%

【その他】小学校：「事前にわからない」1事例，「断続的な欠席が累積した」1事例，中学校：「突然の発病・入院」2事例，「小学校からの不登校」1事例

表7-11　登校再開後の対応・援助

	全体　n=86		小学校　n=63		中学校　n=23	
①行った	44	51.2%	36	57.1%	8	34.8%
②行わなかった	17	19.8%	7	11.1%	10	43.5%
③詳細不明	6	7.0%	6	9.5%	0	0.0%
④その他	1	1.2%	1	1.6%	0	0.0%
⑤未記入	17	19.8%	12	19.0%	5	21.7%

【その他】小学校：「登校していない」1事例

174 第2部 通常学級在籍の病気長欠児の困難・ニーズの実態と特別な教育的配慮の課題

表7-12 対応を行わなかった理由

	全体 n=17		小学校 n=7		中学校 n=10	
①必要がなかった	7	41.2%	5	71.4%	2	20.0%
②体制がとれなかった	1	5.9%	1	14.3%	0	0.0%
③状況がわからなかった	0	0.0%	0	0.0%	0	0.0%
④家庭の考え	0	0.0%	0	0.0%	0	0.0%
⑤その他	8	47.1%	1	14.3%	7	70.0%
⑥未記入	1	5.9%	0	0.0%	1	10.0%

【その他】小学校:「登校していない」1事例
中学校:「登校していない。登校しないまま卒業など」7事例

表7-13 学校の対応・援助への自己評価

	全体 n=86		小学校 n=63		中学校 n=23	
①適切	56	65.1%	38	60.3%	18	78.3%
②適切だが不十分	5	5.8%	4	6.3%	1	4.3%
③その他	6	7.0%	5	7.9%	1	4.3%
④詳細不明	8	9.3%	6	9.5%	2	8.7%
⑤未記入	11	12.8%	10	15.9%	1	4.3%

【その他】小学校:「家庭と学校の方針の不一致から登校させたくないという意識が強まった」「補習すると翌日休んでしまう」「親を説得しきれない」「主治医相談の促し」「家庭事情に踏み込めず」 中学校:「病院からお見舞いの許可えられず」

かった」5人(41.2%),「体制がとれなかった」1人(5.9%)となっており,「その他」8人(47.1%)は「転出した」1事例,「いまだに再登校していない」「長期欠席が続いている」7事例であった。対応を行わなかった理由として,体制上の厳しさより「必要がなかった」と判断したことをあげる回答が多く見られた。

2.9 学校の対応・援助への自己評価

上記のような学校の対応・援助に対する学校の自己評価は「適切」65.1%,

第7章　東京都内の公立小・中学校の養護教諭からみた病気長欠児の困難・ニーズ　175

「適切だが回数など不十分」5.8%であった（表7-13）。

2.10　医師との連携

　学校医と相談を行ったのは86事例のうち7人，それに対して学校医の関わりが「必要なかった」42人（48.8%），「主治医の判断があり必要ない」20人を合わせると62人（72.1%）であった（表7-14）。 主治医については「援助を受けた」20事例，それに学校が保護者を介して主治医からの情報を得ている11事例を加えると31事例（36.9%）が主治医との関係を有していたが（表7-15），その一方で「保護者の考えで主治医との相談ができなかった」など，主治医との連絡・相談が十分ではない事例や，そもそも全く主治医がいない事例もみられた。

2.11　学校外機関との連携・協働

　学校外機関と連携・協働した対応について質問したところ，一番多い回答

表7-14　学校医の対応・援助

	全体 n=86		小学校 n=63		中学校 n=23	
①援助を受けた	7	8.1%	4	6.3%	3	13.0%
②相談したが必要なアドバイスを得られない	2	2.3%	2	3.2%	0	0.0%
③相談したが家庭・本人が受け入れず	3	3.5%	2	3.2%	1	4.3%
④必要ない	42	48.8%	24	38.1%	7	30.4%
⑤主治医がおり必要ない	24	27.9%	16	25.4%	8	34.8%
⑥その他	5	5.8%	3	4.8%	2	8.7%
⑦詳細不明	2	2.3%	2	3.2%	0	0.0%
⑧未記入	15	17.4%	13	20.6%	2	8.7%

【その他】小学校：「なし」1事例，「保健婦と連携」1事例
中学校：「なし」1事例，「発病以来ずっと入院だった」1事例

176 第2部 通常学級在籍の病気長欠児の困難・ニーズの実態と特別な教育的配慮の課題

表7-15 主治医の対応・援助

	全体 n=86		小学校 n=63		中学校 n=23	
①援助を受けた	20	23.3%	17	27.0%	3	13.0%
②相談できる主治医はいない	11	12.8%	9	14.3%	5	21.7%
③保護者の考えで相談不可	4	4.7%	3	4.8%	1	4.3%
④主治医が多忙で連絡不可	2	2.3%	0	0.0%	2	8.7%
⑤主治医の判断が学校に受け入れられず	2	2.3%	1	1.6%	1	4.3%
⑥その他	17	19.8%	8	12.7%	6	26.1%
⑦詳細不明	9	10.5%	7	11.1%	2	8.7%
⑧未記入	11	12.8%	18	28.6%	3	13.0%

【その他】小学校：「受けていない」1事例，「保護者から聞く」7事例
中学校：「受けていない」2事例，「保護者から聞く」4事例

表7-16 学校外機関との連携・協働

	全体 n=86		小学校 n=63		中学校 n=23	
①連携・協働して対応	29	33.7%	22	34.9%	7	30.4%
②連携・協働できなかった	11	12.8%	10	15.9%	1	4.3%
③必要なかった	30	34.9%	19	30.2%	11	47.8%
④詳細不明	8	9.3%	7	11.1%	1	4.3%
⑤未記入	8	9.3%	5	7.9%	3	13.0%

連携・協働した学校外機関　小学校：病院医師，相談学級1，区教育センター5，都教育センター，適応指導教室1，児童相談所，児童相談所と民生委員，児童相談所と区のカウンセリング，カウンセラー2，発達センター，院内教育5　中学校：病院，教育センター，区の相談室，児童相談所と保健所，相談学級2，適応指導教室

は「必要なかった」30事例（39.4％）であった（表7-16）。一方，学校外機関と連携・協働して対応したという29事例（33.7％）では，区の教育相談や児童相談所，適応指導教室，院内学級などのほかに，医療・福祉の関係機関も挙げられていたが実際の件数は少なかった。

2.12　病弱教育機関との連携・協働

　病弱教育機関（病弱養護学校・健康学園〈東京都外に設置されている区立の病弱特殊学級〉・訪問教育・院内学級など）との連携・協働については，37事例（43.0%）が「必要なかった」と回答した（表7-17）。病弱教育機関を活用できなかった9事例（10.5%）では，その理由として「欠席が長期ではない」「家庭の理解が得られない」「子どもの実態に合わない」などが挙げられていた。

2.13　病気長欠の個別事例にみる対応・援助の検討

　ここでは質問紙に記載された状態像から病気長欠児問題の典型と考えられるいくつかの事例を取り上げ，病気長欠児への対応・援助の個別事例について検討を行う。

　回答された事例の中には，学校の配慮・ケアのもとに学校生活に復帰して

表7-17　病弱教育機関との連携・協働 （複数回答）

	全体 n=86		小学校 n=63		中学校 n=23	
①検討せず	47	54.7%	33	52.4%	14	60.9%
知らなかった	2	2.3%	0	0.0%	2	8.7%
必要なかった	37	43.0%	29	46.0%	8	34.8%
未記入	8	9.3%	4	6.3%	4	17.4%
②活用できず	9	10.5%	6	9.5%	3	13.0%
学籍移動するほど長期でない	3	3.5%	2	3.2%	1	4.3%
本人・家族の理解	6	7.0%	5	7.9%	1	4.3%
実態が合わない	2	2.3%	1	1.6%	1	4.3%
③詳細不明	5	5.8%	4	6.3%	1	4.3%
④その他	3	3.5%	3	4.8%	0	0.0%
⑤未記入	21	24.4%	17	27.0%	4	17.4%

【その他】院内学級利用3事例

178 第2部 通常学級在籍の病気長欠児の困難・ニーズの実態と特別な教育的配慮の課題

いった子どものほか，長期欠席に伴う諸問題を引きずっている子どもが見られ，子どもの状態と学校の対応を比較しながら検討した。

①白血病とてんかんのために小1・小2と断続的に休んでいたA児：保育園時に入院したが，現在，白血病は寛解。しかし学校で伝染病がはやると予防のため休み，また風邪を引くと長引く傾向があるほか，検査通院の欠席もある。入学前から学級担任・管理職・養護教諭・教育相談担当者でよく話し合ってきた。再登校後は学習の遅れが目立ったが，校内の特殊学級ではレベルが異なるため，校長が「学習の援助・補習」の個別指導を行っている。

②先天性広範囲腸管無神経節症のために小2で35日，小3で67日，小4で46日と欠席したB児：夜中に栄養補給の点滴をし，3年生までは人工肛門。学級担任と養護教諭が協力して，学習援助と友人との関係を重点にした指導を行っている。病弱教育の利用は必要なかったとみており，学校の対応は適切だったとする。

A児とB児の事例は，学級担任による病気長欠への配慮とそれを支える校内体制の様子が示されているが，病気長欠児の学習の空白や遅れに対する補償が弱く，その対応をより具体的，組織的にすすめる必要がある。

③中1から毎年長期にわたる連続した病気欠席がある中学生のC児：シックスクールが原因で登校できず，家庭内で過ごしている。学級担任・管理職・養護教諭で心理的サポートを中心に対応している。対応の方向は適切だが，回数などが不十分という評価。

④特殊学級在籍の中3で68日欠席したD児：白血病による入院。対応は担任教師が行ったが，発病から卒業まで入院のために，校医・主治医ともにとくに連携はとらなかった。病弱教育機関の活用も必要ではなく，学校の対応は適切と考えている。

C児とD児の事例は心理的対応・援助に重点が置かれているが，いずれも連続した長期的な学習空白が生じており，養護学校の訪問教育等の病弱教育機関の活用がなされるべき事例である。

⑤喘息のため，小2で95日，小3で85日，小4で97日の断続的欠席があったE児：本人の心理的問題，学習の遅れ，学習意欲の減退も要因。保護者自身が精神的に不安定で，理解してもらえない点がむずかしい。主治医との相談や教育相談も保護者が拒否。

第7章　東京都内の公立小・中学校の養護教諭からみた病気長欠児の困難・ニーズ　　179

⑥病気長欠で「適応障害」という診断名がついているF児：小5の1学期42日欠席，2学期より病院から通学。担任が本人への心理的サポートや友人関係に配慮した援助を行う。家庭の養育問題もあり，児童相談所との連携・協力を考えたが，踏み入ることができず。

⑦小3に84日断続的に欠席したG児：前籍校でも不登校。好きな教科だけ登校し，母親がぴったり机の横についている。病名は不明だが，心理的問題もあると考えられている。担任と管理職で対応していたが，養護教諭は前籍校での様子も，学校からの働きかけや校医・主治医との関わりも不明であるという。

　E児，F児，G児の事例は，保護者にも心理的問題や養育問題があり，学校が十分な対応・援助に踏み込めないでいる。前籍校で不登校の事例は転校後も不登校になるケースが少なくないが，G児のように，事例に関する学校間の申し送りがきわめて不十分な場合には，対応・援助をゼロから始めなければならない。

⑧小3から3年間の長期欠席と肥満をあわせもつH児：暴力的，支配的な母親のもと，兄姉も不登校。児童相談所・教育センター相談室の支援のもとに本人への心理的サポートを重視した取り組みを行い，また保健師に母親のフォローを依頼し，精神科医につなげた。「両親の養育態度に問題があり，母親の育ち直しから支援していく必要があったが」「学校での取り組みには限界」。

⑨小5で連続欠席が年間200日以上のI児：症状は頭痛・腹痛等の不定愁訴。長期欠席の要因として本人の心理的問題，父子家庭での養育問題もあるとされる。家庭訪問や電話には一切応じない。

⑩小2で49日，小3で64日，小4で74日（12月現在）と断続的欠席が毎年増加するJ児：頭痛・腹痛・発熱などの不調，心理的問題，友人がいない，夜更かしで朝起きられないなどが要因と考えられた。不登校気味の二人の姉と過ごす。担任が友人関係や保護者支援を重視して取り組んでいるが，家庭の考えで対応できない。登校すると遅れがちな学習の補習を行う。教育センターの援助が必要と考えられているが，実際には家庭の考えから活用できない。

　H児，I児，J児の事例は，保護者が養育・養護問題を有しているために，子どもを保護者から離して病弱教育機関（寄宿舎のある病弱養護学校，健康学園など）における専門的な対応・援助が不可欠であるが，保護者の考え方から学校が対応を進められないでいる。こうした事例に対して，H児にみられるように保健師などとの連携を図り，地域保健における対応の充実が不可欠に

なってくると考えられる。

Ⅲ. 考　察

　今回の調査結果では，年間30日以上の病気長欠児が「いない」という回答が7割前後を占め，病気長欠は多くの学校で日常的に生じている状態ではないと考えられる。しかし未記入・不明も多く，また病状の把握も「病名が確認されている」という回答は44.2%であり，「おおよそ把握」30.2%，「詳細不明」10.5%，未記入8.1%となっているなど，養護教諭あるいは学校側に病気長欠の実態が十分に把握されているとは言いがたい状況である。

　病気長欠は病気のほかに多様な要因を複合していることが指摘されているが，今回の調査で回答された事例においても，心理的問題・学習不振・学習意欲減退・家庭の考えなど病気以外の要因を併せもつものが46.6%と高い割合でみられる（表7-4）。

　病気長欠の判断理由として「保護者からの届け」を挙げた事例は76.7%であるが（表7-5），病気長欠中の様子として，本人のみならず家族の生活リズムの未確立や経済的事情など生活上の諸問題が記載されている事例も少なからずあり，長期欠席の要因についてのより的確で具体的な把握が求められているといえよう。

　学校の主たる対応者は担任教師であった。学校からの対応・援助の具体的な内容や頻度についてまちまちであった。「詳細不明」や未記入など養護教諭が十分に把握していない事例もみられた（表7-8〜表7-12）。また，学校医・主治医などの医療関係者と連携・協働した援助は不十分であった（表7-14，表7-15）。病弱教育専門機関など校外機関との連携が「必要なかった」という回答や，実際に連携できなかったという回答もみられた（表7-16）。

　30日以上の欠席のうち「断続的な欠席」は40.7%であった。現行の制度において病弱教育機関を利用するには学籍の移動が求められ，少なくとも1ヶ

月以上の入院・療養期間がおおよそのめやすとなっている。月数日の断続的な欠席が累積して結果的に30日以上になった場合には病弱教育制度の活用は難しい。また，院内教育等の絶対的な不足や利用条件の制約などから病弱教育制度は病気長欠児の困難・ニーズに応えるものには到底なっていない。養護教諭も病弱教育を認知していない実態が散見された。

　こうしたことから，病弱養護学校，院内教育，訪問教育などの多様な病弱教育専門機関の制度と役割・機能を明確にして，その拡充・整備を図ることが重要である。また，その専門性を生かし，通常学級における病気の子どもの教育を支援することも求められている。

　「家庭の考え方によって学校外機関と相談できなかった」という11事例のうち6事例の背景に家族の養護問題などが含まれている可能性を学校は察知してはいるが，保護者の届けにもとづいて病気長欠と処理するのに留まっている。しかしながら，学校からの対応を総合的にみて「適切であった」とする回答は65.1％であり，「適切だが不十分」という回答は5.8％のみであった（表7-13）。

　今回の調査結果では，義務教育でありながら病気長欠はやむを得ないこととされ，とりわけ病気長欠に伴う学習空白や学習の遅れに対する教育的対応や補償に関する認識はきわめて不十分であることがうかがえた。「2.13 病気長欠の個別事例にみる対応・援助の検討」でも明らかにしたように，実際には学校の対応・援助にもかかわらず長欠が改善されない事例も少なくなかった。6，7割の回答者が学校の対応・援助を「適切」とする自己評価が果たして妥当であるのか，また病気長欠に学校がどこまで責任を持つのか，学校が果たすべき役割・機能は何かなどについて，十分な検討が必要である。

　病気長欠問題を学習権保障の阻害・教育対応の中断ととらえ，子どもの成長・発達の上で放置できない問題であることを明確に認識する必要があるといえる。

　現状では，病気長欠児の実態把握と対応を学級担任が主に担っており，病

気長欠児の対応・援助に向けた学校内外の組織が確立していないという回答も多かった。学級担任が子どもの状況を把握し，実際の対応をすすめることは当然ではあるが，しかし担任だけでは子どもが必要とする配慮・援助を保障できない。学校が病気長欠の子どもの困難・ニーズを丁寧に把握し，関係専門機関と連携・協働しながら必要な配慮・援助に取り組むことが肝要である。

自由記述において「どんな理由であれ欠席しがちの児童がいる場合には，担任・管理職・養護教諭等ですぐに連絡を取り合っている。また全職員への報告もすぐに行われる」「病気か不登校かに限らず話し合う場としてブロック学年会がある」という記載が2件あったが，そこに示されているように，病気のみならず複合的な要因から長期欠席となっている子どもをかかえる学級担任を支え，必要に応じて学校外の専門機関と連携・協働していく校内体制を組織していく必要がある。

保護者・家族が養育・養護問題をかかえた事例ほど病気長欠問題の解決が難しく，病気長欠の原因を子どもや家庭に求める発想ではなく，一人ひとりの子どもが有する特別な教育的ニーズに立脚し，教育のみならず医療・福祉・心理・移行支援などの総合的，専門的なケア・サポートを構築するという視点が重要だと考える。

回収事例が少なく，質問紙法調査であったため，詳細な背景について十分把握することは困難であったが，病気長欠をめぐる実態の一端を見ることができたと考えられる。

さらに当事者・保護者の視点・経験にもとづいて病気長欠児の困難・ニーズと特別な教育的配慮をよりいっそう具体的に解明していく必要がある。

Ⅳ．おわりに

本調査の結果から，病気長欠は多くの学校で日常的に生じている状態では

ないが，未記入・不明も多く，養護教諭あるいは学校側に病気長欠の実態が十分に把握されているとは言いがたい状況であることが判明した。

回答された事例においても，心理的問題・学習不振など病気以外の要因を併せもつものが46.6％と高い割合でみられる。病気長欠の判断理由として「保護者からの届け」を挙げた事例は76.7％であるが，家族の生活リズムの未確立や経済的事情など生活上の諸問題が記載されている事例もあり，長期欠席の要因についてのより的確で具体的な把握が求められている。

学校医や主治医など医療関係者と連携・協働した援助は不十分であり，病弱教育専門機関など校外機関との連携の必要性を感じていない回答が目立った。現行の制度では，表7-2に示したような30日以上の欠席のうち40.7％を占める「断続的な欠席」に対する病弱教育制度の活用は難しい。通常教育としての問題意識と取り組みが求められているといえよう。

また，病弱教育を認知していない養護教諭が多かった。あらためて病弱養護学校，院内教育，訪問教育などの多様な病弱教育が果たす今日的な役割・機能を明確にして，通常学級における病気療養児の教育を支援することも求められている。

病気長欠に対する認識には，義務教育でありながら病気長欠はやむを得ないとする傾向が背景にあると考える。病気長欠問題を学習権保障の中断ととらえ，学校が病気長欠の子どもの困難・ニーズを丁寧に把握し，一人ひとりの子どもが有する特別な教育的ニーズに立脚し，教育のみならず医療・福祉・心理・移行支援などの総合的，専門的なケア・サポートを構築するという視点が重要である。

回収事例が少なく，質問紙法調査では十分な把握は困難であるが，以上の調査結果から病気長欠をめぐる実態の一端を見ることができたと考えられる。

［資料３］

「病気による長期欠席に関する実態調査」
（養護教諭用）調査票

調査Ⅰ（以下１～９）は，該当する事例がいない場合や詳細が不明の場合も，おわかりになる範囲で該当番号を選択，または必要事項をご記入の上，回収にご協力いただけますと幸いです。

1．学校種　　　　　　①小学校　　　　　②中学校
　　心障学級の設置　　①設置している　　②設置していない
2．児童・生徒在籍数（平成15年５月１日現在）
　　　①～100人　　②101～200人　　③201～300人　　④301～400人
　　　⑤401～500人　　⑥501～600人　　⑦601～700人　　⑧701人以上
3．記入してくださった先生の現在の学校における勤務年数
　　　①１年目　　②２年目　　③３年目　　④４年目　　⑤５年目　　⑥６年目
　　　⑦７年目　　⑧８年以上
4．過去３年間の「年間30日以上の病気による長期欠席」についてご回答ください。
　　過去３年間に学校基本調査に「病気による長期欠席」として報告した事例の有無

年度	2000年度	2001年度	2002年度
有無	①いた ②いない	①いた ②いない	①いた ②いない
人数	人	人	人

5．病気による長期欠席者の実態把握や対応について学級担任と相談する校内組織がありますか
　　・ない
　　・ある（具体的な名称や組織の構成など：　　　　　　　　　　　　　　　　）
　　また貴校において，病気による長期欠席の子どもの実態を一番把握している人はだれだと考えられますか
　　　①学級担任　　②養護教諭　　③教頭　　④上記の校内組織の教員
　　　⑤その他（　　　　　　　　　　　　　　　　　　　　　　　　）
6．不登校・保健室登校の児童生徒の実態把握や対応について学級担任と相談する組織がありますか

第7章　東京都内の公立小・中学校の養護教諭からみた病気長欠児の困難・ニーズ　185

・ない　　・ある（具体的な名称や組織の構成など：　　　　　　　　　）

7．近くに病弱教育専門機関がありますか

　①ある　　（○で囲んでください　）

　　・健康学園　　・病弱養護学校　　　・肢体不自由養護学校の訪問教育

　　・院内教育のある病院

　②ない　　③　不明

8．病気の子どもの教育について病弱教育専門機関との連絡・相談をしていますか。

　①している　　②していない　　③その他（　　　　　　　　　　　）

9．病気による長期欠席全般についてのご意見・感想などご記入ください（うらもご利用ください）。

調査Ⅱ．それぞれの長期欠席の児童・生徒の事例について次の質問項目について，該当する番号または記述をご記入ください。（事例が複数あり，回答用紙が不足する場合は恐れ入りますがコピーをしていただき，回答用紙に事例番号を記入してください）

事例番号（　　）回答用紙

1．欠席日数，2．学年，3．欠席状況，4．病類，5．病気以外の要因の有無について下の表に記入してください。

　4．と5．は下の番号，記号から該当するものを選んで記入してください。

	1. 欠席日数	2. 長期欠席があった年度の学年	在籍学級 （○で囲む）	3. 続けて休んでいたか，来たり休んだりだったか	4. 病類 番号選択	5. 病気以外の要因の有無 番号選択
2000年度	年間 　　日	小・中 　年	通常学級・ 心障学級	連続・断続・不明		
2001年度	年間 　　日	小・中 　年	通常学級・ 心障学級	連続・断続・不明		
2002年度	年間 　　日	小・中 　年	通常学級・ 心障学級	連続・断続・不明		

　4．病類（以下より番号を選択して上の表に記入してください。「その他」の場合は下の欄に記入してください）

　　①頭痛・腹痛・発熱などの不調

②病名がはっきりしている（確認されている病名　　　　　　　　）

③おおよその病類がわかっている（記号を選んでください。）

A．アトピー性疾患　　B．ぜんそく　　C．肥満　　D．骨折などの損傷
E．糖尿病などの内分泌疾患　　F．腎臓疾患　　G．心疾患・リウマチなど循環器系疾患　　H．血液疾患（血友病，紫斑病など）　　I．小児がん
J．潰瘍など消化器系疾患　　K．心身症　　L．精神疾患　　M．結核など感染症

④詳細不明

⑤その他（　　　　　　　　　　）

5．明らかな病気による長期欠席でしたか，あるいは病気以外に長期欠席とつながると思われる要因がありましたか（上の表に記入してください。その他は下の欄に記入してください）。

①明らかに病気による長期欠席だった　　②本人の心理的な問題
③学習不振・学習意欲の減退　　④家庭の考え　　⑤家庭の経済的事情
⑥詳細不明　　⑦その他（　　　　　　　　　　　　　　）

6．本人の病状・生活の様子　（わかる範囲でご記入ください）

①病状・生活（　　　　　　　　　　　　　　）

②不明

7．病気による長期欠席かどうかはどのように判断されましたか。（複数回答）

①保護者の届け　　②医師の診断書　　③本人の話・状態
④学校としての総合的判断　　⑤その他（　　　　　　）　　⑥詳細不明

8．長期欠席に際して，学校から本人・家庭に対して，どのような対応・援助がなされましたか（複数回答）

①お見舞い程度　　②配布物を定期的に届ける　　③配布物の郵送
④本人との電話　　⑤家庭や入院先へ訪問して本人と話す
⑥学習の進度の連絡と必要な教材の配布　　⑦学習の援助
⑧学級の児童・生徒との交流の工夫　　⑨保護者との面談
⑩医療面の相談・紹介　　⑪その他（　　　　　）　　⑫詳細不明

9．この事例の本人・家庭への援助においてとくに大切にしたことはなんですか。二つ選んでください。

①医療への専念　　②心理的サポート　　③学習への配慮　　④友人との関係
⑤保護者への援助　　⑥その他（　　　　　　　　　　）

10．（8．の対応）を主に行ったのはだれですか

第7章　東京都内の公立小・中学校の養護教諭からみた病気長欠児の困難・ニーズ　187

　　①学級担任　　②管理職　　③養護教諭　　④教育相談担当者
　　⑤スクールカウンセラー　　⑥その他（　　　　　　　）　　⑦詳細不明

11. 長期欠席になる前に学校からの対応・援助が行われましたか
　(1)①行った（具体的　　　　　　　　　　　　　　）　　②行わなかった
　　③詳細不明
　(2)(1)で「行わなかった」理由はなんですか。
　　①必要がなかった　　②体制がとれなかった　　③状況がわからなかった
　　④家庭の考え　　⑤その他（　　　　　　　）

12. 再登校をはじめた時期に学校からの対応・援助が行われましたか。
　(1)①行った（具体的に　　　　　　　　　　　　　）　　②行わなかった
　　③詳細不明
　(2)(1)で「行わなかった」理由はなんですか
　　①必要がなかった　　②体制がとれなかった　　③状況がわからなかった
　　④家庭の考え　　⑤その他（　　　　　　　）

13. 学校からの対応・援助は適切に行われていたと思われますか
　　①適切に行われた　　②適切だが回数などが不十分
　　③その他（　　　　　　　）　　④詳細不明

14. 医療面の配慮等について医師との連絡・相談ができましたか
　(1)学校医からの援助・アドバイスを受けましたか
　　①受けた　　②相談したが必要なアドバイスが得られなかった
　　③相談したが家庭・本人が受け入れなかった
　　④学校医との関わりが必要な状態ではなかった
　　⑤主治医の判断があり必要ない　　⑥詳細不明　　⑦その他（　　　　　　　）
　(2)主治医からの援助・アドバイスを受けましたか
　　①受けた　　②相談できる主治医はいなかった
　　③保護者の考えで主治医との相談ができなかった
　　④主治医が忙しく連絡がとれなかった
　　⑤主治医と学校の考えが食い違って実際の学校生活に生かせなかった
　　⑥詳細不明　　⑦その他（　　　　　　　）

15. 学校以外の機関との連携・協力が必要でしたか。また実際に連携した場合は機関
　　名等をご記入ください
　　①必要だったので連携して対応した（具体的に連携した機関　　　　　）
　　②必要だったが実際には連携できなかった（必要と思われた機関　　　　　）

188 第2部 通常学級在籍の病気長欠児の困難・ニーズの実態と特別な教育的配慮の課題

　　③必要ではなかった　　④詳細不明

16. 病弱教育専門機関（病弱養護学校・健康学園・訪問教育・院内教育）の活用について検討されましたか。その理由は，該当する番号に○をつけてください。

　⑴検討しなかった　　その理由　①知らなかった　　②必要がなかった

　⑵検討したが活用できなかった

　　　その理由　①学籍を移すほど長期ではなかった

　　　　　　　　②本人・家庭の理解が得られなかった

　　　　　　　　③病弱教育の制度・実態が合わない

　⑶詳細不明

17. その他，この事例に対する援助をすすめる上でむずかしかった点や，事例に関連する特徴的な事項やご意見などがございましたら，お書きください。

第8章　東京都内の公立小・中学校の学級担任からみた病気長欠児の困難・ニーズ

I. はじめに

　本章では，東京都内の公立小・中学校において2000年度から2003年度の4年間に年間30日以上の病気長欠児を担任した経験をもつ教員を対象に「病気長欠児の学校生活に関する実態調査」を実施し，学級担任からみた病気長欠児の学校生活における困難・ニーズの実態を明らかにし，特別な教育的配慮のあり方を検討する。

　調査の方法は以下のとおりである。

調査対象：調査への協力を得られた東京都内の10区（世田谷・杉並・渋谷・目黒・港・中野・墨田・江東・中央・千代田区）および3市（日野・八王子・武蔵野市）の公立小学校418校・公立中学校212校，合計630校の病気長欠児を担任した経験をもつ教員。

調査方法：郵送による質問紙法調査。

調査期間：2004年9月20日〜10月20日。

調査用紙の回収：630通発送，125通回収（回収率：19.8％，小学校：87通20.6％，中学校：38通17.9％）。44校から回答された病気長欠児52事例を入手（小学生31人，中学生21人；通常学級在籍49人，小学校・中学校心身障害学級在籍各1人）。

調査の項目：2000年度から2003年度の4年間における病気長欠児の事例について「年度別長欠日数」「欠席状態（連続・断続）」「病名・病類」「病気長欠の要因」「病気長欠と判断した根拠」「長欠前の状態と援助」「学校の相談・援助体制」「長欠中の医療」「長欠中の学習状況」「長欠中の交友関係」「保護

190　第2部　通常学級在籍の病気長欠児の困難・ニーズの実態と特別な教育的配慮の課題

者の長欠児への対応」「長欠児本人とのコミュニケーション」「長欠児への学習援助・配慮」「クラスの友人との交流の工夫」「保護者への連絡・援助」「学校医・主治医との連絡・相談」「教育機関以外との連携」「病弱教育専門機関の活用」「長期欠席期間以降の経過」「自由意見」の20項目を設けた（質問紙調査票は章末の資料を参照）。

　回答された125通のうち該当する病気長児がいないという回答が81校占め，事例が報告されたのは44校52事例であった。病気長欠の全貌を明らかにするには不十分であるが，学級担任からみた病気長欠児の実態をうかがい知る資料として分析を行う。

Ⅱ．調査の結果

2.1　欠席と病気の状態

2.1.1　欠席状態

　4年間における各事例の欠席日数は，年間30日から全日まで幅があり，小学校では最少30日から最多全日まで，中学校では最少60日から最多全日までの事例が見られた。

　病状等により年度毎の日数変動が顕著な事例もあるが，4年間ほぼ同程度の長期欠席が続くものや，全く出席がないまま卒業しているものなど，欠席日数・状況は多様であった。欠席日数・状況から，健康状態のみならず生活・学習・心理などにおいて多様な困難・ニーズがあると推定された。

　記載された欠席日数をもとに整理すると表8-1のようになる。100日以上の欠席日数があった中学生10事例は，すべて欠席が連続している状態であった。中学生では欠席が長期化している事例が多く，小学生では100日未満の欠席事例が多く見られた。

　欠席日数が年間200日以上の事例はいずれも年度を越えて長欠が続いてい

第8章　東京都内の公立小・中学校の学級担任からみた病気長欠児の困難・ニーズ　　191

表8-1　欠席日数と欠席状態（連続・断続）

		小学校31事例			中学校21事例			計
50日未満	6	連続	3	1	連続	0		7
		断続	3		断続	1		
		未記入	0		未記入	0		
50日以上100日未満	9	連続	3	1	連続	0		10
		断続	5		断続	1		
		未記入	1		未記入	0		
100日以上200日未満	4	連続	2	3	連続	3		7
		断続	1		断続	0		
		未記入	1		未記入	0		
200日以上	4	連続	4	7	連続	7		11
		断続	0		断続	0		
		未記入	0		未記入	0		
記入不備	6			3				9
未記入	2			6				8

た。中学生7事例全員が3年間にわたって長欠となっており，小学生は4年間続く事例が4事例（小2から小5が3事例，小3から小6が1事例）となっていた。

2.1.2　病気の状態

　学級担任からみた個々の子どもの病気・病状把握は，「頭痛・腹痛・発熱などの不調」13名（小学生10名，中学生3名），「病名がはっきりしている」19事例（小学生13名，中学生6名），「おおよその病類がわかっている」13名（小学生5名，中学生8名）となっていた。そのほか，「詳細不明」4事例（小学生1名，中学生3名），未記入が3事例（小学生2名，中学生1名）であった（表8-2）。

192　第2部　通常学級在籍の病気長欠児の困難・ニーズの実態と特別な教育的配慮の課題

表8-2　欠席原因となった病状の把握

病状の把握	全体 n=52	小学生 n=31	中学生 n=21
①頭痛・腹痛・発熱などの不調	13	10	3
②病名がはっきりしている	19	13	6
③凡その病類がわかっている	13	5	8
④詳細不明	4	1	3
⑤その他	0	0	0
未記入	3	2	1

②で回答された具体的病名
　（小学生）腎臓病2名，喘息4名，小児白血病，リンパ性白血病，化学物質過敏症，睡眠障害，
　　　　　　筋ジストロフィー，ADHD，アスペルガー症候群，脳腫瘍，足の骨の病気，原発性
　　　　　　肺高血圧症
　（中学生）ネフローゼ，脳梗塞・肝臓病，小児うつ病，糖尿病，全身性エリテマトーデス
③で回答された具体的病名
　（小学生）喘息，心疾患，小児がん2名，血液疾患
　（中学生）アトピー性疾患，喘息2名，肥満，心身症3名，精神疾患

　「頭痛・腹痛・発熱などの不調」という事例が小学生に多く見られる一方，
学校に病名が明らかにされている事例も小学生に多く見られた。年齢が低い
段階での症状の出方や，健康管理に対する保護者と学校の密な連絡状況が反
映しているものと考えられた。

　病状と欠席状況を整理したものが表8-3，表8-4である。「頭痛・腹痛・発
熱などの不調」という事例では欠席日数が比較的少ないのに対し，「はっき
りした病名が把握されている」事例や「おおよその病類が把握されている」
事例の方が，欠席が長期化している傾向が見られた。また「はっきりした病
名が把握されている」事例では50日以上100日未満という事例が多くなって
いた。

2.1.3　病気長欠と判断した根拠

　病気長欠と学校が判断した根拠として，「保護者の届け」のみを挙げた回
答が32事例（小学生19名，中学生13名）と一番多く，医師の診断書が提出され

第8章　東京都内の公立小・中学校の学級担任からみた病気長欠児の困難・ニーズ　　193

表8-3　欠席日数と病状の把握

（小学生31名）

病　状	不　調	明確な病名	凡その把握	不　明	その他	未記入	合　計
50日未満	4	1	0	0	0	1	6
50日以上 100日未満	2	5	1	0	0	1	9
100日以上 200日未満	2	1	1	0	0	0	4
200日以上	1	2	1	0	0	0	4
記入不備 未記入	1	4	2	1	0	0	8
合　計	10	13	5	1	0	2	31

表8-4　欠席日数と病状の把握

（中学生21名）

病　状	不　調	明確な病名	凡その把握	不　明	その他	未記入	合　計
50日未満	0	0	1	0	0	0	1
50日以上 100日未満	0	1	0	0	0	0	1
100日以上 200日未満	0	1	2	0	0	0	3
200日以上	1	2	2	1	0	1	7
記入不備 未記入	2	2	3	2	0	0	9
合　計	3	6	8	3	0	1	21

ているのは14事例であった（表8-5）。

　病状把握について「詳細不明」と記載されていた4事例はいずれも保護者の届けに基づき病気長欠と判断されているなど，病気長欠と判断する上で，多くの場合，保護者の届けが主たる根拠になっていたが，健康・生活実態の適切な把握とはなりえていない状況が見られた。

194 第2部 通常学級在籍の病気長欠児の困難・ニーズの実態と特別な教育的配慮の課題

表8-5 病気長欠と判断した理由

	全体 n=52	小学生 n=31	中学生 n=21
①保護者の届け	28	17	11
②医師の診断書	16	9	7
③本人の話・状態	2	0	2
④学校としての総合判断	3	2	1
⑤その他	2	2	0
未記入	8	3	5

その他：小学生2名「入院」

表8-6 長期欠席中の治療状況

病状の把握	全体 n=52	小学生 n=31	中学生 n=21
①必要な治療が行われていた	28	19	11
②必要な治療を受けていなかった	5	0	5
③医療が必要な状態ではなかった	5	4	1
④詳細不明	6	3	3
⑤その他	0	0	0
未記入	4	3	1

2.2 長期欠席中の治療状況

　「必要な治療を受けていた」と見られていたのは28事例であった。中学生では「必要な治療を受けていなかった」という事例が5名あり、「医療が必要な状態ではなかった」事例は小学生4名・中学生1名、治療について「詳細不明」という事例は小学生3名、中学生3名見られた（表8-6）。

　学校側の病状把握の状態と比較してみると、「病名がはっきりしている」（以下、「明確な病名」）群では「治療を受けていなかった」という回答はなかったが、「頭痛・腹痛・発熱等の不調」（以下、「不調」）群や「おおよその病

第8章　東京都内の公立小・中学校の学級担任からみた病気長欠児の困難・ニーズ　　195

表8-7　療養状態　　　　　　　　　　　　　　　　　　（複数回答）

	全体 n=52	小学生 n=31	中学生 n=21
①ほとんど入院	9	5	4
②入退院を繰り返していた	5	3	2
③家で過ごしていた	28	16	12
④詳細不明	6	3	3
⑤その他	0	0	0
未記入	6	4	2

類がわかっている」（以下，「おおよその把握」）群では「必要な治療を受けて
いた」という回答はそれぞれ50%でしかなかった。

　また療養状態では「ほとんど入院」「入退院の繰り返し」という事例が14
名なのに対し，「家庭で過ごしていた」事例が28名を占めていた。「明確な病
名」群19名では約半数の9名が家庭で過ごしており，「不調」群13名では9
事例が家庭で過ごし，「おおよその把握」群13名では入院という事例は全く
回答されていなかった。回答された病気長欠児の多くは，家庭で過ごしてお
り，家庭との連携・家庭での状況の把握にもとづき，家庭での療養・欠席状
況への援助が必要であると考えられた（表8-7）。

2.3　病気以外の要因の有無

　長期欠席の理由として，「病気以外の要因がある」と回答された事例は34
名（小学生15名，中学生19名）であった（表8-8）。中学生において，いずれの
要因も回答されている割合が高くなっていた（表8-9）。病状との関係でみる
と，「明確な病名」群に比べ，「不調」「おおよその把握」群では，「本人の心
理的問題「家庭の事情」をあわせもつと判断されている割合が高かった。ま
た「おおよその把握」群では「友人関係」が要因となっていると見られてい
る事例が多くみられた（表8-10）。

196　第２部　通常学級在籍の病気長欠児の困難・ニーズの実態と特別な教育的配慮の課題

表8-8　病気以外の要因の有無

病状の把握状態	病気以外の要因があった30事例		
	全体 n＝30	小学生 n＝15	中学生 n＝15
①頭痛・腹痛・発熱などの不調13名中	12	9	3
②病名がはっきりしている19名中	5	2	3
③凡その病類がわかっている13名中	9	3	6
④詳細不明４名中	3	1	2

表8-9　病気以外の要因の内容 　　　　　　　　　　　　　（複数回答）

	全体 n=30	小学生 n=15	中学生 n=15
①本人の心理的問題	20	10	10
②友人関係	10	5	5
③学習不振・学習意欲の減退	3	1	2
④本人の障害	0	0	0
⑤家庭の事情	16	8	8
詳細不明	3	2	1
未記入	18	13	5

未記入者のうち病状把握（表8-2）は小学生①１　　②８　　③２　　未記入２
　　　　　　　　　　　　　　　　　中学生②２　　③１　　④２

表8-10　病状別に見た病気以外の要因 　　　　　　　　　（複数回答）

病状の把握	心理的問題	友人関係	学習不振	障　害	家庭事情	未記入
①頭痛・腹痛・発熱などの不調	8	3	2	0	6	1
②病名がはっきりしている	3	0	1	0	2	10
③凡その病類がわかっている	9	6	0	0	4	3
④詳細不明	1	1	0	0	3	2
⑤その他	0	0	0	0	0	0

2.4 学級担任とのコミュニケーション

担任教師の多くは訪問，手紙，電話などを使って連絡を試み，51事例中28事例（小学生17名，中学生11名）については，子どもとのコミュニケーションが「とれていた」とされていたが，「とろうとしたが不十分」とする回答が20事例（小学生13事例，中学生7事例）あったほか，「全くとっていない」とする回答が中学生3事例であった（表8-11）。

「不調」群や「明確な病名」群と比べて「おおよその把握」群では，「コミュニケーションがとれていた」とする回答の割合が低く，「不十分」という回答や未記入が多かった。また「おおよその把握」群は「不調」群，「明確な病名」群と比べ，回答されたコミュニケーションの方法の種類も少なく未記入が多かった。

子どもとのコミュニケーションを「とろうとしたが不十分」「全くとっていない」とする23事例において，学級担任が「特別な配慮は必要ない」と考えている回答はなかった（表8-12）。コミュニケーションがとれない理由として，「教員の指導体制に余裕がない」という問題を挙げた回答が2事例，「本人の病状」1名，「入院」1名であるのに対し，「本人が希望しない」という回答が8事例，「保護者が希望しない」という回答が6事例見られた。また，「電話が不通」2名という回答があった。

中学生では「本人が希望しない」と「保護者が希望しない」と重複してい

表8-11　担任と病気長欠児とのコミュニケーション　　（複数回答）

	全体 n=52	小学生 n=31	中学生 n=21
①とれていた	28	17	11
②不十分	20	13	7
③まったくとっていない	3	0	3
詳細不明	1	1	0

表8-12　コミュニケーションが「不十分」「全くとっていない」と回答した理由

	全体 n=23	小学生 n=13	中学生 n=10
①指導体制に余裕がない	2	2	0
②本人が希望しない	8	3	5
③保護者が希望しない	6	2	4
④特別の配慮は必要ない	0	0	0
⑤その他	4	4	0
詳細不明	2	1	1

その他：病状1名，入院1名，電話が不通2名

表8-13　学習への援助と配慮

	全体 n=52	小学生 n=31	中学生 n=21
①必要に応じて行った	28	18	10
②不十分だった	15	7	8
③まったく行っていない	8	5	3

る事例が5人中4事例となって，担任教師からのコミュニケーションがとりにくくなっていた。教師の側が連絡・コミュニケーションの必要を感じてはいるが，本人・保護者が受け入れず，実際の関わりが持てていない状況が見られた。

2.5　学習援助

　実際に「（学習援助を）行った」という回答は，小学校18事例，中学校10事例であった（表8-13）。また「学習に問題はない」が「学習援助を行った」という小学校5事例，中学校3事例がみられた（表8-14，表8-15）。逆に「援助が必要」とみられていた小学生11名のうちの2名，中学生12名のうちの7名は「不十分」と評価され，中学校1事例は「全く援助を行っていない」と回答されていた。

第8章　東京都内の公立小・中学校の学級担任からみた病気長欠児の困難・ニーズ　　199

表8-14　学習援助の必要性と実際の学習援助の状況（小学生）

	必要 n=11	必要ではない n=10	詳細不明 n=5
①必要に応じて行った	7	5	1
②不十分だった	2	2	2
③まったく行っていない	0	0	2

表8-15　学習援助の必要性と実際の学習援助の状況（中学生）

	必要 n=12	必要ではない n=5	詳細不明 n=3
①必要に応じて行った	4	3	2
②不十分だった	7	0	1
③まったく行っていない	1	2	0

　さらに援助の必要性について「詳細不明」と回答された事例に対して，援助を行っている場合もみられた。さらに学習援助を「全く行っていない」という小学生3名，中学生2名の児童生徒の欠席状況は，小学生では50日未満1名，200日以上2名であり，中学生では100日未満と100日以上200日未満それぞれ1名となっており，欠席日数が少なくない事例が含まれていた。

　学習援助の必要性や援助の実際について，担任の判断と実施状況が一致していなっている事例があることから，必要性の判断や学習援助の具体的な内容・方法などについて子どもの立場から吟味が必要と考えられた。

　実際に行われた学習援助の内容では，「学習の遅れに対する補習」も11事例回答されていたが「進度の連絡・教材を届ける」が20事例と多くみられた（表8-16）。援助が実施された事例について病状別に比較すると，「不調」群への援助は13人中12事例，「明確な病名」群は19人中13事例であるのに対し，「おおよその病類」群では13人中5事例にとどまっていた。

　表8-17で「学習援助が不十分」「全く行わなかった」と回答された23事例は，その理由として「指導体制に余裕がなかった」ことより「保護者が希望しなかった」「本人が希望しなかった」ことを挙げる回答が多く見られた。

200　　第2部　通常学級在籍の病気長欠児の困難・ニーズの実態と特別な教育的配慮の課題

表8-16　学習援助・配慮の内容　　　　　　　　　　（複数回答）

	全体　n=52	小学生　n=31	中学生　n=21
①進度を連絡し教材を届けた	20	12	8
②子どもの質問への応答	5	3	2
③学習課題の提示とチェック	4	2	2
④学習の遅れに対する補習	11	8	3
⑤その他	2	2	0

表8-17　学習援助を「不十分」「全く行っていない」理由　　（複数回答）

	全体　n=23	小学生　n=12	中学生　n=11
①指導体制に余裕がなかった	3	3	0
②本人が希望しなかった	4	1	3
③保護者が希望しなかった	12	5	7
④特別な配慮は必要なかった	0	0	0
⑤その他	3	2	1

その他　小学生：「治療第一」2名，「欠席中は連絡がとれない」　中学生：「治療第一」

病状別に比較すると，とくに「凡その病類」群の事例でその傾向が顕著だった。

2.6　長期欠席後の健康状態と生活の様子

　長期欠席が改善され，登校を再開した24事例の中で，その後の経過に「特に問題はなかった」と回答された事例は19事例（小学生15名，中学生4名），「休みがちだが登校していた」事例は5名（小学生3名，中学生1名）であった（表8-18）。

　全く問題が残っていない，特別の援助は必要ないという事例が多いが，登校後に様々な不安定さが生じていた事例に対して，学校からの理解や配慮がみられた。

第 8 章　東京都内の公立小・中学校の学級担任からみた病気長欠児の困難・ニーズ　　201

表8-18　登校再開後の様子

	全体 n=52	小学生 n=31	中学生 n=21
登校を再開し特に問題はなかった	19	15	4
休みがちだが登校していた	4	3	1
長欠は改善されなかった	24	9	15
転校・卒業し詳細不明	3	2	1
その他	2	2	0

その他　死亡　家庭の事情

　「長期欠席は改善されていない」24名は小学生9名，中学生15名であった。また転校・卒業によりその後の経過がわからないという小学生2事例，中学生1事例が回答されていた。中学生の欠席が長期化し，長期化した欠席の改善がむずかしい状況がうかがえた。

　相対的に短期とみられる欠席日数50日未満の7事例（小学生6名，中学生1名）をみると，小学生4名は登校を再開していたが，小学生2名と中学生1名の長期欠席は改善されていないことが回答されており，これらの事例は病気以外に，友人関係や家庭の事情，学習の遅れなどが重なっていた。欠席日数の多少だけではなく，困難の背景になっている要因を含めて対応していく必要がある。

　登校が再開された事例について病状別にみると，「明確な病名」群19名のうち13名が再登校後の経過が良好であったのに対し，「不調」群は13名のうち4名，「凡その把握」群は13名のうち2名に留まっていた。長期欠席が改善されていない事例についてその病状をみると「不調」群では4名，「明確な病名」群で6名に対し，「凡その把握」群では9名となっていた。長期欠席が改善されていない事例のほとんどは，病気のほか「心理的な理由」「友人関係」「家庭の事情」などがあるとみられていた。

　また転校・卒業で経過が不明である3事例や，内容が示されていない「その他」2事例も見られ，登校再開後の経過は明確に把握されていない事例が

あることがうかがえる。

　長欠児童・生徒自身が転校・卒業し，その後の経過が把握されていない事例のほか，担任教師自身の異動のため，経過がわからないという記載が添えられている事例も見られた。しかし同じく異動した別の教師からは，家庭の養育問題がある病気長欠児について，祖母宅から通える学校に転校したが，転校先との引継ぎを十分に行い，経過も良好であることを確認しているという回答も見られた。学校としての経過のフォローや適切な引継ぎが必要になっている。

2.7　支援の校内体制と校外機関との連携

2.7.1　中心となるべき援助者

　病気長欠児に対して中心となるべき援助者はだれかという質問について，「学級担任」と回答した教員は小学校では22名，中学校では16名であった。その内，学級担任以外を含む複数の職種を回答した教員は小学校7名，中学校3名であった。学級担任の役割という認識が強いことが明らかになったほか，学級担任のみの対応を想定している教員も多いのではないかと考えられた（表8-19）。

表8-19　援助の中心となるべき職種　　（複数回答）

	全体 n=52	小学生 n=31	中学生 n=21
学級担任	38	22	16
管理職	7	5	2
養護教諭	8	5	3
教育相談担当者	5	4	1
スクールカウンセラー	3	1	2
その他	1	1	0
未記入	4	2	2

その他：特別支援教育コーディネーター

第8章　東京都内の公立小・中学校の学級担任からみた病気長欠児の困難・ニーズ　　203

健康・医療に関わる専門性から「養護教諭」をあげた教員が8名となっていたのに対し，「管理職」を挙げた教員が7名みられた。実際の指導経過で，保護者との共通理解がむずかしく学校からの対応が必要な場合に教頭が中心になって働きかけていった事例もみられ，管理職の役割が要請されているとみられた。

2.7.2　校内組織の有無と連携

表8-20のように，病気長欠児について相談する校内組織の有無について「ある」という回答は小学校15校，中学校16校，「ない」が小学校12校，中学校4校となっていた。具体的な組織として，生活指導・教育相談関係の校内分掌の場などが回答されていた。

また「養護教諭との連携を行った」という回答は38事例（小学校22事例・中学校16事例）であったが，「連携が十分ではなかった」7事例（小学生3名・中学生4名）「行わなかった」3事例（小学生3名）という回答も見られた。

「明確な病名」群では全事例について「養護教諭との連携を行った」と回答され，「不調」群も13名のうち11事例が連携を図っていたと回答されていたが，「凡その把握」群では13名のうち「連携がなされた」のは5名のみであり，半数の事例に対しては「不十分」と評価されていた。連携の内容とし

表8-20　校内委員会の有無

	全体 n=52	小学生 n=31	中学生 n=21
ある	31	15	16
ない	16	12	4
未記入	5	4	1

【小学校】　教育相談・教育相談委員会・教育相談部会8名，生活指導部2名，生活指導全体会1名，スクールカウンセラー1名
【中学校】　教育相談推進委員会2名，教育相談連絡会，生活指導部・教育相談，学年会・運営委員会・生活指導部，カウンセラー活用委員会，教育相談担当6名，管理職・養護教諭・担任，生活福祉課・児童相談所

ては，医療的な情報・保護者や子どもへの対応についてのアドバイス・保護者との話し合いへの協力を通じて，担任の対応を援助する形が大多数であった。

「養護教諭との連携を図る場」として「校務分掌の会議の場」を挙げる回答が小学校10事例，中学校14事例，「個別の話し合い」が小学校17事例，中学校7事例となっており，「学年会に養護教諭が参加して話す」という形は皆無であった。

中心となるべき職種として学級担任が高い割合で回答され，校内における相談相手として養護教諭と連携している学級担任が多く，校内委員会の存在も回答されていたが，学級担任の理解・認識によってこうしたシステムや他職種との連携が左右されることがうかがえた。実際の問題解決にどのように機能したのかについてはさらに検討が必要である。

2.7.3　校外機関との連携

校外機関と連携した実践は12事例（小学校5事例，中学校7事例），「必要だが連携できなかった」9事例（小学校4事例，中学校5事例），「必要ない」という回答は23事例（小学校18事例，中学校5事例）にのぼっていた（表8-21）。

「校外機関と連携した」とされる事例は，小学校の5事例のうち4名は病

表8-21　校外専門機関の活用

	全体 n=52	小学生 n=31	中学生 n=21
必要であり連携して対応	12	5	7
必要だが実際には連携できなかった	9	4	5
必要ない	23	18	5
未記入	8	4	4

記載された具体的機関
小学生：健康学園（都外に設置された区立病弱学級），梅ヶ丘病院（小児専門の精神科），市教委・区の教育相談，進学先の学校，カウンセラーのスーパーバイズ
中学生：通級指導学級，児童相談所2事例，区の教育相談・教育センター2事例，保健所

第 8 章　東京都内の公立小・中学校の学級担任からみた病気長欠児の困難・ニーズ　205

気以外に「家庭の事情」があり，「心理的問題」や「友人関係」のトラブル
が影響している事例であった。同様に中学生 7 事例のうち 4 事例が「家庭の
事情」があり，他の事例も「心理的問題」「友人関係」「学習の問題」などを
かかえていた。

2.7.4　病弱教育機関との連携

　病弱教育機関と連携して解決を図ったという回答も13事例（小学校 8 名，
中学校 5 名）見られたが，「検討したが活用できなかった」8 事例（小学校 4 名，
中学校 4 名）や「検討しなかった」23事例（小学校14事例，中学校 9 事例）が見
られた（表8-22）。

　「活用した」事例では，小学生 5 名・中学生 2 名が院内学級，家庭事情が
ある小学生 1 名が都立病弱養護学校，2 名が区立病弱養護学校を利用してい
た。医療機関や通級指導学級という回答もみられ，病弱教育制度のわかりに
くさや校外機関についての情報不足があるものと考えられた。

　「検討したが活用できなかった」理由として，小学校 2 事例，中学校 1 事
例では「長期ではなかった」が回答されていた。「保護者が希望しなかった」
をあげた回答が小学生 2 事例，中学校 5 事例見られたほか，「本人が希望し
なかった」という回答も小学校 1 事例，中学校 2 事例見られた（表8-23）。

　活用について「検討しなかった」という事例では「必要がなかった」とい
う回答が小学生15事例，中学生 2 事例であったが，保護者や本人が希望しな

表8-22　病弱教育専門機関の活用

	全体 n=52	小学生 n=31	中学生 n=21
検討し実際に活用	13	8	5
検討したが活用できなかった	8	4	4
検討していない	24	15	9

小学生：区立健康学園，区立病弱養護学校，区・市立院内学級 5 事例，都立病弱養護学校 3 事例
中学生：区立院内学級，都立病弱養護学校

206　第2部　通常学級在籍の病気長欠児の困難・ニーズの実態と特別な教育的配慮の課題

表8-23　活用できなかった理由

（複数回答）

	全体 n＝8	小学生 n＝4	中学生 n＝4
学籍を移すほど長期の欠席ではない	3	2	1
保護者が希望しない	7	2	5
本人が希望しない	3	1	2
病弱教育制度が本人の条件に合わない	0	0	0
その他	0	0	0

表8-24　検討しなかった理由

	全体 n＝24	小学生 n＝15	中学生 n＝9
制度を知らなかった	1	1	0
必要がなかった	17	14	3
その他	2	0	2
未記入	4	0	4

その他：「健康学園は小学校のみ受け入れで利用できなかった」「精神的な長欠だった」

かったという回答が散見される一方，欠席が長引いて学習面をはじめ支援が必要と見られる事例も含まれていた（表8-24）。

　また教師が「制度を知らなかった」という理由を回答したのは小学生1名の事例のみであったが，記載された経過から学校側が病弱教育についての情報や理解を十分持っておらず検討されていないとみられる事例もあった。必要性の判断のために，適切な情報提供や相談などがどの程度行われていたのか，さらに見ていく必要がある。

　病気長欠問題の解決において病弱教育機関が担いうる役割を明確化し，病気療養児の今日の課題に即した病弱教育の場の条件整備，本人・保護者への情報提供と共通理解は，欠くことができない前提であると考えられる。

Ⅲ. 考　察

　担任調査で回答されたのは，44校52事例という少ない事例数ではあったが，そのなかにおいても回答された欠席日数は年間30日から全日まで様々であり，とくに中学生において長期化し，しかも年度をこえて長期欠席が続いている事例が見られた。

　病状の把握では，「病名がはっきりしている」という事例は52名中19名であり，「頭痛・腹痛・発熱などの不調」「おおよそ把握」がそれぞれ13名のほか「詳細不明」4事例，未記入2事例などがみられた。こうした傾向は前章の養護教諭を対象にして実施した調査結果でもみられ，病気長欠の実態は学級担任においても十分に把握されているとはいいがたい状況にあった。基本的に保護者の届けや子どもの話から判断せざるをえない病気長欠という分類そのものがもつ問題でもあると考えられた。

　以上のような欠席日数の多様さ，中学生の欠席状態の深刻化，病状の多様性という三つの傾向に着目し，これらが病気長欠児の困難・ニーズとどのように関連しているかという視点で調査結果の分析を行った。

　病状という点から欠席日数をみると「不調」群は比較的少ない欠席日数の事例が見られ，「明確な病名」群や「凡その把握」群の事例で欠席が長期化している傾向がみられた。

　しかし登校を再開した事例では，「明確な病名」群の登校再開後の経過が良好であるのに対し，「不調」群や「凡その把握」群の経過は良好とはいえない事例が多くみられた。またスムーズに登校が開始されたとみられる事例でも，実際には様々な不安定さが生じており，登校再開後の配慮が必要であると考えられる。

　筆者らは病気長欠が多様な要因を複合していることをこれまでに実施した調査で明らかにしてきたが（猪狩・高橋：2001c，2001d），今回の調査でも心理

的問題・友人関係・学習不振・学習意欲減退・家庭の事情など病気以外の要因を併せ持つものが52名中34名と高い割合でみられた。

　病状との関係では，「明確な病名」群よりも「不調」群や「凡その病類がわかっている」群で病気以外の要因があるとみられている割合が高く，また中学生の事例において病気以外の要因が複合している傾向が見られた。

　また「家庭の事情」が強い事例ほど学級担任が実態をつかめず，踏み込んだ対応が行えていないなど，養護教諭調査で明らかになった「保護者・家族が養育・養護問題をかかえた事例ほど病気長欠の解決が難しい」という状況がみられた。明らかに家庭での対応に問題がある事例については担任も一定認識しており，場合によっては校外機関の活用も図られていたが，心理的問題・友人関係のつまずきをかかえている多くの事例でも，学校生活の再開や他機関の利用はスムーズだとはいいがたく，改善の糸口がつかみにくい状況がみられた。

　「入院」「入退院を繰り返す」という事例は14名であるのに対し，家庭で過ごしている事例は28名であった。大半の病気長欠児は家庭を居場所にしている。そのため，医療の必要性からの欠席というより，諸条件が複合して学校に登校できない状況にあると考えられ，家庭生活での困難・ニーズに着目した工夫・改善が求められている。

　学習上の問題をかかえているとみられている者が少なくなかったが，「学習の問題はないが必要に応じて学習援助を行った」という回答がある一方，援助の必要性が認識されながらも実際には対応がなされていない事例や，欠席が長期化しても対応は不必要と判断されている事例など，学習援助の必要性の判断と具体的対応が一致しない事例がみられた。

　また，援助内容は「学習の進度の連絡や教材を届ける」がほとんどであった。学習の遅れや本人の意欲のなさが顕著な問題点となったときに，「進度連絡」「教材配布」だけで病気長欠児の学習困難の解決につながるのかは疑問である。また「学習援助が不必要」「対応していない」理由としては「治

療優先」という考え方がみられた。担任の判断だけでなく的確な状況把握とそれに対する評価や対応を，子どもの側に視点をおいてどのようにすすめるのかという課題が端的に現れていると考えられた。

病弱教育専門機関を活用したという回答（52名のうち13名）では，院内学級利用者が7名となっていたが，区立病弱養護学校は中学生を対象にしていない。また，都立病弱養護学校の活用は本人・保護者が希望しない傾向がみられる。

また学校側においても病弱教育制度と医療・福祉や各種の相談機関についての理解に混乱が見られた。入院した病院で実際に院内学級がある場合，支援の形が目に見え，病院関係者からも勧められると考えられる。院内学級以外は，どのような機関があるのかなどについて学校側にも見通しが得られていない状況が散見された。

通常教育において病気長欠への理解と改善のための対応をすすめるためには，院内教育の拡充をはじめ病弱教育機関の整備や情報提供の充実によって，病弱教育機関から通常教育への支援を明らかにし，活用していく課題があるといえよう。

調査全体を通じてみられるのは，中学生の病欠の長期化と深刻化である。また欠席日数が50日以下の事例でも結果的に困難度を高めている事例もあり，早期の対応・援助が重要である。

また「明確な病名」群よりも「不調」群や「凡その把握」群における対応や改善の難しさがあったことが特徴的であると考える。「明確な病名」群は医師の診断や具体的な治療が明確になっていると考えられるが「凡その把握」群は欠席が長期化し，健康問題に加えて本人の心理的問題や保護者との共通理解の難しさが目立った。

「不調」群の背景の複雑さは，比較的学級担任はじめ学校側に認識され，養護教諭等校内での相談・連携した対策が試みられるのに対し，「凡その把握」群では，そもそも病気についての共通理解がなされていない状況と考え

られる上，病気以外の要因があっても「病気である」がために学校からの対
応が消極的になっていると考える。その結果，病気以外の要因も複合し困難
度が高い事例が多いにもかかわらず，問題が放置されがちであるといえる。
「凡その把握」群において，病気長欠問題の困難が特徴づけられていると考
えられる。

　病気長欠児への中心的援助者として学級担任の大半が「学級担任」を考え
ていたことは，校内での組織的検討が行われにくく担任が対応せざるをえな
い実態を反映していると考えられたが，子どもの生活の基礎となる学級がも
つ生活と学びの「場」としての意味とそこでの学級担任の役割への認識を示
してもいると考えられる。

　校内における相談相手として養護教諭と連携している学級担任が多く，校
内委員会の存在も回答されていたが，校務分掌等フォーマルな会議での取り
上げが実際にどの程度深まっていたのか，より根本的で個別的な話し合いが
具体的になされていたかどうか，連携の内容を検討する必要があるだろう。

　学級担任を軸としつつも，学級担任まかせにしない校内組織のあり方，ま
た必要に応じて校外機関等とも連携していく活動が求められているといえよ
う。

　また病気長欠児の多くは家庭で過ごしていることから，家庭の考え方，家
庭の諸条件が色々な形で影響を及ぼしていると考えられる。明らかな急性期
の状況と異なり，長欠状態が続いている背景に，学校からの援助，教育的支
援に対する保護者の消極的な傾向が見られるのも病気長欠のひとつの特徴で
ある。大半の病気長欠児が過ごしている場所が家庭であることを考慮すると，
保護者との連携・共通理解が重要であることはもちろんではあるが，「学校
を欠席している」状態と同時に「家庭のなかで過ごしている」状態そのもの
について把握し，必要な支援を検討しなくてはならないといえよう。

　以上のように，各種の健康問題や教育困難が生じている通常学級のなかで
は，病気療養は家庭の責任と事情に委ねられ，病気の子どもへの教育的支援

が具体化されにくい状況があると考える。

　また病気長欠の背景には様々な要因が絡み合っており，必要とするケア・サポートは，病気を主要因としていない不登校・保健室登校，不定愁訴を呈する学習困難・不適応などの児童・生徒と重なる部分が少なくない。こうした状況が「病気の子どもだけを特別扱いできない」という認識を生み，病気療養を理由とした特別支援の具体化を困難にしているひとつの要因になっていると思われる。

　病気長欠児のかかえる問題を「病気」に限定せず，困っているのはだれか，問題はどこに生じているのかという視点でみていくこと，学級担任・保護者への援助を含む校内・校外のネットワークの実体をつくり出していくことが重要だと考える。

Ⅳ．おわりに

　今回の調査結果は44校52事例という少ない事例数ではあったが，欠席日数は年間30日から全日まで様々であり，とくに中学生において長期化し，しかも年度をこえて長期欠席が続いている事例が目立っていた。

　病状の把握では，病気長欠の実態は学級担任においても十分に把握されているとはいいがたい。学校側の病気長欠児の病状の把握において「明確な病名がわかっている」と回答された群と比較して，「発熱等の体調不良」群，「凡その把握」群の事例で問題が複雑化する傾向がみられた。とくに「凡その把握」群は欠席が長期化し，健康問題に加えて本人の心理的問題や保護者との共通理解のむずかしさが目立った。「病気である」という理由がつくため学校からの対応が消極的になりがちだと考えられる。「凡その把握」群のかかえる困難・ニーズは，病気長欠児への支援のあり方を提起している。

　また「家庭の事情」が強い事例ほど学級担任が実態をつかめず，踏み込んだ対応が行えていない。大半の病気長欠児は家庭を居場所にしており，家族

支援・地域生活支援を含めて家庭生活での困難・ニーズに着目した工夫・改善が求められている。

　学校を欠席している子どもへの支援は対応者の判断に左右されがちであるが，病気長欠児のニーズは医療・健康上の理解・支援だけではなく，学校生活の基本として安心して過ごし，学力と人格発達の保障を得られる学級づくりがきわめて重要だと考えられる。

　子どもの生活の基礎となる学級がもつ生活と学びの「場」としての意味とそこでの学級担任の役割は大きく，学級担任を軸としつつ，学級担任まかせにしない校内組織と必要に応じて校外機関等と連携し，さらに必要な社会的資源を創出していく活動が求められているといえよう。

　病気長欠児のかかえる問題の原因を「病気」と限定してしまうのではなく，困っているのはだれか，問題はどこに生じているのかという視点で子どもを見守り，支援する必要がある。まさに特別ニーズ教育として，子ども理解と実践を深めることが不可欠であり，そうしたシステムとして特別支援教育を発展させていくことが課題である。

第8章　東京都内の公立小・中学校の学級担任からみた病気長欠児の困難・ニーズ　　213

［資料4］

「病気による長期欠席児の学校生活に関する実態調査」
（学級担任用）調査票

【学校の概要】

1．学校種　　　　　　　　　①小学校　　　　　②中学校

2．特殊学級の設置　　　　　①設置している　　②設置していない

3．通級指導学級の設置　　　①設置している　　②設置していない

4．児童・生徒在籍数　（2004（平成16）年5月1日現在）

　　①〜100人　　②101〜200人　　③201〜300人　　④301〜400人

　　⑤401〜500人　　⑥501〜600人　　⑦601〜700人　　⑧701人以上

【該当事例の欠席・病気の状態】

1．回答事例を担任した学校はどこですか　①現任校　　②前任校

2．欠席日数・在籍学年・在籍学級・欠席状況について下の表にご記入ください。

	欠席日数	長期欠席時の学年	在籍学級（○で囲む）	欠席が連続か断続か（○で囲む）
2000年度	年間　　　日	小・中　　年	通常学級特殊学級	連続・断続
2001年度	年間　　　日	小・中　　年	通常学級特殊学級	連続・断続
2002年度	年間　　　日	小・中　　年	通常学級特殊学級	連続・断続
2003年度	年間　　　日	小・中　　年	通常学級特殊学級	連続・断続

3．欠席の要因となった病気の状態について①〜⑤より該当するものを選んで○をつけてください。また，確認されている病名・おおよそわかっている病類を記入または○で囲んでください。

　　①頭痛・腹痛・発熱などの不調

　　②病名がはっきりしている（確認されている病名　　　　　　　）

　　③おおよその病類がわかっている（記号を選んでください）

　　Ａ．アトピー性疾患　　Ｂ．ぜんそく　　Ｃ．肥満　　Ｄ．骨折などの損傷

　　Ｅ．糖尿病などの内分泌疾患　　Ｆ．腎臓疾患　　Ｇ．心疾患・リウマチなど循環器系疾患　　Ｈ．血液疾患（血友病，紫斑病など）　　Ｉ．小児がん

214　第2部　通常学級在籍の病気長欠児の困難・ニーズの実態と特別な教育的配慮の課題

　　Ｊ．潰瘍など消化器系疾患　　Ｋ．心身症　　　Ｌ．精神疾患　　　Ｍ．結核など感
　染症
　　④詳細不明　　⑤その他（　　　　　　　　　　　　　　　　　）

４．病気長欠につながると思われる病気以外の要因があれば番号を選んで○で囲んで
　ください（複数回答）。
　　①本人の心理的な問題　　②友人関係　　③学習不振・学習意欲の減退
　　④本人の障害　　⑤家庭の事情　　⑥詳細不明　　⑦その他（　　　　　　　）

５．「病気による長欠」と判断した理由は何でしたか（複数回答）。
　　①保護者の届け　　②医師の診断書　　③本人の話・状態
　　④学校としての総合的判断　　⑤その他（　　　　　）

６．【長期欠席前の本人の状態と援助】
　(1)健康・学習・友人関係などで学校生活上の問題がみられましたか。
　　①あった　（具体的に　　　　　　　）　　②なかった　　③詳細不明
　(1)で「あった」と回答された方に伺います。
　(2)長期欠席になる以前に学校からの配慮・援助が行われましたか。
　　①行った（具体的に　　　　　　　）　　②行わなかった　　③詳細不明
　(3)(2)で「行わなかった」と回答された方に伺います。その理由は何でしょうか（複
　　数回答）。
　　①必要がなかった　　　　②体制がとれなかった
　　③状況がわからなかった　　④保護者が希望しなかった
　　⑤本人が希望しなかった　　⑥その他（　　　　　）

　学校の相談・援助体制

７．病気による長期欠席者の実態把握や対応について学級担任と相談する校内組織が
　ありますか。
　　①ある（具体的な名称や組織の構成など　　　　　）　　②ない

８．本事例に対応する上で担任が主に連絡・相談したのはどなたでしたか。
　　①学年の教員　　②養護教諭　　③管理職　　④学校カウンセラー
　　⑤７．に挙げた委員会　　⑥心障学級や通級学級の担任　　　⑦特にいない
　　⑧その他（　　　　　）

９．【養護教諭との連絡・相談】
　(1)該当ケースについて養護教諭と連絡・相談を行いましたか。
　　①行った　　②十分に行えなかった　　③行わなかった

第8章　東京都内の公立小・中学校の学級担任からみた病気長欠児の困難・ニーズ　215

「①行った」「②十分に行えなかった」と答えた方は(2)〜(5)の質問にお答えください。

(2)どのような形で連絡・相談を行いましたか。

　　①生活指導部会・教育相談部会など校務分掌の場で行った　　②学年会に養護教諭が参加して話し合った　　③担任と養護教諭が個別に話し合った

　　④その他（　　　　　　　　）

(3)担任に対して養護教諭からどのような援助がなされましたか（複数回答）。

　　①健康状況・健康管理に関する情報提供

　　②病気長欠児本人への対応に関する助言

　　③保護者への対応に関する助言

　　④保健室登校や保健室での相談を通した指導上のバックアップ

　　⑤関係機関の紹介　　⑥その他（　　　　　　　　　　）

(4)病気長欠児に対して養護教諭からどのような援助がなされましたか（複数回答）。

　　①健康に関する指導助言　　②保健室登校や保健室での相談・援助

　　③養護教諭による家庭訪問　　④保健室での学習援助　　⑤特にない

　　⑥その他（　　　　　　　　）

(5)保護者に対して養護教諭からどのような援助がなされましたか（複数回答）。

　　①健康に関する相談　　②子どもの見方や対応の助言

　　③心理的なバックアップ　　④関係機関の紹介

　　⑤担任と保護者の関係づくり　　⑥特にない　　⑦その他（　　　　　　　）

10. 病気による長期欠席者に対する学校からの対応・援助は，だれを中心にして行うべきと考えますか。

　　①学級担任　　②管理職　　③養護教諭　　④教育相談担当者

　　⑤スクールカウンセラー　　⑥その他（具体的な職名等　　　　　　　　）

長期欠席中の本人の状態

11. 【長期欠席中の医療】

(1)必要な治療が行われていましたか。

　　①必要な治療を受けていた　　②必要な治療を受けていなかった

　　③医療が必要な状態ではなかった　　④詳細不明

　　⑤その他（　　　　　　　　）

(2)どのような療養状態でしたか。

　　①ほとんど入院していた　　②入退院を繰り返していた

　　③家で過ごしていた　　④詳細不明　　⑤その他（　　　　　　　）

216 第2部 通常学級在籍の病気長欠児の困難・ニーズの実態と特別な教育的配慮の課題

12. 【長期欠席時の学習状況】

(1)長期欠席時の学習はどのように行われていましたか。

　①可能な範囲で学習をしており問題はなかった

　②学習意欲はあるが自習はむずかしかった

　③健康状態から学習はむずかしかった

　④学習意欲がまったくなかった

　⑤詳細不明　　⑥その他（　　　　　）

(2)学習に対する学校からの援助は必要だと思われましたか。

　①必要だった　　②必要ではなかった　　③詳細不明

(3)(2)で「①学習上の援助は必要なかった」と答えた方はその理由を選んでください（複数回答）。

　①治療・療養が第一である　　②家族が学習をみていた

　③家庭教師や塾を利用していた　　④本人が自覚的に学習していた

　⑤その他（　　）

(4)(2)で「①学習上の援助が必要だった」と答えた方はその理由を選んでください（複数回答）。

　①本人の学習意欲が低下　　②学習の遅れ・空白が著しい

　③本人が学習援助を希望　　④保護者が学習援助を希望

　⑤保護者が学習に無関心　　⑥その他（　　　　　）

13. 【長期欠席中の交友関係】

(1)長期欠席中に友人との交流はありましたか。

　①交流があった　　②交流はなくひきこもりがち　　③詳細不明

(2)(1)で「①交流があった」と答えた方に伺います。それはどのような交流状態でしたか（複数回答）。

　①担任の指導で同級生が家に行って学校の様子を伝えた

　②家に友人が行って遊んでいた　　③話ができる友人がいた

　④放課後や休日は友人と外出したり家の周辺で遊んでいた　　⑤詳細不明

　⑥その他（　　）

14. 【長期欠席児に対する保護者の対応】

(1)長期欠席中における保護者の子どもへの対応は，適切に行われていましたか。

　①適切に対応していた　　②対応は不十分だった　　③詳細不明

(2)(1)で「②不十分」と判断したのはどのような理由ですか。

　①子どもの状態がむずかしく保護者が苦慮していた

第8章　東京都内の公立小・中学校の学級担任からみた病気長欠児の困難・ニーズ　　217

　　②特別な配慮が必要と思われたが保護者は認識していなかった
　　③保護者が生活に追われ子どもへの配慮は不十分だった
　　④詳細不明　　⑤その他（　　　　　　　　　）

学校からの援助・配慮の実際

15.【長期欠席児本人とのコミュニケーション】
　(1)担任と本人のコミュニケーションはとれていましたか。
　　①必要なコミュニケーションはとれていた
　　②とろうとしたが不十分だった
　　③全くとっていない
　(2)(1)で「①とれていた」と答えた方は，どのような方法でコミュニケーションをと
　　りましたか（複数回答）。
　　①家庭や入院先に訪問した　　②電話　　③メール　　④手紙
　　⑤その他（　　　　　　）
　(3)(1)で「②不十分だった」「③全くとっていない」と答えた方はその理由を選んで
　　ください（複数回答）。
　　①指導体制に余裕がなかった　　②本人が希望しなかった
　　③保護者が希望しなかった　　④特別の配慮は必要なかった
　　⑤その他（　　　　　　）

16.【長期欠席児への学習援助・配慮】
　(1)学習への援助・配慮を行いましたか。
　　①必要に応じて行った　　②不十分だった　　③全く行っていない
　(2)(1)で「①必要に応じて行った」と答えた方はどのような援助・配慮を行いました
　　か（複数回答）。
　　①進度を連絡し教材を届けた　　②子どもの質問への応答
　　③学習課題の提示とチェック　　④学習の遅れに対する補習
　　⑤その他（　　　　　　）
　(3)(1)で「②不十分だった」「③全く行っていない」と答えた方はその理由を選んで
　　ください（複数回答）。
　　①指導体制に余裕がなかった　　②本人が希望しなかった
　　③保護者が希望しなかった　　④特別の配慮は必要なかった
　　⑤その他（　　　　　　）

17.【クラスの友人との交流の工夫】

218　第2部　通常学級在籍の病気長欠児の困難・ニーズの実態と特別な教育的配慮の課題

(1)クラスの友人との交流を工夫しましたか。

　　①交流を工夫した　　②不十分だった　　③まったく行っていなかった

(2)(1)で「①交流を工夫した」と答えた方は，どのような工夫を行いましたか（複数回答）。

　　①学級会・HRで紹介し長期欠席児への理解を促す

　　②友人が配布物などを届ける　　③友人が迎えに行く

　　④友人と手紙等で学校の様子などを交流する　　⑤家に友人が遊びに行く

　　⑥子ども同士の自発的な交流に任せた　　⑦その他（　　　　　　　　）

(3)(1)で「②不十分だった」「③まったく行っていなかった」と答えた方は，その理由を選んでください（複数回答）。

　　①特別な指導を行う余裕がなかった　　②本人が希望しなかった　　③保護者が希望しなかった　　④子ども同士の自主的な関わりがあったので必要なかった

　　⑤その他（　　　　　　　）

18.【保護者への連絡や援助について】

(1)保護者への連絡は必要に応じて行われたと思いますか。

　　①必要に応じて連絡をとった　　②不十分だった

　　③まったく行っていない

(2)(1)で「①連絡をとった」と答えた方は，どのような形で保護者と連絡をとりましたか（複数回答）。

　　①電話　　②手紙　　③連絡ノート　　④保護者が来校して面談　　⑤学校からの家庭訪問　　⑥その他（　　　　　　　　）

(3)(1)で「②不十分」「③まったく行っていない」と答えた方は，その理由を選んでください（複数回答）。

　　①指導体制に余裕がなかった　　②子ども本人が希望しなかった

　　③保護者が希望しなかった　　④特に必要とは思われなかった

　　⑤その他（　　　　　　　）

(4)子どもの状況や必要な援助について保護者との共通理解はできていましたか。

　　①共通理解できていた

　　②理解にくいちがいがあり不十分だった　　③理解はまったくくいちがっていた

(5)保護者から学校に対してどのような要望が出されていましたか（複数回答）

　　①健康への理解・配慮　　②医療面への理解　　③お見舞い

　　④連絡（学校の様子等）　　⑤同級生との交流の工夫　　⑥本人の相談にのる

　　⑦保護者の相談にのる　　⑧学習の遅れへの援助　　⑨特別の要望はなかった

⑩学校からの関与は不要とされた　　⑪その他（　　　　　　　　）

医療面の配慮について

19.【学校医との連絡・相談】

⑴学校医の援助・助言を受けましたか。

　①受けた　　②受けなかった

⑵⑴で「受けた」と答えた方は，その結果はどうでしたか。

　①指導上の参考になった　　②本人・家族への助言になった

　③特別な助言は得られなかった　　④その他（　　　　　　　　）

⑶⑴で「受けなかった」と答えた方はなぜですか。

　①保護者が希望しなかった　　②本人が希望しなかった

　③主治医の助言があり必要なかった

　④本人の状態からみて学校医との相談に期待できなかった

　⑤その他（　　　　　　　）

20.【主治医との連絡・相談】

⑴主意医からの援助・アドバイスを受けましたか。

　①受けた　　②受けなかった

⑵⑴で「受けた」と答えた方は，その結果はどうでしたか。

　①指導上の参考になった　　②本人・保護者との共通理解が深まった

　③主治医と学校との考えが食い違って実際に学校生活に生かせなかった

　④必要な援助は得られなかった　　⑤その他（　　　　　　　）

⑶⑴で「受けなかった」と答えた方はなぜですか。

　①保護者経由で情報がはいったので特に必要がなかった

　②保護者が希望しなかった　　③主治医はいなかった

　④主治医が忙しく連絡がとりにくかった　　⑤その他（　　　　　　　　）

校外機関との連携・協力

21.【教育機関以外との連携・協力】

⑴本事例への援助で，教育機関以外との連携・協力の必要性について①〜③の中で該当するものを選んでください。また実際に連携した機関名・必要と思われた機関名をご記入ください。

　①必要だったので連携して対応した（実際に連携した機関　　　　　　　　）

　②必要だったが実際には連携できなかった（必要と思われた機関名　　　　）

　③必要ではなかった

220　第2部　通常学級在籍の病気長欠児の困難・ニーズの実態と特別な教育的配慮の課題

(2)(1)で「②必要だったが連携できなかった」理由はなぜですか（複数回答）
　　①学校からの働きかけができなかった　　②保護者が希望しなかった
　　③本人が希望しなかった
　　④本人をめぐる条件がその機関の条件に合わなかった
　　⑤その他（　　　　　　　　）

22.【病弱教育専門機関（病弱養護学校・健康学園・訪問教育・院内教育等）の活用】
　病弱教育専門機関の活用について検討されましたか。(1)～(3)の該当するものに○を
　つけ，機関名・理由について該当する番号に○をつけてください。
　(1)検討し実際に活用した
　　【活用した機関】　①区立健康学園　　②区立病弱養護学校
　　③区・市立の病院内学級（病虚弱特殊学級）　　④都立病弱養護学校
　　⑤都立肢体不自由養護学校の病院内分教室
　　⑥都立肢体不自由養護学校（訪問教育）　　⑦その他（　　　）
　(2)検討したが活用できなかった
　　【その理由】　①学籍を移すほど長期の欠席ではなかった
　　②保護者が希望しなかった　　③本人が希望しなかった
　　④病弱教育の制度が本人に合わない　　⑤その他（　　　　　　　）
　(3)検討しなかった
　　【その理由】　①制度を知らなかった　　②必要なかった　　③その他（　　　）

長期欠席期間以後の経過

23.　長期欠席期間後に長期欠席は改善されましたか。
　　①登校を再開し特に問題はなかった　　②休みがちだが登校していた
　　③長期欠席は改善されなかった　　④転校・卒業し詳細不明
　　⑤その他（　　　　　）

23.で①・②と答えた方は，24～26の質問にお答えください。その他の方は27にお
進みください。

24.　長期欠席中と比べて登校再開後の健康状態はどうでしたか。
　　①安定した　　②より不安定になった　　③とくに変わらなかった
　　④詳細不明

25.　登校再開後の学校生活はどのような状態でしたか（複数回答）。
　　①生活が安定し問題はなかった
　　②体力の低下などが見られ健康面の配慮が必要だった

第8章　東京都内の公立小・中学校の学級担任からみた病気長欠児の困難・ニーズ　　221

③生活リズムが乱れがちで学校生活も不安定だった　　④学習の遅れが続いた

⑤友人関係に問題が見られた　　⑥自信がないなど性格に変化がみられた

⑦とくに変らなかった　　⑧詳細不明　　⑨その他（　　　　　　　）

26. 再登校をはじめた時期に学校からの対応・援助が行われましたか。

(1)①行った（具体的な内容　　　　　　　　　　）

②行わなかった

③詳細不明

(2)(1)で「②行わなかった」理由はなんですか。

①必要がなかった　　②体制がとれなかった　　③状況がわからなかった

④保護者が希望しなかった　　⑤本人が希望しなかった　　⑥その他（　　　　）

[自由記述]

27. その他，この事例に対する援助をすすめる上で難しかった点や病気長欠児への対応・援助に関するご意見などがございましたら，お書きください。

第9章 東京都内の本人・保護者調査
からみた病気長欠の困難・ニーズ

I. はじめに

　本章では，東京都内の小・中・高校において病気長欠を経験した本人，また長期欠席経験のある子どもの保護者を対象に郵送質問紙法・面接法によって調査を実施し，病気長欠児が抱える学校生活上の困難・ニーズや学校の対応に対する評価を明らかにし，当事者の立場から支援のあり方を検討する。

　心臓病・小児がん・腎炎ネフローゼ・小児糖尿病・アレルギー疾患・胆道閉鎖症・膠原病の患者会を通して協力が得られた事例と，これまで病弱教育専門機関で教育を受けたことがあり本調査への協力が得られた事例を対象に，本人・当事者に対する郵送による質問紙調査を実施したほか（調査票は章末の資料を参照），承諾が得られた事例について聞き取り調査を実施した。

　患者会5名・病弱教育経験者5名合計10名，保護者調査は患者会6名，病弱教育経験者9名の回答を得た。調査期間は2005年8月1日から8月30日であった。なおプライバシー保護のため，事例の個人情報に関して一部変更し，個人が特定されないようにしている。

II. 調査の結果

2.1 回答者の概要と病気長欠の状況

　回答があった本人・当事者10名の概要は，表9-1および表9-2に示した。

224　第2部　通常学級在籍の病気長欠児の困難・ニーズの実態と特別な教育的配慮の課題

表9-1　回答者の年齢構成と性別

年齢	男性					女性				
	10歳以下	15歳以下	19歳以下	25歳以下	26歳以上	10歳以下	15歳以下	19歳以下	25歳以下	26歳以上
人数	0	1	1	3	2	0	0	2	0	1

表9-2　病名

年齢	10歳以下	15歳以下	19歳以下	25歳以下	26歳以上
病類	該当なし	胆道閉鎖症	摂食障害・腎疾患・胆道閉鎖症	喘息・腎疾患　未記入	肝疾患・小児がん・膠原病

　回答者は，①保護者が患者会に入会して情報を得ながら子どもへの配慮を行い関係者の連携を活用してきた事例と，②患者会に所属しておらず，家族だけで病気への対応に追われていた事例とに大別された。また全く病弱教育を活用しなかった事例，病気長欠が一時的で現籍校に復帰していった事例，病弱養護学校等病弱教育への転入を行った事例がみられた。各事例の長欠期間等は表9-3の通りである。

　長期欠席の状態と学校からの支援という点から，これらの事例を以下のような3つのパターンに分類した。

> 事例A：中1で白血病の発症により入院。担任は当初見舞いに来たが，以後，全く連絡はなく，白紙の通知表が渡された。入院中の病院から訪問教育を紹介され，はじめは学校・教師を受け入れるのがつらかったが次第に慣れ，学習のペースが安定した。
> 事例B：腎臓病のため小学校低学年から欠席しがちであった。いじめに会い，登校できなくなったが学校での教師からの援助はなく，小学校高学年で病弱養護学校に転校。
> 事例C：小6の3月に整形外科にかかり入院・手術，生活習慣病の背景もあった。病院が本児の生活指導に苦慮し，転院した次の病院で訪問教育を紹介された。

　これらの3事例の家庭はいずれも患者会には所属しておらず，発病・発症

第9章　東京都内の本人・保護者調査からみた病気長欠の困難・ニーズ　　225

表9-3　各事例の長期欠席期間

回答者	小学校	中学校	高校
A	該当せず	中1で入院による長欠	養護学校
B	小2で入院70日。全体に休み休み登校，養護学校へ転校。	養護学校で入院・通院・体調で休みながら登校。	養護学校で入院・通院・体調で休みながら登校。休学・訪問教育を活用して修了。
C	該当せず。	中1で入院。30日。訪問教育と病弱教育。	私立高校。時々欠席。
D	該当せず。	通院・体調で年数回1週間くらい欠席。中2の1年間，病弱養護学校転校。	サポート校へ進学。時々登校。
E	小4から欠席がち。小5・6入院し，院内教育。	中1と退院後は訪問教育。中2・3とも入退院，院内教育も受けた。	入退院で欠席が多い。休み休み過ごしている
F	小5で入院・療養により220日。小6で110日くらい。	中1・2・3，通院・検査・体調で毎年30日くらい。	該当せず。
G	該当せず	中3で10月12日以降欠席	養護学校高等部で体調をみながら卒業。高3では問題なし。
H	小4まで通院・検査等で年40日くらい。小5・6は30日くらい。	中1　40日（入院あり）中2　40日（入院あり）中3　90日（集中して入院）	公立高校　高1・2年間60日くらい
I	小1から小6　毎年10日前後。	中1：7日，中2：2日	―
J	小1：60日，小2：20日，小3：10日（問題なし），小4：20日，小5：80日，小6：60日	中1：集中して100日，中2以降は回復し問題なし	私立高校　問題なし。

226　第2部　通常学級在籍の病気長欠児の困難・ニーズの実態と特別な教育的配慮の課題

時に長欠が生じていたが，病弱教育に関する情報を得るまで欠席が続いた事例である。発症時の治療や心理状況などもあるため，情報提供によってすぐに転校手続きをとったかどうかは不明であるが，発症・入院開始時に，学校からのサポートがほとんどなされなかった事例といえる。

　また，事例Aは，病気が判明するまでの過程における担任教師の対応によって，親子ともに強い学校不信感を有し，事例Bでは，病気による欠席のほか，心理的な問題に対するサポートが得られずに不登校傾向を生じていた。

事例D：喘息により時々入院が必要となり，欠席していた。家族が病弱教育を本人に勧めて一時期，転校した。

事例E：精神的な要因から身体症状と精神的な不安定が強く，入院中は院内教育があり，経過をみて教育開始可能という判断がなされた段階で病院から紹介されたが，退院後の生活では訪問教育を利用した。

　事例D・Eは精神的な問題と身体症状をあわせた困難を持っており，家族の得た情報で病弱教育を利用したが，必ずしも改善がなされておらず，病気をかかえながら青年期を迎えている。とくにEの事例は，症状は一進一退を繰り返し，精神神経症状を示す場合の医療と教育の連携，また家族支援が求められている。

　事例F・Gは，30代の回答者であり，病気療養中の教育について社会的な認知も現在よりさらに弱かった時代の事例であるが，基本的には現在も生じている病気長欠のひとつのパターンと考えられる。通常教育において，事例DやFのような事例においてどのような支援を確立すればよいのかが検討すべき課題になってくるだろう。

　一方，事例Hでは入院のほか通院・体調不良による断続的な欠席など，全般に欠席日数が多かったが，学校の理解を得て円滑な学校生活を送っている。

事例H：ネフローゼ症候群で小1より毎年40日以上の欠席があった。通院や体調不良での欠席がほとんどであるが，中1と中3では入院もあり，中3では90日程度の欠席となっている。公立小・中・高校に在学した。高校では毎年60日程度の欠席があり欠時オーバーとなっていたが，レポート等の提出で進級した。病気がわかったときから家庭での学習面への援助を工夫し学習

習慣をつけてきたこと，担任・養護教諭・管理職等との連絡を密にしてきたこと，高校入学にあたって病気への理解と配慮のある学校を選択したことにより，学校生活上の問題は生じなかった。保護者が患者会の活動に参加して各種の情報を得ていたほか，主治医からの情報が活用された事例である。

事例Hは病気がわかった3歳の段階から将来を見通した子育てを始めており，長期にわたる病気との付き合いを開始していた。「非常にうまくいった稀な事例」と家族も患者会もとらえている事例であるが，家族の努力による強力なバックアップとそれに応える本人の性格や資質が，欠席しがちであった学校生活をマイナスに終わらせることなく，自己実現に向けた努力と成果を生んでいる。

こうした教訓が，公的な教育システムとしてどのように生かせるのかについて検討されなくてはならない。

現代の医療は，早期からの治療とキャリーオーバーへの課題を生み出している。事例Iは学齢段階では30日以上の欠席にはなっていないが，就学前の段階で病気を理由に保育園への入園が断られた経験を持っており，就学前の病気療養児の教育・保育についてもさらに検討が必要である。

2.2　病名・病状の学校へ告知・説明

学校への告知・説明は主に保護者が行ったため，「わからない」という本人の回答が10名中4名であった。告知・説明の場に本人がどのように参加・関与したのかが重要であるが，しかし病名を本人に告知していない場合の説明や協力の求め方の難しさが保護者調査で指摘されていた（表9-4）。

入学や学校復帰に際して「校長・教頭に対しても説明を行った」という回答が3事例あったが，他の7事例は「担任のみへの説明」であった。また「担任に相談した」とする回答は2事例であったが，「説明はしたが相談は行っていない」4事例，「説明は保護者がしたが相談はしていない」2事例が見られ，告知・説明以後の学校側との相談・共通理解が不十分であることが

228 第2部 通常学級在籍の病気長欠児の困難・ニーズの実態と特別な教育的配慮の課題

表9-4 学校への病名・病状の告知・説明

①機会があるごとに説明した	3
②はじめに説明したが後はとくに説明はしなかった	2
③行事などで必要になったときに説明した	0
④あまり説明はしていない	2
⑤よくわからない	4
⑥その他	4

その他：親が説明3名　担任が替わるときに説明1名

表9-5 告知・説明，状況把握，相談相手の教職員

(n=10) (複数回答)

	説明相手	状況把握	相談相手
①担任	10	9	2
②養護教諭	3	2	3
③校長・教頭	3	1	0
④スクールカウンセラー	0	0	0
⑤周囲の先生たち	0	1	0
⑥その他	両親1名・部活の教師1名	0	0

見られた（表9-5）。

　回答した10名にとって，担任が主たる対応者であったが，病気長欠にいたる時点での学校対応への不信や，病気療養の困難度が高い場合，学校・担任を支援者としてとらえることができない状況が生まれ，むしろ「学校どころではない」という心理が強くなっていた。「相談」が行われる学校と本人・家族との関係の問題など，実質的な援助になりうる「相談機能」が十分確立していないと考えられる。

2.3 病気長欠中の不安

「勉強が遅れる」「学校生活が中断する」「みんなと同じ活動ができない」「友だちがどう思っているか」「先生がどう思っているか」「家族がどう思っているか」「進学がどうなるか」「将来の進路・就職がどうなるか」「学校のことは考えたくなかった」という10項目について，4件法（1，とても強く感じた，2，やや強く感じた，3，少し感じた，4，まったく感じなかった）で回答を求めた。

本人の欠席が多かった時期や病状により不安も変動するが，とくに中学校段階での欠席による不安が強い傾向が見られた。通常学級において学校生活を送る困難が大きかった事例の大半が高校段階で養護学校に進学しているため，高校における評価は個人差が見られた。

「勉強の遅れ」が気になったという回答は，小学校段階では個人差があるが，中学・高校段階では高い割合になっていた。また進学，進路・就職は中学・高校段階の主要関心事になっていた（図9-1，図9-2）。

「学校生活の中断」「みんなと同じ活動ができない」「友だちがどう思っているか」「先生がどう思っているか」という学校生活全般や人間関係に対する不安は，小学校・中学校段階で大きく，とくに中学校で強くなる傾向がみられた。

そのことと関連して「学校のことは考えたくない」という心境になったという回答が中学段階にやや多く見られたのも特徴的であった。学校は病気の子どもにとって「どうでもいい存在ではない」ことがうかがえる。病状や学校への不信感で揺れ動きながらも，「学校どころではない」という心境ではなく，学校への不安と期待が交じり合った心境で過ごしていたことがうかがえた。

小・中・高全体において気がかりであったと回答された事項に「家族がどう思っているか」がある。保護者調査の回答と比べて，本人・当事者調査で

230　第2部　通常学級在籍の病気長欠児の困難・ニーズの実態と特別な教育的配慮の課題

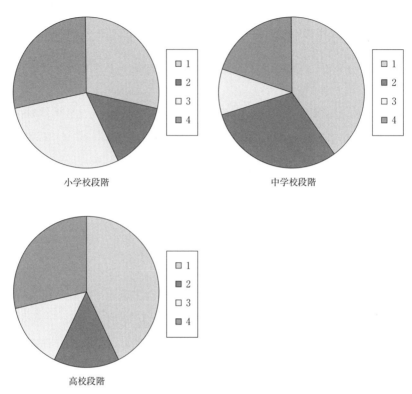

図9-1　「勉強が遅れる」不安

顕著な傾向であった（図9-3）。とくに家庭で療養し，家族が唯一の理解者・支援者となっている中で，家族との関係は密接であると同時に，気遣いやストレスの大きな要素にもなりうることがうかがえた。

　保護者の中にも「勉強をみていると大喧嘩になってしまった」「（病気が精神的なものだったので難しかったが）養護学校の先生に親身になってもらい，私自身がとても楽になりました」「訪問教育で本人が安定し親も安心できた」「院内学級の存在は学習面よりもどこかに居場所があるという意味でありがたいと思いました」「親も忙しくてわが子の大変さにつきあってやれなかった」「後悔することばかりです」など，学習だけでなく精神的な援助を家族

第9章　東京都内の本人・保護者調査からみた病気長欠の困難・ニーズ　231

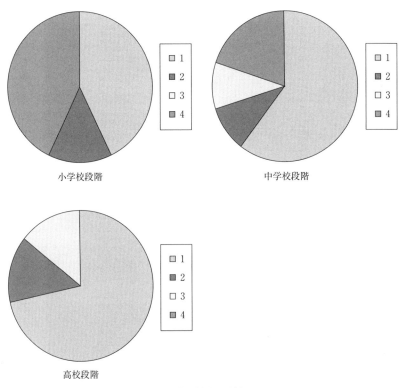

図9-2　進路・就職がどうなるか

(とくに母親) が単独で担っていく心労を記載している回答が散見された。

2.4　病気長欠中の学習

欠席中の学習の遅れに関する以下の項目について，4件法 (1．とてもあてはまる，2．かなりあてはまる，3．少しあてはまる，4．まったくあてはまらない) で回答を求めた。

| (1)体調が悪く勉強どころではなかった |
| (2)欠席中はとくに勉強しなかった |

232　第2部　通常学級在籍の病気長欠児の困難・ニーズの実態と特別な教育的配慮の課題

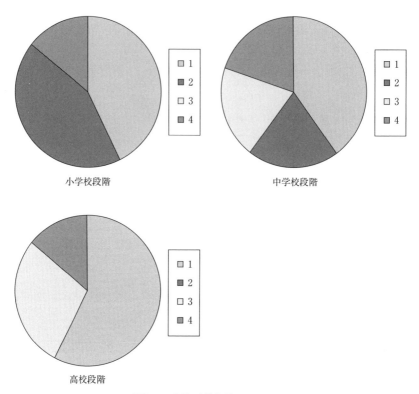

図9-3　家族がどう思っているか

(3)自分で勉強していた
(4)家族に勉強をみてもらった
(5)家庭教師・塾・通信添削指導を利用した
(6)学校の先生にみてもらった
(7)その他〈具体的内容を記入してください〉

　「勉強どころではない」という回答は，中学段階で強く，高校段階では減少していた（図9-4）。小・中学校を通じて「勉強どころではなかった」という事例が見られ，中学校段階でやや増加するが，高校段階では「まったくあ

第9章　東京都内の本人・保護者調査からみた病気長欠の困難・ニーズ　233

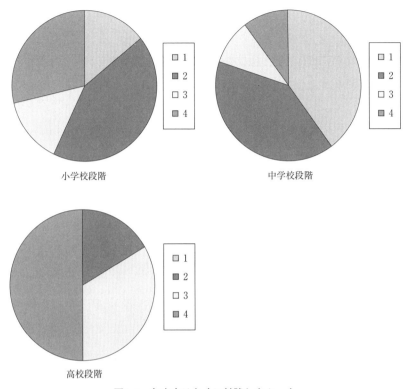

図9-4　欠席中はとくに勉強しなかった

てはまらなかった」という回答が約半数となっていた。

「欠席中はとくに勉強しなかった」という項目では，小・中・高校を通じて全体に自分で勉強をすることが定着していない傾向がうかがえた。中学校段階ではとくに10名中8名が回答し，「欠席中は勉強しなかった」という傾向が強かった。しかし高校段階では，「あてはまらない」という回答が逆に増加し，自分で努力していることを示す結果が出ていた。

小・中・高校と通して「自分で勉強した」と回答したのは1名のみであり，また中学・高校になるに従い，家族に勉強をみてもらう傾向も減少している。「家庭教師・塾・通信添削指導を利用した」という回答は中学段階の1名の

みであり，また「学校の先生にみてもらった」という事例は見られなかった。

こうしたなか「欠席によって学習の遅れが生じたか」という質問に対して，小・中・高すべての段階を通じて，欠席により学習の遅れが生じたことを回答する事例が多く，「遅れはまったく生じていない」という回答は皆無であった（図9-5）。とりわけ中学段階で「少しあてはまる」という回答が1名あったが，他の9名は学習の遅れをかなり感じたことが回答されていた。

学習の支援の必要性について欠席中の学習支援は「とても必要だった」「かなり必要だった」という事例が半数を超えていた。再登校後，学習の問題が生じやすく，とくに中学校において生じやすいことがみられた。高校段

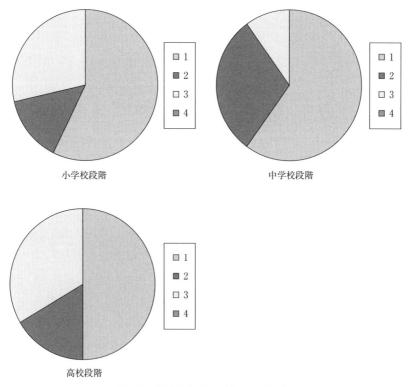

図9-5　長期欠席で生じた学習の遅れ

階では「とてもあった」から「とくになかった」まで，個人によって評価に幅が見られた。自由記載のなかに「英語チンプンカンプン」「『わからない』が当たり前になってしまった」「学習内容の問題があった」と記す回答が見られた。

2.5　学校に求める配慮・援助

　病気長欠時に必要な改善について，以下の項目から選択してもらい回答を得た。その結果を表9-6，表9-7，表9-8に示し，同じ質問に対する保護者の回答と併記した。

　学校の教職員に対しては「病気や気持ちの理解」「学校からの連絡」への要望が多く，教員間の共通理解を求める声が強いといえる。級友との関係では，同様に「病気や気持ちの理解」を求めており，「電話や手紙」「忘れないでほしい」という要望が強かった。

　病気長欠時の「学校どころではない」「勉強どころではない」という気持

表9-6　長期欠席中の配慮・援助に関する担任・学校への要望

	本人 n=10	保護者 n=15
①病気のことや気持ちを理解してほしい	50%	46.7%
②学校の様子を伝えてもらいたい	40%	46.7%
③学習が遅れないよう勉強を教えてほしい	30%	13.3%
④友だちに理解してもらえるよう援助してほしい	20%	20.0%
⑤友だちとの交流が続くよう援助してほしい	20%	33.3%
⑥先生方に理解してもらえるよう説明してほしい	30%	53.3%
⑦学校に安心して戻れるよう援助してほしい	10%	26.7%
⑧友だちを連絡・見舞いに来させるのはやめてほしい	0%	0%
⑨本人の気持ちを確かめ，希望を汲み取った配慮・対応	10%	20.0%
⑩プライバシーの尊重	0%	0%
⑪その他	30%	0%

第2部　通常学級在籍の病気長欠児の困難・ニーズの実態と特別な教育的配慮の課題

表9-7　長期欠席中の理解・協力に関する級友への要望

	本人 n=10	保護者 n=15
①病気の理解	60.0%	46.7%
②怠けているのではないことの理解	20.0%	40.0%
③学校の様子を知らせる	30.0%	6.7%
④学校からの連絡・届け物に協力する	0%	0%
⑤電話や手紙がほしい	10.0%	40.0%
⑥忘れないでほしい	30.0%	53.3%
⑦見舞いに来てほしい	20.0%	20.0%
⑧そっとしておいてほしい	20.0%	13.3%
⑨特別扱いしないでほしい	0%	6.7%
⑩とくになし	0%	6.7%
⑪その他	10.0%	0%

その他：容貌のことを言わないでほしい。

表9-8　長期欠席中の不安改善に必要と考える配慮・支援

	本人 n=10	保護者 n=15
①病気についての適切な理解	80.0%	73.3%
②欠席している本人の気持ちの理解と尊重	50.0%	80.0%
③クラスの友だちの理解を広げる学級指導	40.0%	40.0%
④主治医と学校の連絡の改善	10.0%	60.0%
⑤入院中に病院で勉強ができる院内教育の充実	50.0%	73.3%
⑥在籍の小・中・高校が連絡・相談を密にする	50.0%	40.0%
⑦在籍の小・中・高校が教員を派遣し学習を援助	30.0%	40.0%
⑧養護学校の訪問教育制度を活用し学習を援助	60.0%	53.3%
⑨スクールカウンセラー等によるカウンセリング	0%	40.0%
⑩休んで遅れた分を補なう教育期間の延長	20.0%	20.0%
⑪その他	0%	0%

ちと，学校からの援助を願う気持ちが交錯する心理を述べた自由記載や口述が随所で得られており，適切な時期に，適切な理解をふまえたコミュニケーション，具体的な援助の努力が求められている。

Ⅲ. 考　　察

　本調査で病気長欠経験を回答した事例には，患者会に所属しておらず発病・発症時の療養中の教育に関する情報や支援ネットワークを持っていない当事者・保護者とともに，病弱養護学校や院内学級・訪問学級利用者もいた。病弱教育を受けている者のなかに通常学級在籍時に病気長欠となっていた事例が一定の割合いることが予想された。

　この中には，発症直後で学校のことを考えるゆとりがない中で長欠が生じている事例と，長欠にいたる以前の学校の対応への不信から学校を回避する傾向にある事例があった。いずれも在籍校からではなく主に病院側からの情報で病弱教育に転入し，結果的には健康状態に配慮した学校生活を送ったことが回答されていた。

　病気長欠の一つの要因として，発症・入院の時点での心理的サポートや情報提供，教育相談の不十分さがあり，その中で学習・心理・友人関係などに関わる困難・ニーズが生じる事例もあると考えられる。また日常的な学校生活で困難をかかえているにもかかわらず，学校からの理解・援助が不適切な事例では，病気という困難が生じたときに学校に対して相談や援助を求めるには至らない傾向が見られた。断続的な欠席の累積も病気長欠の布石となっている事例があり，家庭の養育力でカバーできない場合，多様な困難が生じると考えられる。

　病気・病状の告知・説明を受けるのは主に担任教師に限られていたことから，担任との日常からの信頼関係やコミュニケーションが影響するほか，担任の認識や資質に左右される部分が少なくないと考える。また保護者だけで

なく，子ども本人を交えたコミュニケーションがどれだけ教育的視点から図られているかという点も今後，留意すべき視点だといえる。

そうした点で，困難な事態が生じた時点での適切な相談が，子ども本人を含めて行われる必要があると考える。高校における教師の理解と援助のもとで，自分のペースでの学校生活を積極的に送っている事例や，病弱教育において自らの問題を解決するための学習と生活指導をきめ細かい支援の中で実現している事例などから，引き取るべき教訓は多いと考えられる。

今回の調査では，病気長欠中において友人関係が本人の重要な関心事になっていることがあらためて確認された。さらに子どもの生活にとって，病気や長欠に伴う家族のなかでの人間関係が大きな比重を占めていることが明らかになった。家族だけで支える困難と，第三者の支援の重要性が明らかになったのではないかと考える。

中学校段階は，学習への不安や進学・進路の切迫感を持ちながら，実際には自分で学習することも難しく，援助者もいない状況が見られ，矛盾が激化する時期となっていた。病気長欠児の思春期・青年期における確かな育ちを獲得する上で，中学校段階の支援の質は重要な要素になっている。

さらに今回の調査結果から，長期欠席を経験していた子どもにとって，病弱養護学校・院内学級・訪問教育など病弱教育制度の重要な役割も明らかになったといえる。病弱教育の整備充実と通常学級における教育保障という両側面から，病気長欠児の支援をすすめることが不可欠であると考える。

Ⅳ．おわりに

本章において，大半の事例は小・中学校からではなく主に病院側からの情報で病弱教育に転入しているなど，通常教育と病弱教育機関の接続がスムーズでなく，病弱教育に関する情報が不足していると考えられた。

また学校生活において困難をかかえていたときに，学校からの理解・援助

が不適切だった事例では，病気という困難が生じたときにも学校に対して相談や援助を求めるには至らない。多様な困難・ニーズを抱える子どもが在籍する通常学級においては，総合的な援助が日常的に行われることが重要だといえる。病気の子どもに対しても主たる対応者になっている担任教師の役割とそれを支える全校的な支援体制が不可欠である。

　支援を進める際，保護者だけでなく，子ども本人を交えた相談活動を通して，自らの困難・ニーズを自覚し，必要に応じて支援を求める力を育てることが重要である。病気長欠児の思春期・青年期における確かな育ちを獲得する上で，様々な矛盾が生じる中学校段階の支援はとくに重要になっている。

　病気長欠中においては友人関係と並んで，家族のなかでの人間関係が子どもにとって大きな気がかりであることが明らかになった。家族だけで病気長欠中の子どもを支えることには多くの困難があり，第三者による支援がきわめて重要になってくる。

　今回の調査結果から，病弱養護学校・院内学級・訪問教育など病弱教育制度の重要な役割も明らかになっており，病弱教育の整備充実と通常学級における教育保障という両側面から，病気長欠児の支援をすすめることが不可欠であると考える。

240 第2部 通常学級在籍の病気長欠児の困難・ニーズの実態と特別な教育的配慮の課題

［資料5］

「病気による長期欠席の実態と支援に関する本人調査」
（東京都内）調査票

（保護者宛調査用紙の質問項目が一部異なる部分のみ，本人宛調査用紙に保護者用質問項目を※で記載している）

以下の質問について，該当する番号を○で囲むか，必要な事項をご記入ください

Ⅰ．現在の状態

年齢　　　2005年5月1日現在（　　　　）歳

性別　　　①男性　　②女性

病名　　　（　　　　　　　　　　　　）

所属患者会　（　　　　　　　　　　　　　）

　　　　　　　　　　　　　　　　　※差し支えなければご記入ください

Ⅱ．在籍していた学校

　在籍したことのある学校の種類を選んで番号を○で囲んでください。

　　①公立小学校　　②私立小学校　　③公立中学校　　④私立中学校

　　⑤公立高校　　⑥私立高校　　⑦専修学校　　⑧小学校特殊学級

　　⑨中学校特殊学級　　⑩養護学校小学部　　⑪養護学校中学部

　　⑫養護学校高等部　　⑬その他（病院内学級・病院内分教室・健康学園など　　）

Ⅲ．欠席の状態について

1．学校を欠席した経験について，覚えている範囲で，各学年の欄に「欠席日数」は〈A欄〉から，欠席状態は〈B欄〉から，該当する番号を記入してください。またおおよその欠席日数がわかる方は（　　　）にご記入ください。

〈A欄〉　欠席日数について以下の番号から該当するものを選んで記入してください

　①全般的に欠席が多かった　　②一時期多かった

　③通院・体調などで時々欠席しながら登校した

　④あまり欠席はしなかった　　⑤その他（　　　　　　　　　　）

第9章 東京都内の本人・保護者調査からみた病気長欠の困難・ニーズ　241

〈B欄〉　欠席状態につい以下の番号から選んで記入してください。
　①1年のほとんど欠席していた　　②ある期間集中して欠席した
　③休み休み登校していた　　　　④あまり欠席はしなかった
　⑤その他（　　　　　　　　　　　　　　　　）

欠席状況記入欄

学年	欠席日数 A欄①～⑤から選択	欠席日数	欠席状態 B欄①～⑤から選択
小学校1年		（　　）日くらい	
小学校2年		（　　）日くらい	
小学校3年		（　　）日くらい	
小学校4年		（　　）日くらい	
小学校5年		（　　）日くらい	
小学校6年		（　　）日くらい	
中学校1年		（　　）日くらい	
中学校2年		（　　）日くらい	
中学校3年		（　　）日くらい	
高校1年		（　　）日くらい	
高校2年		（　　）日くらい	
高校3年		（　　）日くらい	

2．欠席することになった理由は何ですか（当てはまるものすべてを選んで○で囲んで下さい）。
　①入院していた　　②検査・通院が多かった　　③体調が悪かった
　④なんとなく学校に行く気がしなかった　　⑤親が心配して休むようにすすめた
　⑥勉強がわからなくなって，おもしろくなかった
　⑦友達との関係がうまくいかなかった
　⑧病気に対する学校の理解がなかった
　⑨その他（　　　　　　　　　　　　　　　　　　　　）

3．欠席が多くなって病弱養護学校や養護学校訪問教育等を紹介されたことがありますか。
　①ある（具体的には　　　　　　　　　　　　）
　②ない　　③親は紹介されたかもしれないが直接は聞いていない
　④その他（　　　　　　　　　　　　　　　　　　）

4．欠席が多くなって病弱養護学校等を利用しましたか。

242 第2部 通常学級在籍の病気長欠児の困難・ニーズの実態と特別な教育的配慮の課題

　　①利用した　　②利用していない
「①利用した」方は，該当する学校等に○をつけてください。
　　・病弱養護学校　・院内学級　・健康学園
　　・その他（　　　　　　　　　　　　）
また「①利用した」方は，どれぐらいの期間利用しましたか
　例1：小学校3年3学期から小学校6年3学期まで　例2：入院の度に

　Ⅳ．学校への説明・報告
　　以下の5.から9.は，小学校・中学校・高校の各段階であてはまる番号を選んで○
をつけてください。その段階で，とくに健康上の問題がなかった場合は「◎とくに
健康上の問題はなかった」に○をつけてください。
5．病名・病状について，学校には説明・報告していましたか
　A小学校段階　◎とくに健康上の問題はなかった
　　　①機会があるごとに説明した
　　　②はじめに説明したが後はとくに説明はしなかった
　　　③行事などで必要になったときに説明した　　④あまり説明はしていない
　　　⑤よくわからない　　⑥その他（　　　　　　　　　　）
　　※保護者調査：⑤は削除し，⑤その他（　　　　　　）
　B中学校段階　◎とくに健康上の問題はなかった
　　　①機会があるごとに説明した
　　　②はじめに説明したが後はとくに説明はしなかった
　　　③行事などで必要になったときに説明した
　　　④あまり説明はしていない　　⑤よくわからない
　　　⑥その他（　　　　　　　　　　）
　　※保護者調査：⑤は削除し，⑤その他（　　　　　　）
　C高校段階　◎とくに健康上の問題はなかった
　　　①機会があるごとに説明した
　　　②はじめに説明したが後はとくに説明はしなかった
　　　③行事などで必要になったときに説明した　　④あまり説明はしていない
　　　⑤よくわからない　　⑥その他（　　　　　　　　　　）

第9章　東京都内の本人・保護者調査からみた病気長欠の困難・ニーズ　243

　※保護者調査：⑤は削除し，⑤その他（　　　　　　　）

6．だれに説明・報告していましたか。あてはまる人すべてに○をつけてください。

A小学校段階　◎とくに健康上の問題はなかった
　①担任　　②養護教諭　　③校長・教頭　　④スクールカウンセラー
　⑤その他（　　　　　　　　　　　　　　　　　　　　　）

B中学校段階　◎とくに健康上の問題はなかった
　①担任　　②養護教諭　　③部活の教師　　④校長・教頭
　⑤スクールカウンセラー　　⑥その他（　　　　　　　　　　　　　）

C高校段階　◎とくに健康上の問題はなかった
　①担任　　②養護教諭　　③部活の教師　　④校長・教頭
　⑤スクールカウンセラー　　⑥その他（　　　　　　　　　　　　　）

7．病名・病状，必要な配慮・支援について知っていたのは主にだれですか。

A小学校段階　◎とくに健康上の問題はなかった
　①担任　　②養護教諭　　③校長・教頭　　④スクールカウンセラー
　⑤周囲の先生たちはだいたいわかっていた
　⑥その他（　　　　　　　　　　　　　　　）

B中学校段階　◎とくに健康上の問題はなかった
　①担任　　②養護教諭　　③部活の教師　　④校長・教頭
　⑤スクールカウンセラー　　⑥周囲の先生たちはだいたいわかっていた
　⑦その他（　　　　　　　　　　　）

C高校段階　◎とくに健康上の問題はなかった
　①担任　　②養護教諭　　③部活の教師　　④校長・教頭
　⑤スクールカウンセラー　　⑥周囲の先生たちはだいたいわかっていた
　⑦その他（　　　　　　　　　　　）

8．病気のことや学校生活で困ったことなどはだれに相談しましたか。

A小学校段階　◎とくに健康上の問題はなかった
　①担任　　②養護教諭　　③校長・教頭　　④スクールカウンセラー
　⑤その他（　　　　　　　　）　　⑥とくに相談しなかった

B中学校段階　◎とくに健康上の問題はなかった
　①担任　　②養護教諭　　③部活の先生　　④校長・教頭　　⑤スクールカウンセ
　ラー　　⑥その他（　　　　　　　　　　　）　　⑦とくに相談しなかった

C高校段階　◎とくに健康上の問題はなかった
　①担任　　②養護教諭　　③部活の先生　　④校長・教頭　　⑤スクールカウン

244 第2部 通常学級在籍の病気長欠児の困難・ニーズの実態と特別な教育的配慮の課題

セラー　　⑥その他（　　　　　　　　　　　　　　　　）　　⑦とくに相談しなかった

9. 病気のことや学校生活で困ったことについて学校での理解は得られていましたか。

A小学校段階　◎とくに健康上の問題はなかった

　　①得られていた　　②あまり得られなかった　　③先生によって理解がちがった　　④得られなかった　　⑤特に理解してもらう必要はなかったので気にしていなかった　　⑥その他（　　　　　　　　　　）

B中学校段階　◎とくに健康上の問題はなかった

　　①得られていた　　②あまり得られなかった　　③先生によって理解がちがった　　④得られなかった　　⑤特に理解してもらう必要はなかったので気にしていなかった　　⑥その他（　　　　　　　　　　）

C高校段階　◎とくに健康上の問題はなかった

　　①得られていた　　②あまり得られなかった　　③先生によって理解がちがった　　④得られなかった　　⑤特に理解してもらう必要はなかったので気にしていなかった　　⑥その他（　　　　　　　　　　）

Ⅴ. 欠席中の心境・不安

10. 休んでいる時　学校のことで気になったこと・心配だったことについて，伺います。

以下の表の項目(1)～(9)について，①とても強く感じた　②かなり感じた　③少し感じた　④まったく感じなかった，のいずれかの番号を記入してください。

	小学校段階	中学校段階	高校段階
(1)勉強が遅れる			
(2)学校生活が中断する			
(3)みんなと同じ活動ができない			
(4)友だちがどう思っているか			
(5)先生がどう思っているか			
(6)家族がどう思っているか			
(7)進学がどうなるか			
(8)将来の進路・就職がどうなるか			

(9)学校のことは考えたくなかった			

その他不安だったこと，気になっていたことを記入してください。

11. 欠席中，学校や友だちから得られた配慮・援助で嬉しかったこと・助かったことはありますか。あれば記入してください。

12. 欠席中，学校や友だちとの関係で，困ったことはありましたか。あれば記入してください。

13. 欠席中，担任の先生や学校にどんな配慮・援助をしてほしいと思いましたか。あてはまるものの番号に○をつけてください。
　　①病気のことや気持ちを理解してほしかった　　②学校の様子を伝えてもらいたかった　　③学習が遅れないよう勉強を教えてほしかった　　④友だちに理解してもらえるよう援助してほしかった　　⑤友だちとの交流が続くよう援助してほしかった　　⑥先生方に理解してもらえるよう説明してほしかった　　⑦学校に安心して戻れるよう援助してほしかった　　⑧友だちを連絡・見舞いに来させるのはやめてほしかった　　⑨本人の気持ちを確かめて，本人の希望を汲み取った配慮・対応をしてほしかった　　⑩プライバシーを尊重してほしかった
　　⑪その他（　　　　　　　　　　　）

14. 休んでいる時，クラスの友だちに理解してほしかったことや援助してほしかったことはなんですか。あてはまるものの番号に○をつけてください。
　　①病気の理解　　②怠けているのではないことの理解　　③学校の様子を知らせる　　④学校からの連絡・届け物に協力する　　⑤電話や手紙がほしい　　⑥忘れないでほしい　　⑦見舞いに来てほしい　　⑧そっとしておいてほしい
　　⑧特別扱いしないでほしい　　⑨とくになし
　　⑩その他（　　　　　　　　　　　）

Ⅵ. 欠席中の学習についてお答えください。

15. 欠席中の学習状況についてお聞きします。表の(1)〜(6)について，①〜④の番号を各欄に記入してください。
　　①とてもあてはまる　　②かなりあてはまる　　③少しあてはまる
　　④まったくあてはまらない

246 第2部 通常学級在籍の病気長欠児の困難・ニーズの実態と特別な教育的配慮の課題

	小学校段階	中学校段階	高校段階
(1)体調が悪く勉強どころではなかった			
(2)欠席中はとくに勉強しなかった			
(3)自分で勉強していた			
(4)家族に勉強をみてもらった			
(5)家庭教師・塾・通信添削指導を利用した			
(6)学校の先生にみてもらった			
(7)その他〈具体的内容を記入してください〉			

16. 欠席による学習の遅れ

　欠席による学習の遅れが生じたと思いますか。表に①〜④の番号を示してください。

　　　①とても生じた　　②やや生じた　　③ほとんど生じなかった　　④その他

	小学校段階	中学校段階	高校段階
欠席による学習の遅れ			

　学習に関する具体的な問題・実際の経験などありましたらご記入ください。

17. 学校から欠席中の学習に対する支援が必要だったと思いますか

　　　①とても必要だった　　②かなり必要だった　　③少し必要だった

　　　④必要ではなかった　　⑤その他（　　　　　　　　　　　　　　　　）

18. 再登校を開始したとき，学校生活で何か困ったことはありましたか。表に①〜④
　　の番号を示してください。

　　　①とてもあった　　②かなりあった　　③少しあった　　④とくになかった

	小学校段階	中学校段階	高校段階
(1)学習の問題			
(2)体育の授業の問題			
(3)行事の参加に関する問題			
(4)健康に関する問題			
(5)その他			

　「(5)その他」の内容や，(1)〜(4)で実際に困ったことを記入してください。

第9章　東京都内の本人・保護者調査からみた病気長欠の困難・ニーズ　　247

Ⅶ．配慮や支援の要望

　ご自分の経験から，病気による欠席中の学習や心理的不安などを改善するためには，どのような配慮や支援があればいいと思いますか。

　　　①病気についての適切な理解　　②欠席している本人の気持ちの理解と尊重
　　　③クラスの友だちの理解を広げる学級指導　　④主治医と学校の連絡の改善
　　　⑤入院中に病院で勉強ができる院内教育の充実　　⑥在籍の小・中・高校が教員を派遣して連絡・相談を密にする　　⑦在籍の小・中・高校が教員を派遣して学習を援助する　　⑧養護学校から教員を派遣して学習を援助する（現行の訪問教育制度の活用）　　⑨スクールカウンセラーや病院等のカウンセラーなどによるカウンセリング　　⑩休んで遅れた分を補えるような教育期間の延長
　　　⑪その他（　　　　　　　　　　　　　　　）

Ⅷ．その他，ご意見・ご要望を自由にお書きください。

　　　　　　　　　　　　　　　　　　　　ご協力ありがとうございました。

第10章　全国病弱養護学校高等部在籍の病気長欠経験者調査からみた病気長欠の困難・ニーズ

Ⅰ．はじめに

　第9章において患者会会員および病弱教育経験者で長期欠席経験のある事例を通して，病気長欠時の困難・ニーズを検討したが，事例数が少なく，さらに事例数を増やして検討することが必要であると考えられた。

　病弱教育機関に在籍している児童生徒のなかにも通常学級在籍中に病気長欠を経験した事例が少なくなかったため，本章では全国の病弱養護学校高等部に在籍する生徒のうち，通常学級において病気長欠を経験した生徒への郵送による質問紙調査を実施し，その集計結果にもとづき，病気長欠中の本人・当事者ニーズをより明らかにすることを目的とする。

　各病弱養護学校校長宛に質問紙調査票を郵送し，各校で判断の上，該当すると考えられる事例で，心理的な状態など総合的に判断して回答可能と考えられる生徒または保護者に調査用紙を配布するよう，協力を依頼した。調査票は該当校49校に対して237通発送し，本人記入23通，保護者記入24通，合計47通が回答者から返送された。回収率は19.9％，調査期間は2005年9月25日から2005年10月17日であった。

250　第2部　通常学級在籍の病気長欠児の困難・ニーズの実態と特別な教育的配慮の課題

Ⅱ. 調査の結果

2.1　回答された事例の概要と学校生活全般の状況

　病弱養護学校高等部在籍の生徒で通常学級に在籍した経験を有する47名の事例を得ることができた。2校から該当する事例がいないという返信があったほか，2校から該当者が回答することが困難であるという返信があった。

　回収率などからも病気長欠の実態全般を明らかにするには不十分な事例数であるが，病弱養護学校在籍にいたる前に生じている病気長欠の状況を知る貴重な資料として分析を行った。

　通常の高校在籍経験者は4名であったが，3名は高校段階での欠席はほとんど見られず入院に伴って病弱養護学校に転入していたため，小学校段階と中学校段階の長期欠席について分析を行った。集計にあたっては，生徒本人と保護者で実感した問題や困難度に違いがあると考えられるため，それぞれ別に集計し，結果を比較検討した。

2.1.1　回答された事例の年齢構成と性別

　回答された事例の年齢と性別は表10-1，表10-2に示した。

表10-1　本人回答事例の年齢構成と性別　(n=23)（名）

年齢	15歳	16歳	17歳	18歳	合計
男性	2	4	4	1	11
女性	1	6	5	0	12
合計	3	10	9	1	23

第10章　全国病弱養護学校高等部在籍の病気長欠経験者調査からみた病気長欠の困難・ニーズ　251

表10-2　保護者回答事例の年齢構成と性別　　(n=24)（名）

年齢	15歳	16歳	17歳	18歳	20歳	合計
男性	4	5	3	1	0	13
女性	0	2	5	3	1	11
合計	4	7	8	4	1	24

表10-3　本人が回答した事例の病名　　(n=23)

年齢	15歳	16歳	17歳	18歳
病類	総動脈幹症 進行性筋ジストロフィデュシェンヌ 型自律神経失調症	未記入5 単心室症 強迫性神経症 不安障害 甲状腺 喘息	未記入3 ネフローゼ症候群2 喘息・アレルギー 再生不良性貧血 喘息 統合失調症	全身性エリテマトーデス

2.1.2　回答された事例の病名

　回答された事例の病名は表10-3，表10-4に示した。とくに保護者からの回答において，身体的な慢性疾患のほか，発達障害や精神・神経疾患などが重複している事例が散見され，病弱養護学校の実態を反映していると考えられた。

　こうした重複障害を含む病名が本人にどのように告知され，認識されているかは定かではなく，また病名については「差し支えなければご記入ください」としたところ本人回答では病名を記入していない8事例が見られた。

　回答された事例は本人と保護者が同一ではなかったが，同一事例であっても本人と保護者において病名や，実態の認識に違いが生じているのではないかと考えられた。

252　第2部　通常学級在籍の病気長欠児の困難・ニーズの実態と特別な教育的配慮の課題

表10-4　保護者が回答した事例の病名　(n=22)

年齢	15歳	16歳	17歳	18歳	20歳
病類	慢性腎炎・広汎性発達障害先天性心疾患うつ状態	心房中隔欠損症先天性心臓疾患デュシェンヌ型腎不全・難聴・発達障害胚細胞腫高機能自閉症・喘息アスペルガー症候群・Ⅱ型糖尿病脳炎，後遺症によるてんかん	喘息・プラダウィリー適応障害頭蓋咽頭腫・糖尿病・尿崩症・汎下垂体機能低下症・視野障害統合失調症心内膜床欠損症，単心房脳腫瘍ＬＤ先天性胆道閉鎖症・全身性エリテマトーデス先天性胆道閉鎖症・全身性エリテマトーデストゥレット症候群・アスペルガー	小児糖尿病および不安障害全身性エリテマトーデス下垂体機能低下症	未記入

2.1.3　在籍した校種と病弱養護学校への入学・転学時期

　本人回答・保護者回答とも，回答された47事例はすべて小学校に在籍していた経験を持っていた。そのうち小学校を卒業したものは47事例中42事例であり，5事例は小学校段階で病弱養護学校に転校し現在に至っており，4名は入退院に伴い一時期，病弱養護学校等に転校していた。

　中学校に在籍したものは47事例中38事例であり，そのうち中学校を卒業したものは26事例であった。中学1年から病弱養護学校に入学し現在に至っている事例が4名，中学校段階で一時期，病弱養護学校等に転校した事例は2名であった。

第10章　全国病弱養護学校高等部在籍の病気長欠経験者調査からみた病気長欠の困難・ニーズ　253

表10-5　病弱養護学校への転学のきっかけ　（複数回答）

	本人 n=23	保護者 n=24
①学校の先生に紹介された	6	4
②医者，看護師など病院関係者に紹介された	11	10
③保護者が調べた	6	8
④その他	4	6

【その他】
本人記載：「兄が通学していたので」「無理やり連れて行かれた」「入院経験があった。入院して単位がとれなくなるのでやむを得ず転入した」

保護者記載：「勉学・体力の遅れのため」「同じ病気の子のお母さんから聞いていて早くから高等部はここにくると決めていた。中学校ではもう何もできないと言われた」「中２の時休みがちで，保健室にいることが多くなった。保健室の先生から，中１のときまで来ていた先生が，以前，養護学校にいた経験があるのをお聞きした。その先生はわたしの中学１年時の担任でした。その先生に事情を話し，一度見学してみようと共に出かけ見学し，話を聞いたことがきっかけです」「本人が入院中調べた」「療育センター・発達障害支援センターなどで紹介された」

　病弱養護学校への転入の時期と通常教育への在籍期間は様々であった。また病弱養護学校入学前の欠席状況について「（通常学級在籍中に）欠席が多かった」と回答された事例は本人回答16事例，保護者回答19事例であった。

　病弱養護学校への転入に際して，学校からの紹介は少なく，医療関係者からの情報提供であったという回答が多い。回答された事例の多くは，身体的な病気以外の障害を併せ持ち，通常教育における困難の大きさから，保護者が動かざるを得なかったことがうかがえた。また本人回答の「その他」で，「無理やり連れていかれた」「入院して単位がとれなくなるので」やむなく転学した記載がみられる（表10-5）。

2.2　通常学級在籍中の学校生活上の問題と学校との共通理解

2.2.1　学校への病名・病状の告知・説明

　学校への病名・病状の告知・説明について，小・中学校とも「保護者が説明した」という事例が大半であり，「自分で説明した」という１事例も見ら

254 第2部 通常学級在籍の病気長欠児の困難・ニーズの実態と特別な教育的配慮の課題

表10-6 小・中学校への病名・病状の告知・説明 （複数回答）

	本人		保護者	
	小学校 n=23	中学校 n=18	小学校 n=24	中学校 n=20
①健康上の問題はなかったので説明せず	7	1	4	1
②保護者が説明した	13	15	18	19
③自分で説明した	1	1	0	0
④あまり説明しなかった	0	1	0	0
⑤入学やクラス替えのときに説明した	2	3	3	4
⑥行事などで必要になったときに説明した	1	1	1	1
⑦わからない	1	2		

れるが，「わからない」という本人回答が小学校段階で1名，中学校段階で
2名みられた（表10-6）。

2.2.2 学校生活で生じた問題

　学校生活を送る上で生じた問題について「学習」「体育」「行事」「健康」
について4件法で質問した。

　病弱養護学校高等部在籍者が「とてもあった」「かなりあった」と回答す
る割合は，保護者回答では小学校24事例中8事例，中学校20事例中16事例で
あるのに対し，本人回答では小学校23時例中6事例，中学校18事例中6事例
と低くなっていた。逆に問題は「とくになかった」とする割合は本人回答で
高かった。しかし小学校段階より中学校段階で，学習の問題が強く感じられ
る傾向は本人・当事者，保護者いずれの回答でも見られた（図10-1，図10-2，
表10-7）。

　「体育」「行事参加」「健康」に関する問題でも，問題の感じ方の程度は
個々に異なるが，本人・当事者と保護者の困り感の程度に差が見られた。保
護者の方が困難・問題があったとする回答が多くみられ，「その他」の問題

第10章　全国病弱養護学校高等部在籍の病気長欠経験者調査からみた病気長欠の困難・ニーズ　255

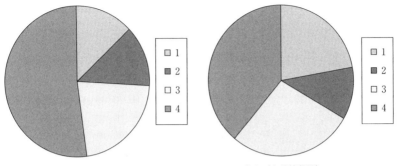

図10-1　本人が感じた学習の問題

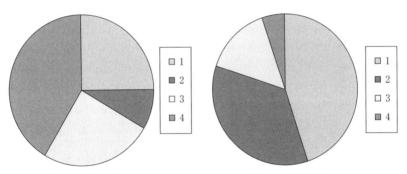

図10-2　保護者が感じた学習の問題

表10-7　学習の問題　本人回答

	①とてもあった	②かなりあった	③少しあった	④とくになかった
小 n=23	3	3	5	12
中 n=18	4	2	5	7

保護者回答

	①とてもあった	②かなりあった	③少しあった	④とくになかった
小 n=24	6	2	6	10
中 n=20	9	7	3	1

として回答された自由記載も，保護者に比べて子どもからの回答は少ない。保護者が回答した事例と本人回答の事例が異なるため，今回の調査からは明らかにできないが，本人・当事者がどのように困難・ニーズをとらえているのかを考える上で，両者の違いを分析することが必要である。

　また学校生活全般において，小学校段階よりも中学校段階で「問題があった」とする傾向が保護者では明確に見られたが，本人回答でも同様の傾向が見られた。中学校段階で強く感じられている困難さが，本人自身の病状・学校生活から生じているものなのか，あるいは中学校という段階が持つ固有性に起因しているのか検討が必要である。

　回答事例は全員が小学校には在籍していたが，中学校に進むにしたがい養護学校へ転学していく事例が増えており，中学校在籍者が減少していくのに対して，長期欠席者数は小学校段階よりも中学校段階で増加している。こうしたことから，中学校段階の特性を明らかにしその時期の支援を充実させることは，特別な教育的配慮を実現していく上で重要であると考えられた。

　「その他」として記載された内容では，「いじめ」の問題や休み時間に生じていた問題があることを示す本人記載があるほか，保護者からも「外観からわからないため苦労した」などの病気・体調に関する理解の難しさ以外に，いじめ・コミュニケーション・友人関係で問題が生じていることが記されていた（表10-8）。友人関係が病気療養児の学校生活を考える上で，重要な要素になっていることがうかがえる。

　これらの学校生活に関わる問題は，「欠席はとくに多くなかった」という9事例においても「とても問題があった」「かなり問題があった」というレベルが選択されていた。長期欠席中の支援とともに，病気療養児の学校生活に関する問題への配慮と支援が求められており，日常的な支援内容等の実際と病気長欠はつながっていると考えられた。

表10-8　学校生活に関するその他の問題

本人回答：
　小学校：○まともに学校に行けなかった　　○1時間座っているのがとても疲れる
　　　　　○勉強・いじめ
　中学校：○中学校在学中に不登校になった　○クラス内での休み時間とか
保護者回答：
・高血圧時に見かけが元気だからと教師が判断して薬を飲まさずに林間学校で歩かせたこと，耳の手術後耳小骨が定着するまで運動の制限があったにもかかわらず見かけはわからないので配慮してもらえなかったこと
・小学校では先生の理解を得られなかった。病気の説明はわかってくれるが，「さぼっている」「甘えだ」「わがままだ」と言われた。高校は出席できる日が少ないので（体力）不安。
・小・中学校で病気や障害がわからなかった
・集中力・根気がなかった。学習・体育で「何でもやりたい」という気持ちと，「できない」また「できなくなる」状況を受け止めることが，親も子もむずかしかった。
・健康：頭痛があると休むことがあった。医師にそのことを伝えても心臓と関係ないといわれ，原因不明でどうしてそうなるのかと悩んだ。中学では，ストレスからではないかと調べることもなく言われ，親としてどうしたらよいかわからないことや，子どもがずるさでそういうのか？とか，精神的に悩んでいるのか？など考えることがあった。熱を測ると37度くらいあった。
・小学校高学年よりいじめ問題で困った
・友人関係
・いじめ
・コミュニケーション
・人間に対して不信になってしまいましたので，何をするのも人間の中に入れなかったこと。今も続いている。

2.2.3　学校生活に関する相談相手

　学校生活に関する相談相手は，保護者回答に比べて，本人回答での相談相手の記載が少ない。「学校生活に関する問題がとくになかった」という回答者は「とくに相談しなかった」と回答しているが，「問題があった」と回答した事例の中にも「とくに相談しなかった」という回答が本人回答で多く見られた（表10-9）。子ども自身が問題を感じたときに，どのような相談行動をとっていくのか，子どもから相談相手・相談の場がどのように認識されているのか，さらに検討が必要である。

　相談の上で，家族や医師が重要な相談相手になっていることがみられる。

258　第2部　通常学級在籍の病気長欠児の困難・ニーズの実態と特別な教育的配慮の課題

表10-9　学校生活に関する相談相手　本人回答　(n=23)（複数回答）

	担任	養護教諭	部活の先生	校長教頭	スクール・カウンセラー	その他	とくに相談しなかった
小 n=23	6	3	－	2	0	5	7
中 n=18	4	1	0	0	0	4	8

その他
【小学校】「親」「心理の先生」「精神科医」
【中学校】「小学校のときの養護教諭」「友だち」

保護者回答　(n=24)（複数回答）

	担任	養護教諭	部活の先生	校長教頭	スクール・カウンセラー	その他	とくに相談しなかった
小 n=24	13	5	－	2	0	11	2
中 n=20	16	8	0	1	7	12	2

その他：
【小学校】「症状は伝えたがとくに相談はしなかった」「夫」「児童相談所」「病院，主治医，担当医，医師8名」「同じ病気の子の親」「理学療法士」「県・市の教育センター：2名」「療育センター心理士」
【中学校】「症状は伝えたがとくに相談はしなかった」「夫」「病院，主治医，担当医，医師：9名」「同じ病気の子の親」

　担任教員は，説明・報告・相談を受ける立場にあるといえるが，自由記載や「その他」に記された内容を含めて全体からみると相談相手として認識されている割合は低いのではないかと考えられる。
　本人回答の「その他」で中学校・高校段階での相談相手として「小学校のときの養護教諭」を記載している事例があり，その事例は高校段階での相談相手として「小学校のときの養護教諭，友だち，体育の先生，スクール・カウンセラー，医師」をあげている。当事者のニーズに応える相談相手を子ども自身が選び，活用していくような関係づくりと子ども自身が支援を自らの選択していく力を育てる見守りが重要であろう。

第10章　全国病弱養護学校高等部在籍の病気長欠経験者調査からみた病気長欠の困難・ニーズ　259

表10-10　病気・学校生活の困難についての学校の理解　(複数回答)

	本人回答		保護者回答	
	小学校 n=23	中学校 n=18	小学校 n=24	中学校 n=20
①得られていた	8	6	8	9
②あまり得られなかった	0	1	4	3
③先生により理解がちがった	3	6	7	7
④得られなかった	2	1	1	4
⑤理解の必要はない	3	3	1	1
⑥その他	0	0	1	1
未記入	1	1	0	0

2.2.4　学校生活の問題に対する学校の理解

　学校生活において「学校の理解が得られていた」という回答は，保護者と子どもの回答状況は同程度であったが，「あまり得られていない」「先生により理解がちがった」「得られなかった」という消極的な評価は保護者の方が高い割合になっていた(表10-10)。

　相談・話し合いの機会を多く持ち，学校側との接触を多く持つことになった保護者の立場と，そうした場面をあまり経験していない本人との差や学校生活での問題の感じ方の差がみられる。

　事例の個別の状態によって受けた支援に違いがあり，そのことが評価の違いを生んでいることが予想される。しかし，集計には示していないが，養護学校高等部では「理解が得られた」という回答が多かったことと比較すると，通常教育の場での理解やコミュニケーションの全般的不足が示されていると考えられる。

260 第2部 通常学級在籍の病気長欠児の困難・ニーズの実態と特別な教育的配慮の課題

2.3 病気長欠中の困難・ニーズと支援の実際

2.3.1 回答された事例の病気長欠日数とその推移

通常学級に在籍していた時期に「欠席が多かった」と回答した事例は本人回答16人・保護者回答19人であった。「健康上の問題がなかった」という本人回答は小学校4名，中学校1名，保護者回答では小学校7名，中学校1名であった。それらの事例には，小学校から継続して病気療養が続いている事例と，急に発症・悪化していった事例がみられた。また，困難が生じている時期と比較的安定して学校生活を過ごしている時期があり，個々の事例においてもその経過は流動的で変化している様子がみられた（表10-11，表10-12）。

実際に年間30日以上の長期欠席を経験したのは，小学校段階は本人回答9事例・保護者回答13事例の計22事例，中学校段階では本人回答12名・保護者回答16事例の28事例であり，小・中学校全体を通してみると本人回答の16事例，保護者回答の19事例が長期欠席を経験していた。これらの事例を通して，病気長欠時の困難・ニーズを見ていく。

2.3.2 長期欠席となった理由

欠席理由として，「体調が悪かった」「入院」「通院」といった身体症状や治療に関わることをあげる回答が多かった。そのほか，「友だちとの関係」をあげる割合が保護者・本人とも多く（表10-13），第9章に示した東京都における当事者調査の回答とも一致する。友人関係は登校回避感情を考える上で重要な要素になっていると考えられる。

また，本人からは「勉強がわからなくておもしろくなかった」という理由も多く回答された。

保護者からは「学校側の理解のなさ」や先生との関係をあげる回答が見られたが，こうした理由は子どもの回答にはなかった。子どもは直接話し合いに参加していないことがあると思われるが，当事者の要求や関心，人間関係

第10章　全国病弱養護学校高等部在籍の病気長欠経験者調査からみた病気長欠の困難・ニーズ　　261

表10-11　病弱養護学校以前の欠席状態　本人回答　　(n=23)

事例	小学校	中学校
a	欠席は多くなかった	
b		中1・3一時期集中して，中2全般的に
c		中1全般的に，中2・3休み休み登校
d	欠席は多くなかった	
e		中2　30日くらい一時期集中して
f	小1：15日，小2：30日，小3：10日，小4：15日，小5：20日	
g	小1：42日　1学期手術　他は0〜10日	中1：8日，中2：39日合併症のため続けて欠席。中3：72日入院のため。
h	欠席は多くなかった	
i	欠席は多くなかった	
j		中1：150日，中2：120日集中的に
k	小1・3・5・6で集中的に	中1で集中的に。
l		中1　入院で200日
m		中1：2日，中2：363日，中3：70日
n	欠席は多くなかった	
o	欠席は多くなかった	
p	小5：100日集中	
q	小4〜小6	中1〜中3
r	小6：30日	中1：50日，中3：60日
s	欠席は多くなかった　　　　高3　2学期に入院に伴い転校	
t	小学校はほとんど出席していない	
u	小学校から休みがち。	中2はほとんど欠席
v	小2から休みがち。小3・4はほとんど欠席	
w		長期欠席（詳細未記入）
合計	小学校での長欠経験：9事例，中学校での長欠経験：12事例，小・中いずれかで：16事例	

262　第 2 部　通常学級在籍の病気長欠児の困難・ニーズの実態と特別な教育的配慮の課題

表10-12　病弱養護学校以前の欠席状態　保護者回答　　(n=24)

事例	小学校	中学校
あ	欠席は多くなかった	
い	1 学期に20日ぐらいずつ	1 学期に20日ぐらいずつ
う	小 5 で集中的に60日	通院による遅刻
え	通院・体調で全般に欠席が多かった	通院・体調で時々欠席
お	欠席は多くなかった	
か		中学は入院で続けて欠席
き	欠席は多くなかった	
く	小 6 　4 ヶ月	中 1 〜 3 　集中して欠席
け	小 6 　3 学期	中 1 　半年　中 2 ・ 3 　1 年ほとんど
こ	欠席は多くなかった	
さ		中 2 　2 学期から中 3 　3 学期まで
し	月10日くらい	週 2 日くらい
す	小 4 　2 学期から入院生活。その後 1 年半ぶりに復帰し通学していたが，後遺症によりまた手術で 3 ヶ月入院	中 1 ：入院で200日
せ		中 2 ：50日，中 3 ：365日
そ	通院・体調で欠席	全般的に集中して休む
た	小 1 　40日　小 4 ・ 5 ・ 6 　全般に休む	
ち	小 4 ：20日，小 5 ：60日，小 6 ：70日	中 1 〜 3 　70日ずつくらい
つ	小 1 〜小 4 ：20日，小 5 ：30日，小 6 ：3 学期全部	中 1 ：3 学期全部　中 2 ・中 3 ：1 年間
て		中 2 　集中して180日
と		中 3 　50日くらい　集中して
な	小 2 ：21日，小 3 〜 5 ほぼ全，小 6 ：170日	中 1 　190日集中して欠席，80日位フリースクール 中 2 ・ 3 断続的に休む
に	小 4 ：118日，小 5 ：140日，小 6 ：99日	中 1 ：76日，中 2 ：44日，中 3 ：65日
ぬ	欠席は多くなかった	
ね	小 1 〜小 6 　通院・体調で欠席	中 1 〜中 3 　入院で集中して欠席した期間がある
合計	小学校での長欠経験：13事例，中学校での長欠経験：16事例，小・中学校段階全体：19事例	

第10章　全国病弱養護学校高等部在籍の病気長欠経験者調査からみた病気長欠の困難・ニーズ　263

表10-13　長期欠席の理由

	本人回答　n=16	保護者回答　n=19
①入院していた	9	7
②検査・通院が多かった	5	4
③体調が悪かった	10	12
④なんとなく学校に行く気がしなかった	5	3
⑤親が心配して休むようにすすめた	2	3
⑥勉強がわからなくなった	6	3
⑦友達との関係がうまくいかなかった	9	8
⑧病気に対する学校の理解がなかった	0	4
⑨その他	2	3

【その他】
本人回答：学校のなかでの移動距離が長く，体力が最後まで続かないなど体力的な面（1名），幻聴があった（1名）
保護者回答：先生との関係がうまくいかなかった（1名），わたしの育て方が悪かった（1名），激しいチック症とうつ状態が続き登校できなかった（1名）
保護者の自由記載：中3の1月から卒業まで頭痛・不眠などがあり教室にはいれなかった。学校がこわかった。

等現実の学校生活の場面のなかで，「理解」をめぐる評価は異なってくることが予想される。

2.4　長期欠席中の不安

　「勉強が遅れる」「学校生活が中断する」「みんなと同じ活動ができない」「友だちがどう思っているか」「先生がどう思っているか」「家族がどう思っているか」「進学がどうなるか」「将来の進路・就職がどうなるか」「学校のことは考えたくなかった」という10項目について，4件法（1，とても強く感じた，2，やや強く感じた，3，少し感じた，4，まったく感じなかった）で回答を求めた。該当する本人回答は小学校9名，中学校12名であり，保護者回答は小学校13名，中学校16名であった。

　長期欠席中の不安感は，小学校段階での「学校生活が中断し，友だちと同

264　第2部　通常学級在籍の病気長欠児の困難・ニーズの実態と特別な教育的配慮の課題

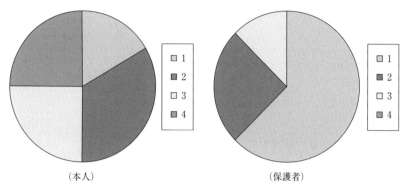

図10-3　中学校段階における不安の比較：「進学がどうなるか」

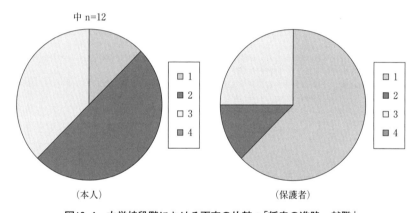

図10-4　中学校段階における不安の比較：「将来の進路・就職」

じ活動ができない」「先生がどう思っているか」，小・中学校段階での「進学」，中学校段階での「進路・就職」については，保護者回答の方が強く感じていたが，本人・保護者共，小学校段階より中学校段階の方が不安を強く感じている傾向がみられた（図10-3，図10-4）。

　本人が強く感じる傾向が見られるものとして，小学校段階での「友だちがどう思っているか」があるほか，「家族がどう思っているか」と「学校のこ

第10章　全国病弱養護学校高等部在籍の病気長欠経験者調査からみた病気長欠の困難・ニーズ　265

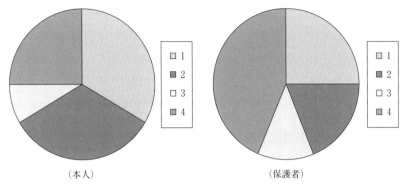

図10-5　中学校段階における不安の比較：「家族がどう思っているか」

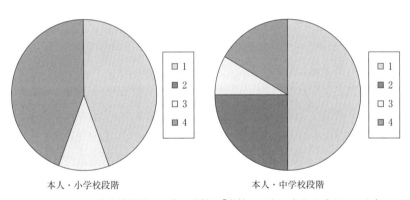

図10-6　小・中学校段階の不安の比較：「学校のことは考えたくなかった」

とは考えたくなかった」という気持ちがある。保護者が感じる以上に，病気療養児本人は家族との関係や家族からの評価を気にしていることがうかがえた（図10-5）。

　また，「学校のことは考えたくなかった」という項目では，小学校では本人は「まったく感じなかった」という回答が多く，学校への関心・期待を持っていると見られたが，中学校段階ではその割合が逆転していく様子がみられ，中学校段階で学校への期待が希薄になり，学校への回避感情の強まりを

反映しているのではないかと考えられる（図10-6）。

　自由記載からは，保護者も本人も「健康に戻れるか」「社会に復帰できるか」という不安を抱えながら生活している様子がうかがえた。病気の子どもの心理を特徴づけるものとして，多くの事例が気持ちの奥に持っている不安があり，そうした不安を理解し，軽減する具体的な支援が必要といえる。

2.5　学校や友人の対応で嬉しかったこと・いやだったこと

　本人回答では，学校や友人の対応で嬉しかった援助を15名が記載していた。他の質問項目への記載と比べて，記入事例が多く，心に残っている様子が見られた（表10-14）。

　9名が「手紙」「千羽鶴」「寄せ書き」「お見舞い」「プリントを届けてくれた」「漫画本を貸してくれた」「先生を介してビデオを貸してくれた」という具体的な行動を記していたが，2事例から「普通に接してくれた」「いつもどおりに話してくれた」という記載があった。「先生が会いに来てくれた」ということが当たり前のこととしてではなく，嬉しかった援助とされるところに，病気長欠中の学校の関わりの希薄さが示されていると見ることもできるのではないか。「特になし」と回答した2名は，学校・友人への厳しい評価を示している。

　そのほか「登校できるようになってからの個別の対応」「放課後登校を小学校6年間認められ，担任の教師がクラスのみんなと勉強できない理由など話してくれた」など，登校時の援助への評価が高い。

　また「いやだったこと・困ったこと」に関する自由記載は13事例であり，本人回答では，前述の「うれしかったこと」についで記入が多かった（表10-15）。「特にない」と回答した5名は，学校生活においておおむね良好な環境で過ごしたと見られる事例であった。

　特徴的な記載として，心無い発言に傷ついた経験のほか，とくに「教室で浮く」「休み時間」「会話についていけない」などが散見された。大人の側が

第10章　全国病弱養護学校高等部在籍の病気長欠経験者調査からみた病気長欠の困難・ニーズ　267

表10-14　学校や友だちの配慮・援助で嬉しかったこと
本人回答（記入者15名）

○千羽鶴
○手紙を書いてくれたこと
○クラスメイトのお見舞い・寄せ書き・千羽鶴，いつもプリントを届けてくれたこと
○手紙など持ってきたりしてくれて助かった
○手紙をもらったこと，その当時，地元の中学の保健の先生が会いに来てくれたこと
○友だちからの手紙やメールが嬉しかった。高校の先生が単位がどうなるか親身になって
　くれた。クラスの皆から寄せ書きをもらったこと。
○入院中の手紙やお見舞い
○入院中漫画本を貸してくれたこと，お見舞いに来てくれたこと
○ゲームソフトを借りて先生を介して返すことができた
○特別なことではなく普通に接してくれたこと
○仲のよい友だちが態度を変えることなく普通に接してくれたこと
○小１～６　放課後登校という形で毎日通学していました。担任の教師はクラスのみん
　なと勉強できない理由など話してくださいました。校長先生とは年１回お会いする機
　会を作っていただき学校への要望を伝えました
○中学校のとき，近所の同級生がかばってくれて嬉しかった
○特になし（２名）

保護者回答（記入者13名）

○小：学校側の配慮で子どもをサポートしてくださる先生をつけて下さっていたので，
　欠席中も電話をいただいたり，様子を見に家のほうまで足をお運びいただきました
　（学校と家がとても近かったので）
○入院中，小学校の修学旅行や運動会の誘いがあり，うれしかった。手紙や千羽鶴の励
　ましもあった。
○入院中の励ましの手紙や，先生方にお見舞いをいただき，沢山の激励を受けた事が本
　当にうれしかったです。
○会いに来てくれること。いつも通りに話をしてくれること
○公立中学校の最初の担任だった先生はとても心配してくれて，いっしょに病院につい
　ていって学校としてどう接したらいいかたずねたりしてくれていました。友だちのな
　かに一人，欠席する前も，した後も，変わらずに親しくしてくれる子がいました。
○友だちが授業のノートを持ってきてくれた。入院中はお見舞いに来てくれるのがうれ
　しかった
○小学校のときは，プリントを届けに友だちがきてくれてうれしそうだった。
○手紙やテープを同学年の子どもたちからもらった。千羽鶴をたくさんいただいたこと
　などです。
○中学の時，担任の先生が何度も家に足を運んでくれて，プリントを届けてくれたり，
　話したり，その他校長先生や諸先生方も大変親身になってくれて嬉しかった。中学の
　ときの先生がクラスメイト（女子）を大勢家に連れてきてくれたこと。
○中１のとき数学の先生が別室で個別に授業をしてくれた。
○別になし（２名）

268 第2部 通常学級在籍の病気長欠児の困難・ニーズの実態と特別な教育的配慮の課題

表10-15 学校や友だちとの関係で困ったこと
本人回答（記入者14名）

○特にない　5名
○教室で浮く
○話がついていけなかったり，勉強も遅れたが特にない
○休んだことに対して悪く言う人がいること
○クラスになじめない。勉強が遅れたので他の人についていけないという不安。皆と同じことができないので気持ちが共有できない。うまく友だちの話についていけない（話の会話についていけない）。友だちが先生に言われて自分に優しくしているなど友だちが信じられなくなる。
○給食をみんなと食べられなかったので，みんなに家で帰って食べたらいいのにと言われた。体育が一緒にできなかった。
○笑われたり，かげでコソコソ言われた
○先生の家庭訪問に対して，いいと思っていなかった。今は理解できる

保護者回答（記入者5名）

○明日登校できると思ったら，前もって授業の変更がないか，行事の変更がないか　確かめておかないと日課表だけではうまく行かない。小学校・中学校と友だちとの関係がなかなかうまくいかなかった。話の輪の中に入れない様子だった。
○関係がこじれた友人が近所だったこともあり，たまに訪問してきて勉強のこととか，他の友人がどのように言っているかを子ども本人に言うのでよけいに不安定になった。
○病気の状態を安定させることを最優先に考えていたのであまり学校や友人にはこだわりませんでした。
○そんなことを考えるような状況ではありませんでした
○自分だけ取り残されたような気がした

見落としがちな，しかし子どもにとって重要な意味を持つ生活場面であることがうかがえる。保護者の感じる不安とは異なる次元で子どもがどのようなところに困難を感じているのか，子どものニーズが示されている。

2.6　学校への要望，友人への要望

　学校への要望として，保護者からは「病気への理解」「学校復帰への支援」「友達の理解に対する援助」などが回答された。一方，本人からはこうした具体的行為ではなく「本人　本人の気持ちを汲み取った対応」「特別扱いはしない」を挙げる割合が高く，「理解」「連絡」「お見舞い」への消極的評価

第10章　全国病弱養護学校高等部在籍の病気長欠経験者調査からみた病気長欠の困難・ニーズ　269

表10-16　担任の先生や学校に望みたい配慮・援助　　（複数回答）

	本人 n=16	保護者 n=19
①病気のことや気持ちを理解してほしかった	6	8
②学校の様子を伝えてもらいたかった	2	4
③学習が遅れないよう勉強を教えてほしかった	3	3
④学習の課題を配慮してほしかった	2	2
⑤友だちに理解してもらえるよう援助してほしかった	5	5
⑥学校に安心して戻れるように応援してほしかった	4	8
⑦友だちを連絡・見舞いにこさせるのはやめてほしかった	3	0
⑧本人の気持ちを汲み取った配慮・対応をしてほしかった	8	4
⑨プライバシーを尊重してほしかった	4	1
⑩特別扱いはしないでほしかった	7	0
⑪とくになし	2	3
⑫その他	1	1

⑪手術・体調不良での欠席は，体調のことしか意識がなかった
その他：学校の行事に参加できるように工夫してほしかった

をする事例もいる。子どものこうした心理状況は十分に理解・配慮する必要があるだろう（表10-16）。

　友人への要望として，保護者は「怠けていないことを理解してほしい」を挙げ，「忘れないでほしい」「電話・手紙がほしい」など友人との関わりを希望していることが見られた（表10-17）。

　本人からの回答では「怠けていないことを理解してほしい」が一番多く選択されていたが，「そっとしておいてほしい」「特別扱いしないでほしい」という気持ちも強いことがうかがえた。また「特になし」を記載した回答が5名であった。友人との関わりに消極的な事例と，おおむね良い関係であった事例が含まれている。子どもの生活にとって見過ごすことができない重要な関係として，友人関係における子どものニーズを検討していく必要がある。

270　第2部　通常学級在籍の病気長欠児の困難・ニーズの実態と特別な教育的配慮の課題

表10-17　友人に望みたい理解・援助

	本人 n=16	保護者 n=19
①病気の理解	3	2
②怠けているのではないことの理解	8	7
③学校の様子を知らせる	2	0
④学校からの連絡・届け物に協力する	1	0
⑤電話や手紙がほしい	1	3
⑥忘れないでほしい	1	6
⑦見舞いに来てほしい	0	1
⑧そっとしておいてほしい	7	1
⑨特別扱いしないでほしい	5	2
⑩とくになし	5	1
⑪その他	1	1

その他（本人）遠慮せずに話しかけてほしかった

2.7　長期欠席中の学習の問題

　長期欠席中の学習について，「学習の遅れ」「学習のむずかしさ」は，子ども本人より保護者の方が強く感じている傾向が見られる。しかし長期欠席によって「学習の遅れが生じたか」という問いに対して「とても生じた」「やや生じた」とする本人回答も高い割合で見られた（図10-7）。

　「体調が悪く勉強どころではなかった」という実感は保護者回答に強く出ている傾向であったが，本人回答でも「長期欠席中は勉強しなかった」という回答が多く「家庭教師等の利用」も例外的であった。学校の教師からの支援がなかったという事例がほとんどであり，病気長欠に伴う学習の遅れや学習空白に対する支援の弱さが見受けられた。

　とくに学習への逼迫感が高まる中学校段階で，「勉強どころではない」「欠席中は勉強しなかった」という事例が増える一方，「家族が勉強をみた」と

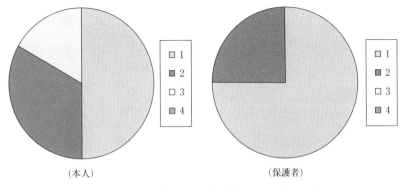

図10-7 中学校段階における長期欠席による学習の遅れ

いう事例は減っていた。中学校段階において「学習が必要である」という思いと，長期欠席に伴って学習困難が強くなっていく矛盾が顕著になっていた。

「自分で勉強するには無理があった。教科書を見ただけでは理解ができない。急に学校へ行って勉強してもついていけないのが一番困った」（本人回答）という実態が記載されている。「学習支援の必要性」について保護者の自由記載では体調上の理由から病気長欠中の学習支援に対して消極的な傾向が見られたが，「欠席中の支援ではなく，登校できるようになってから個別にみていただくとか支援がほしいと思っておりました」「欠席の状態により，体調がとても悪いときは学習をするのは難しい。まずは生活が安定してからだと思う」など登校再開したときの支援の必要性を指摘する意見が見られた。

長期欠席中の支援と同時に，こうした登校再開した時点での配慮・援助についても積極的に考えていくことが必要であろう。

2.8 長期欠席中の支援に関する要望

本人からの回答では「本人の気持ち理解」「病気の理解」の順になっていたが，「入院中の勉強を見てほしい」という回答も9名から回答されて，「主治医と学校の連絡」をあげる回答がこれに続いていた。「カウンセラーによ

272　第2部　通常学級在籍の病気長欠児の困難・ニーズの実態と特別な教育的配慮の課題

表10-18　長期欠席中の支援・配慮に関する要望　（複数回答）

	合計 n=35	本人 n=16	保護者 n=19
①病気について適切に理解してほしい	24	11	13
②欠席している本人の気持ちを理解尊重してほしい	19	12	7
③クラスの友だちの理解を広げるよう学級で指導してほしい	11	6	5
④特別扱いしないでほしい	7	5	2
⑤主治医と学校がもっと連絡をとって，安心して学校生活が送れるようにしてほしい	10	7	3
⑥入院しても病院で勉強ができるようにしてほしい	14	10	4
⑦欠席中に学校の先生が家や病院にきて連絡したり，相談にのったりしてほしい	4	1	3
⑧小・中・高校の先生が家や病院を訪問して勉強を教えてほしい	4	1	3
⑨養護学校の先生が家や病院を訪問して勉強を教えてほしい	3	1	2
⑩スクール・カウンセラーや病院等のカウンセラーなどによるカウンセリング	12	6	6
⑪養護教諭の先生にもっと相談にのってもらったり保健室が使えるとよい	5	3	2
⑫休んで遅れた分を学習できるよう希望すれば教育期間を延長できるとよい	14	6	8
⑬その他	3	1	2

るカウンセリング」への要望も強い様子が見られた（表10-18）。

　保護者からは「病気を理解してほしい」「本人の気持ちを理解してほしい」という，学校側の理解を求める要望が高い割合を占めていたが，その次に学習空白となった分，「教育期間を延長してほしい」という回答や「カウンセラーによるカウンセリング」を求める回答が見られた。教育期間の延長は本

人・保護者の両者から回答されており，今後検討されるべき課題であるといえよう。

本人回答において，学習の問題に関する前出の質問項目では比較的消極的な回答傾向が見られていたが，あらためて病気長欠中の支援についてたずねる中では，「入院中の勉強」や「学習空白に対する教育期間の延長」への要望が出ていることは注目する必要がある。しかし小・中学校や高校の教員，あるいは養護学校教員による訪問教育を要望する割合は低く，具体的な形がイメージしにくいことや家庭への訪問への抵抗，体調不良時の学習への躊躇などが背景にあるのではないかと考えられる。訪問教育・院内教育に関する情報提供が重要である。

表10-19の自由記述からは，これまでに受けた理解・配慮は個人差があり，学校側の対応が様々であったことがうかがえる。そうした背景のもとでは，支援に対するイメージを持てず，ニーズとして認識することは難しいと考えられる。

Ⅲ．考　　察

回答者の欠席日数は様々であったが，年間通じて欠席が続いたり，長欠傾向が数年続いたりしている事例も散見され，なんらかの問題が生じている事例が多いと考えられる。

発症まで「健康上の問題がなかった」「欠席は多くなかった」という事例を含めて，病気長欠が生じる以前を含めて，学習・体育・行事参加や友人関係などで学校生活上の問題が生じていたことが回答されていた。

大半の事例は欠席を重ねた後，病弱養護学校等に転出していた。第9章で示した事例と同様に，東京都以外の地域においても，病弱教育に転入する以前に，少なくない長期欠席日数が生じていた。こうした結果として病弱養護学校が選択されたと考えられる。

274　第2部　通常学級在籍の病気長欠児の困難・ニーズの実態と特別な教育的配慮の課題

表10-19　自由記述

本人回答での自由記載
○母です。私が現在入院中なので本人がアンケートに記入したようです。中学時代色々な事があり，小学校時代の養護の先生が親身になってくださり，ホルモンバランスをくずし生理もとまってしまった娘を入院させるようすすめてくださって，そのおかげで養護学校へ転校することになり，今現在やっと自分を取り戻し，毎日朝から学校に行き，土・日にはアルバイトもできるようになりました。親はもちろんですが，心から子どものことを心配し動いてくださる人にめぐりあえて救われました。残念ながら，中学の先生には失望しました。ひきこもりの娘を救ってくださった養護の先生や○○養護学校の先生方，お友だち，保護者に感謝しています。
○病院によっては勉強の時間，場所，指導者が配慮されているところもありました。どの病院にもあるといいですね。
○中3のときの担任の先生が不登校について理解してくれていました
○病気になった子どもを支援する団体が増え，またその情報を広めてほしい。一番心配なのは子どもの精神面なので，手軽に相談できる場所ができたら良いと思う。病気中も十分な勉強ができる方法があったらありがたいと思う。普通の勉強より自分の病気について勉強したかった。
○不登校の生徒の通学できる養護学校がたくさんあるといい

保護者回答での自由記載
○小学校，中学校は養護教諭の先生の数が少ないように思います。1クラス30～40名の中での生活ですのでどうしても学習面ほかついていけない点が出てきます。副担任の先生は名前ばかりで通常もっとクラスの様子を担任の先生と一緒に見てほしいと思います。
○わが子の場合，突然の発症で入院し，養護学校のある病院に転院する2ヶ月半は院内学級の先生が学習を見てくださり，助かりました。腎炎のほかに精神面のハンディもあったため，退院後　普通中学の戻った時には，かなりのいじめにあい，悲しい思いをしました。
○あまり参考にならない回答になってしまいました。前半の質問に答えながら，幼稚園から今まで，先生やまわりの人たちに恵まれて不安や不満をほとんど持たずに順調に来られたなあと，あらためて感じました。自閉傾向とLDも合わせて持っているので，小さいときは病気のことよりもそのことを理解してもらえるよう，気を使っていました。
○普通校の教師は進学時期に大きな行事があると，障害を持つ子はどうしてほしいのか，どうしてあげればよいのか等，教師個人の考え方で，違う対応になり，親身になってくれる先生にあたれば幸せで，楽しい学校生活をすごせます。
○公立中の学校の先生が養護学校（病弱）があることを理解していない。中2の時に，教育委員会や通学していた学校に中3で義務教育が終わったらどうするか不安で話しても，よい話し合いがもてなかった。「学習の遅れは，家庭教師か塾に行ってください」とつめたく言われた。置かれている状況で，適切な教育を受けたいという願いがかなえられたらと思う。

第10章　全国病弱養護学校高等部在籍の病気長欠経験者調査からみた病気長欠の困難・ニーズ　　275

○欠席中は学習どころではなかった。復帰後の不安を配慮して援助してほしい
○トゥレットは数も少なく，一般的な理解を深めてもらうことは難しいですが，アスペ
　ルガー・ADHD・LD などについては，もっともっと普通校で対応していただけるよ
　うになるといいなと思います。中には，上手にまわりが対応することで，しっかりと
　地元の学校でやっていける力のあるお子さんがたくさんいらっしゃいます。養護学校
　が受け皿になっていますが，身体的な障害のある子どもとの共存はとても大変で難し
　い問題が多くあります。

　転入に際しては，在籍校からの紹介よりも病院側からの情報で病弱教育に
転入している傾向が見られたが，「保護者が調べた」という回答も比較的多
く，通常学級における困難度が高かったことと提供される情報の不足がうか
がえた。それぞれの時期に適切な提供と支援が行われることが必要であると
考えられる。

　保護者から回答された事例では，慢性疾患のほかに発達障害などが重複す
る事例もあり，本人の回答では，病名を記入していない事例も 8 事例見られ
るなど，病名・病状をめぐる本人の自己理解から，本人と保護者回答の差が
生じているといえる。

　学校生活全般では，学校に対する病気・病状の説明は，ほとんど保護者が
行っていたが，「問題があった」「学校から理解が得られなかった」と感じて
いる回答は本人よりも，保護者に多く見られた。

　学校の理解・支援について低い評価を示す保護者が多かったが，本人・保
護者とも「先生によって理解がちがった」と感じている事例が少なくない。
病気・病状の説明・報告を受けた学校教職員は主に担任教師であったが，担
任教師との日常からの信頼関係やコミュニケーションが学校生活への評価に
影響しているとみることができる。

　長期欠席中の不安や学習に関する問題では，中学部や高等部で病弱養護学
校に在籍している事例が多いため，中学校以降に生じた学校生活上の困難度
は，第 9 章の回答者と比べるとやや低い傾向にはあるものの，中学校段階は，
学習への不安や進学・進路の切迫感を持ちながら，実際には自分で学習する

ことも難しく，援助者もいない状況が見られ，学習を中心に矛盾が激化する時期となっていた。中学校段階の病気長欠等の困難が大きく，本人・保護者ともに小学校段階よりも中学校段階において困難を強く感じる傾向にあると考えられる。

とくに本人回答で，教師が介在しない休み時間や子ども間の自由な会話の場面で，病気の子どもの参加の困難が指摘されていた点は注目される。また病気長欠中において友人関係が本人の重要な関心事になっていたが，同時に本人からは「特別扱いしないでほしい」という要望が様々な表現で示されていた。

回答全体を通して，本人・当事者が15歳から18歳であり自らの病気長欠経験について相対化して回答するむずかしさと，思春期の心性の反映を見ることができる。病気長欠児の思春期・青年期における確かな育ちを獲得する上で，中学段階の支援の内容と質は重要な要素になっているといえよう。

また病気長欠中，本人にとって，家族のなかでの人間関係が心理的負担になりやすい傾向がみられる一方，「わたしの育て方が悪かった」と保護者にとっても心理的負担が大きいといえる。保護者・家族のみで受け止めていくことを前提にするのではなく，家族密着から生じる問題の軽減などを含めて，第三者が支援に関わることは不可欠であると考えられた。

Ⅳ．おわりに

本章で回答を得た病弱養護学校高等部生のなかには，前籍校において不登校傾向や心理的不適応があった事例や病気と判明するまでの期間に学校生活に問題をかかえていた事例が見られ，診断が明確になっている子どもに限定するのではなく，通常教育において多様な子どもの特別な教育的ニーズに対応する教育条件・システムの整備・拡充を促進していくことが，病気長欠問題の解決の前提として不可欠である。病気長欠問題の改善を図るためには，

第10章　全国病弱養護学校高等部在籍の病気長欠経験者調査からみた病気長欠の困難・ニーズ　277

病弱教育に関する情報提供をはじめとした教育相談活動の充実と，通常教育における病気の子どもに対する支援の確立という両側面が求められている。

　通常教育の支援をすすめる上で，担任と日頃から相談ができる関係づくりに留意する必要があるが「先生により理解がちがった」という回答が少なくなかった。その解決には管理職や養護教諭などを交えた学校全体の共通理解や支援体制が重要であり，病気長欠問題や病気療養児への支援において，特別支援教育として打ち出された校内委員会やコーディネーターなどが有効に活用されていくことが期待される。

　また回答事例の学校生活の経過は，入院・治療，欠席等により多様で流動的なものであったことから，通常学級におけるケア・サポートの確立とともに，病弱・身体虚弱学級，通級による指導，適応指導教室の整備・拡充など，通常学級と連携・協力する教育の場を広げていくことが求められている。

278　第2部　通常学級在籍の病気長欠児の困難・ニーズの実態と特別な教育的配慮の課題

［資料6］

「病気による長期欠席の実態と支援に関する本人調査」
（全国・病弱養護学校高等部用）調査票

以下の質問について，該当する番号を〇で囲むか，必要な事項をご記入ください

Ⅰ．現在の状態

年齢　　　2005年5月1日現在（　　　　）歳

性別　　　①男性　　②女性

病名　　　（　　　　　　　　　　　　　）

所属患者会　（　　　　　　　　　　　　　）※差し支えなければご記入ください

Ⅱ．在籍していた学校

在籍したことのある学校の種類を選んで番号を〇で囲んでください。

①公立小学校　　②私立小学校　　③公立中学校　　④私立中学校

⑤公立高校　　⑥私立高校　　⑦専修学校　　⑧小学校特殊学級

⑨中学校特殊学級　　⑩養護学校小学部　　⑪養護学校中学部

⑫養護学校高等部　　⑬その他（病院内学級・病院内分教室・健康学園など）

Ⅲ．欠席の状態について

1．学校を欠席した経験について，覚えている範囲で，各学年の欄に「欠席日数」は
〈A欄〉から，欠席状態は〈B欄〉から，該当する番号を記入してください。また
おおよその欠席日数がわかる方は（　　　）にご記入ください。

〈A欄〉　欠席日数について以下の番号から該当するものを選んで記入してください
①全般的に欠席が多かった　　②一時期多かった
③通院・体調などで時々欠席しながら登校した
④あまり欠席はしなかった　　⑤その他（　　　　　　　　　）

〈B欄〉　欠席状態につい以下の番号から選んで記入してください。
①1年のほとんど欠席していた　　②ある期間集中して欠席した
③休み休み登校していた　　　　④あまり欠席はしなかった
⑤その他（　　　　　　　　　　　　　　）

第10章　全国病弱養護学校高等部在籍の病気長欠経験者調査からみた病気長欠の困難・ニーズ　　279

欠席状況記入欄

学年	欠席日数 A欄①～⑤から選択	欠席日数	欠席状態 B欄①～⑤から選択
小学校1年		（　　）日くらい	
小学校2年		（　　）日くらい	
小学校3年		（　　）日くらい	
小学校4年		（　　）日くらい	
小学校5年		（　　）日くらい	
小学校6年		（　　）日くらい	
中学校1年		（　　）日くらい	
中学校2年		（　　）日くらい	
中学校3年		（　　）日くらい	
高校1年		（　　）日くらい	
高校2年		（　　）日くらい	
高校3年		（　　）日くらい	

２．欠席することになった理由は何ですか（当てはまるものすべてを選んで○で囲んで下さい）。

　　①入院していた　　②検査・通院が多かった　　③体調が悪かった　　④なんとなく学校に行く気がしなかった　　⑤親が心配して休むようにすすめた　　⑥勉強がわからなくなって，おもしろくなかった　　⑦友達との関係がうまくいかなかった　　⑧病気に対する学校の理解がなかった

　　⑨その他（　　　　　　　　　　　　　　　　　　　　　）

３．欠席が多くなって病弱養護学校や養護学校訪問教育等を紹介されたことがありますか。

　　①ある（具体的には　　　　　　　　　　　　　　）

　　②ない　　③親は紹介されたかもしれないが直接は聞いていない

　　④その他（　　　　　　　　　　　　　　　　　　　　）

４．欠席が多くなって病弱養護学校等を利用しましたか。

　　①利用した　　②利用していない

　　「①利用した」方は，該当する学校等に○をつけてください。

　　　・病弱養護学校　・院内学級　・健康学園　・その他（　　　　　　　　　）

　　また「①利用した」方は，どれぐらいの期間利用しましたか

　　例1：小学校3年3学期から小学校6年3学期まで

　　例2：入院の度に

Ⅳ．学校への説明・報告

　以下の5．から9．は，小学校・中学校・高校の各段階であてはまる番号を選んで〇をつけてください。その段階で，とくに健康上の問題がなかった場合は「◎とくに健康上の問題はなかった」に〇をつけてください。

5．病名・病状について，学校には説明・報告していましたか

A小学校段階　◎とくに健康上の問題はなかった

　　①機会があるごとに説明した　②はじめに説明したが後はとくに説明はしなかった　③行事などで必要になったときに説明した　④あまり説明はしていない　⑤よくわからない　⑥その他（　　　　　　）

B中学校段階　◎とくに健康上の問題はなかった

　　①機会があるごとに説明した　②はじめに説明したが後はとくに説明はしなかった　③行事などで必要になったときに説明した　④あまり説明はしていない　⑤よくわからない　⑥その他（　　　　　　　　）

C高校段階　◎とくに健康上の問題はなかった

　　①機会があるごとに説明した　②はじめに説明したが後はとくに説明はしなかった　③行事などで必要になったときに説明した　④あまり説明はしていない　⑤よくわからない　⑥その他（　　　　　　）

6．だれに説明・報告していましたか。あてはまる人すべてに〇をつけてください。

A小学校段階　◎とくに健康上の問題はなかった

　　①担任　②養護教諭　③校長・教頭　④スクール・カウンセラー

　　⑤その他（　　　　　　　　　　　　　　　　）

B中学校段階　◎とくに健康上の問題はなかった

　　①担任　②養護教諭　③部活の教師　④校長・教頭

　　⑤スクール・カウンセラー　⑥その他（　　　　　　　　　　）

C高校段階　◎とくに健康上の問題はなかった

　　①担任　②養護教諭　③部活の教師　④校長・教頭

　　⑤スクール・カウンセラー　⑥その他（　　　　　　　　　　）

7．病名・病状，必要な配慮・支援について知っていたのは主にだれですか。

A小学校段階　◎とくに健康上の問題はなかった

①担任　　②養護教諭　　③校長・教頭　　④スクール・カウンセラー

⑤周囲の先生たちはだいたいわかっていた

⑥その他（　　　　　　　　　　　　　　　　）

B中学校段階　◎とくに健康上の問題はなかった

　①担任　　②養護教諭　　③部活の教師　　④校長・教頭

　⑤スクール・カウンセラー　　⑥周囲の先生たちはだいたいわかっていた

　⑦その他（　　　　　　　　　　　）

C高校段階　◎とくに健康上の問題はなかった

　①担任　　②養護教諭　　③部活の教師　　④校長・教頭

　⑤スクール・カウンセラー　　⑥周囲の先生たちはだいたいわかっていた

　⑦その他（　　　　　　　　　　　）

8．病気のことや学校生活で困ったことなどはだれに相談しましたか。

A小学校段階　◎とくに健康上の問題はなかった

　①担任　　②養護教諭　　③校長・教頭

　④スクール・カウンセラー　　⑤その他（　　　　　　　　　　）

　⑥とくに相談しなかった

B中学校段階　◎とくに健康上の問題はなかった

　①担任　　②養護教諭　　③部活の先生　　④校長・教頭

　⑤スクール・カウンセラー　　⑥その他（　　　　　　　）

　⑦とくに相談しなかった

C高校段階　◎とくに健康上の問題はなかった

　①担任　　②養護教諭　　③部活の先生　　④校長・教頭

　⑤スクール・カウンセラー　　⑥その他（　　　　　　　）

　⑦とくに相談しなかった

9．病気のことや学校生活で困ったことについて学校での理解は得られていましたか。

A小学校段階　◎とくに健康上の問題はなかった

　①得られていた　　②あまり得られなかった　　③先生によって理解がちがった

　④得られなかった　　⑤特に理解してもらう必要はなかったので気にしていなか

　った　　⑥その他（　　　　　　　　　　　）

B中学校段階　◎とくに健康上の問題はなかった

　①得られていた　　②あまり得られなかった　　③先生によって理解がちがった

　④得られなかった　　⑤特に理解してもらう必要はなかったので気にしていなか

　った　　⑥その他（　　　　　　　　　　）

282 第2部 通常学級在籍の病気長欠児の困難・ニーズの実態と特別な教育的配慮の課題

C高校段階 ◎とくに健康上の問題はなかった
　　①得られていた　　②あまり得られなかった　　③先生によって理解がちがった
　　④得られなかった　　⑤特に理解してもらう必要はなかったので気にしていなか
　　った　　⑥その他（　　　　　　　　　　　　）

Ⅴ．欠席中の心境・不安
10．休んでいる時，学校のことで気になったこと・心配だったことについて伺います。
　　以下の表の項目(1)〜(9)について，①とても強く感じた　②かなり感じた　③少し感
　　じた　④まったく感じなかった，のいずれかの番号を記入してください。

	小学校段階	中学校段階	高校段階
(1)勉強が遅れる			
(2)学校生活が中断する			
(3)みんなと同じ活動ができない			
(4)友だちがどう思っているか			
(5)先生がどう思っているか			
(6)家族がどう思っているか			
(7)進学がどうなるか			
(8)将来の進路・就職がどうなるか			
(9)学校のことは考えたくなかった			

その他不安だったこと，気になっていたことを記入してください。

11．欠席中，学校や友だちから得られた配慮・援助で嬉しかったこと・助かったこと
　　はありますか。あれば記入してください。
12．欠席中，学校や友だちとの関係で，困ったことはありましたか。あれば記入して
　　ください。
13．欠席中，担任の先生や学校にどんな配慮・援助をしてほしいと思いましたか。あ
　　てはまるものの番号に〇をつけてください。
　　　　①病気のことや気持ちを理解してほしかった　　②学校の様子を伝えてもらいた
　　　　かった　　③学習が遅れないよう勉強を教えてほしかった　　④友だちに理解し

てもらえるよう援助してほしかった　⑤友だちとの交流が続くよう援助してほしかった　⑥先生方に理解してもらえるよう説明してほしかった　⑦学校に安心して戻れるよう援助してほしかった　⑧友だちを連絡・見舞いに来させるのはやめてほしかった　⑨本人の気持ちを確かめて，本人の希望を汲み取った配慮・対応をしてほしかった　⑩プライバシーを尊重してほしかった　⑪その他（　　　　　　　　　）

14. 休んでいる時，クラスの友だちに理解してほしかったことや援助してほしかったことはなんですか。あてはまるものの番号に○をつけてください。
　①病気の理解　②怠けているのではないことの理解　③学校の様子を知らせる　④学校からの連絡・届け物に協力する　⑤電話や手紙がほしい　⑥忘れないでほしい　⑦見舞いに来てほしい　⑧そっとしておいてほしい　⑧特別扱いしないでほしい　⑨とくになし　⑩その他（　　　　　）

Ⅵ．欠席中の学習についてお答えください。

15. 欠席中の学習状況についてお聞きします。表の(1)〜(6)について，①〜④の番号を各欄に記入してください。
　①とてもあてはまる　②かなりあてはまる　③少しあてはまる
　④まったくあてはまらない

	小学校段階	中学校段階	高校段階
(1)体調が悪く勉強どころではなかった			
(2)欠席中はとくに勉強しなかった			
(3)自分で勉強していた			
(4)家族に勉強をみてもらった			
(5)家庭教師・塾・通信添削指導を利用した			
(6)学校の先生にみてもらった			
(7)その他〈具体的内容を記入してください〉			

16. 欠席による学習の遅れ
　欠席による学習の遅れが生じたと思いますか。表に①〜④の番号を示してください。
　①とても生じた　②やや生じた　③ほとんど生じなかった　④その他

	小学校段階	中学校段階	高校段階
欠席による学習の遅れ			

学習に関する具体的な問題・実際の経験などありましたらご記入ください。

17. 学校から欠席中の学習に対する支援が必要だったと思いますか

①とても必要だった　②かなり必要だった　③少し必要だった　④必要ではなかった　⑤その他（　　　　　　　　　　　　　　　）

18. 再登校を開始したとき，学校生活で何か困ったことはありましたか。表に①〜④の番号を示してください。

①とてもあった　②かなりあった　③少しあった　④とくになかった

	小学校段階	中学校段階	高校段階
(1)学習の問題			
(2)体育の授業の問題			
(3)行事の参加に関する問題			
(4)健康に関する問題			
(5)その他			

「(5)その他」の内容や，(1)〜(4)で実際に困ったことを記入してください。

Ⅶ．配慮や支援の要望

ご自分の経験から，病気による欠席中の学習や心理的不安などを改善するためには，どのような配慮や支援，制度があればいいと思いますか。

①病気についての適切な理解　②欠席している本人の気持ちの理解と尊重　③クラスの友だちの理解を広げる学級指導　④主治医と学校の連絡の改善　⑤入院中に病院で勉強ができる院内教育の充実　⑥在籍の小・中・高校が教員を派遣して連絡・相談を密にする　⑦在籍の小・中・高校が教員を派遣して学習を援助する　⑧養護学校から教員を派遣して学習を援助する（現行の訪問教育制度の活用）　⑨スクール・カウンセラーや病院等のカウンセラーなどによるカウンセリング　⑩休んで遅れた分を補えるような教育期間の延長　⑪その他（　　　　　　　　）

Ⅷ．その他，ご意見・ご要望を自由にお書きください。

終章　研究のまとめと今後の課題

I．本研究の総括

　本書では，小学校・中学校・高校の通常学級において病気の子どもが有している困難・ニーズを，本人・当事者，保護者，養護教諭および学級担任への実態調査を通して明らかにし，病気の子どもに必要な特別な教育的配慮の課題を明らかにしてきた。最後に各章で明らかにしたことを総括していく。

　第1部「通常学級における病気の子どもの教育実態と特別な教育的配慮の課題」では，通常学級に在籍する病気療養児の学校生活の現状を明らかにし，その困難・ニーズと教育的配慮のあり方を検討するため先行研究のレビューと保護者・養護教諭への実態調査を行った。

　第1章「通常学級在籍の病気の子どもの問題に関する研究動向」では，1980年代以降から2000年までの約20年間における小児医療・病弱教育・学校保健での通常学級在籍の病気の子どもの問題に関する研究動向のレビューを行い，通常学級における病気の子どもの困難・ニーズがどのように把握され，どのような改善が提起されてきたかについて検討した。

　その結果，通常学級における病気の子どもの生活上の問題は1980年代前半から小児医療・小児看護の関係者によって，①担任教師の病気・療養生活への理解不足，②子どもの学校生活への過剰な制限・特別扱いと不適切な教育評価，③学習空白・学習の遅れに対する配慮や補償がないこと，④発病・入院時の教育相談機能の不足と入院中の子ども本人や家族に対するフォローの

弱さ，などがいち早く指摘されていたことが明らかになった。しかしながら，多様な教育困難をかかえた子どもが混在する通常学級の実態をふまえた提起とはなっておらず，教育関係者との具体的研究は十分進められたとはいいがたい。

一方，病弱教育研究からは病弱教育専門機関における実践と場の充実が課題として追求され，通常学級との連携は転出入に際しての学校間の連絡のレベルにとどまっていた。

また子どもの心身の発達や健康問題の広がりに対する実践と研究を進めてきた学校保健分野でも，病気の子どもは医療の対象とする傾向が見られ，病気の子どもへの配慮・援助への視点は確立していなかった。しかし，少数であるが，病気の子どもへの支援を健康と学力・生活などの総合的支援としてとらえた実践もみられ，保健室登校への実践では病気の子どもと共通する配慮・援助を必要とする子どもの姿が見られた。

以上から，通常学級における病気の子どもの発達保障を実現する上で，これまでの養護教諭を中心とした学校保健の実践の蓄積をふまえながら，病気・健康の問題を養護教諭・保健室の実践に閉じ込めず，学校全体として捉え，学校外の医療・児童福祉機関との連携も視野に入れた特別ニーズ教育として対応を進める必要性が明らかになった。

第2章「養護教諭からみた今日の学校保健問題」では，病気の子どもの学校生活の基盤となる，今日の学校における子どもの健康問題全般と学校保健の諸条件について明らかにした。

ほとんどの小・中・高校では養護教諭は1名しか配置されておらず，学校ごとの養護教諭の専門性（知識・技能），経験蓄積や問題認識に学校差を生じやすい状況が明らかになった。また，子どもの健康実態の変化や医学・治療の急速な進歩に見合う研修の保障が強く要望されていた。しかし，一人勤務と保健室業務の多忙化が研修の充実を進める上でのネックになっており，さ

終章　研究のまとめと今後の課題　287

らに学校医・学校保健委員会などの学校保健制度による医療的バックアップ
体制も不十分であった。

　今日，子どもの健康・保健問題は，学校教育のみならず生涯発達を考える
上でも重要な教育課題であるが，学校保健の中心的役割を果たすべき養護教
諭の現状は，学校における健康・保健教育の基盤の脆弱さを示しているとい
えよう。

　保健室利用の実態は，身体の病気・外傷のほか，心理的な問題を含む不定
愁訴や睡眠不足などの生活習慣，対人関係，家庭環境の問題なども複雑に絡
んで，保健室における健康指導だけではそのような問題への対応は難しくな
ってきていることを多くの養護教諭が実感していた。

　保健室登校への対応にあたる校内組織を設けている学校は2～3割であり，
養護教諭だけではなく，学校全体としての実態把握や共通理解，さらに必要
に応じて学校外の医療・教育相談・児童福祉機関などとの連携・協力が強く
求められている。

　第3章「東京都内の公立小・中・高校の養護教諭調査からみた病気の子ど
もが有する学校生活の困難・ニーズ」では，養護教諭からみた病気の子ども
の学校生活の実態を明らかにした。

　ほとんどの学校に病気療養中の子どもが在籍していることが明らかになっ
たが，病気の子どもの教育的ニーズは病名だけでは確定せず，病気の子ども
のとらえ方は養護教諭によってまちまちであった。また病気の子どもに対す
る実際上の配慮・対応は，主に担任が行っているという回答が多く，養護教
諭が必ずしも実態把握しているとはいえない状況が見られた。

　養護教諭からの病気療養児への理解は「健康管理の適切さ」「校外行事参
加」「体育の授業への参加」などに注意が向けられており，学校からの対応
としては体育の授業の見学・軽減や保護者の付き添い依頼などが挙げられて
いた。しかし，学力保障や後期中等教育の保障について言及する回答や，生

活指導・教育相談として取り上げるとする回答，職員会議で共通理解して進めている回答があり，医療・保健の問題にとどめず教育として受け止めようとする実践が少数ではあるが見られた。

主治医との連携や学校医制度の充実など，医療的な専門性をもった対応が求められていたが，病弱教育制度に関する情報は不足し連携に対する要望は低かった。少数ではあるが児童相談所・児童福祉施設等と連携しているという回答や今後の連携を要望する声もあり，学校だけでは対応しきれない児童・生徒の生活支援の必要性が示されていると考えられる。

自由記述に記載されていた，今日の学校現場における様々な健康問題の中で，病気の子どもへの配慮・援助をすすめるためには校内での共通理解によって，健康・病気の問題を養護教諭任せ，担任任せにしないことが重要であるとする記載も見られた。

また学校教育全体が特別な対応を必要とする多様な子どもたちをかかえていること，不登校その他周辺の子どもと病気療養児の境界は明確にはできないことが指摘され，多様な困難を抱える子どもの現実を前に学校はどのようなシステムを整えるのかという課題が提起されている。

以上から，通常教育において病気療養児の教育保障を進めるためには，健康と学力・能力・人格の発達の総合的な保障をめざし，保健室登校・長期欠席・学習空白や学習の遅れを抱えた子どもとの共通点に立脚して病気という原因に特定せず，子どもが必要とするケア・サポートを保障していくという特別ニーズ教育の視点からの取組みが重要であると考えられた。

第4章「東京都内の保護者調査からみた病気の子どもが有する学校生活の困難・ニーズ」では，東京都内の小・中・高校に在籍する病気の子どもの保護者に質問紙法調査を行い，保護者の学校教育に対する要望を明らかにした。

学校生活に対する不安や負担では「特になし」とする回答もあるが，保護者の多くは，体力や病状の悪化などの健康面のほか，子どもの心理・学習・

友人関係に不安を持っていた。また，学校側や周囲の理解を求める努力に一番負担を感じていることが明らかになった。回答者の93.8%は学校に病名・病状を報告していたが，報告・相談の結果が学校生活の改善に生かされたと考える保護者は68.5%であり，約3割は不十分であると考えていた。

　しかし，そうした実態のなかでもほとんどの保護者は，通常学級がわが子にとってより適切な場と考えて選択し，通常教育での受け入れの改善を求めていた。主治医と学校の連絡の不十分さを指摘する保護者も少なくないが，保護者の立場からは，健康への理解・配慮と同時に，病気や療養・本人の気持ちへの理解と共感，プライバシーの保護や家族やきょうだいへのケア，学習援助など，ひとりの子どもとしての豊かな学びと育ちへのサポート，通常学級の中で病気療養児が安心して学べる教育条件整備が要望されている。

　以上から，病気の子どもへのケア・サポートとして，健康上の理解や医療的配慮だけではなく，ひとりの子どもとしての総合的な発達保障の視点を明確に持つ必要があると考えられる。そのためには子どもの内面に配慮した学級経営や，長期欠席による学習空白・病気療養の制約から生じる学習の遅れなどに対する援助が必要であり，学級担任の役割と校内の連携・協力が必要になってくる。

　第5章「通常学級在籍の病気の子どもの特別な教育的配慮の課題」では，養護教諭調査と保護者調査の比較検討を通して，通常学級における病気の子どもの困難・ニーズを明らかにし，病気の子どものケア・サポートのあり方を検討した。

　養護教諭は学校で必要な配慮として「適切な健康管理」「体育や校外行事の参加」を重視し，実際に行っている対応として「体育の見学や軽減」「保護者付き添い」「ケース会議」「個人面談」などを挙げていた。保護者の立場からも同様の場面が注目されていたが，学校からの対応に対して保護者間で評価が分かれていた。学校が対応しているという内容が本当に子どものニー

290　終章　研究のまとめと今後の課題

ズに応えるものになっているかという検証が必要である。

　養護教諭の立場からは，様々な心身の健康問題に対する配慮を必要とする子どもが多い学校現場のなかで，医療的管理が必要な子どもへの特別な配慮は不可能という意見も少なくない。対応のための条件整備の必要性を指摘する回答が多く見られるが，保護者の立場からは当面する学校生活での理解・配慮が求められている。

　保護者からは具体的な対応・対処だけでなく，本人の気持ちへの理解と共感が重要な内容と考えられており，家族やきょうだいへのケアも求められていた。保護者の多くは学習の遅れに対する不安を強く持っている。保護者自身も学習に対する個別の配慮を正当な要望とすることを十分な確信として持ちえてはいないが，学年が進むに従い，家族が勉強をみることは困難になり，学校からの援助を希望していた。

　立場の違いから，以上のような相違は見られるが，病気の子どもの大半が通常学級を教育の場として選択している。学校生活を円滑に進める上で必要とされる，健康・学習・生活上のケア・サポートの内容は一人ひとりの子どもの実態と家庭や学校の諸条件によって多様であることが養護教諭，保護者いずれの調査結果からも明らかになったといえる。

　病気の子ども本人や保護者との共通理解をもとに，病気の子どもに対するケア・サポートを，担任や養護教諭の資質・力量などの個人的条件に左右されるものとしてではなく教育のシステムとして整備することが必要である。

　健康問題・健康教育に責任を持つ専門部門として，養護教諭の複数配置や研修，学校医の機能の充実，主治医等の校外機関との連携の強化など現行の学校保健制度の整備・拡充が求められているが，そこにとどまらず，学校全体として理解・把握・対応のためのシステムを整え，本人・家族の努力に依拠するのではなく，公教育としてのケア・サポートを確実なものにしていくことが重要である。

　そのためには，病気の子どもという限定した子どもへの対応機能だけでは

終章　研究のまとめと今後の課題　291

なく，多様な子どものニーズを常に視野に入れて個に応じたケア・サポート
を行っていくという視点を学校としてしっかりと持つ必要がある。

　第2部「通常学級在籍の病気長欠児の困難・ニーズの実態と特別な教育的
配慮の課題」では，不登校による長期欠席を含む長期欠席問題全体のなかで
病気長欠が教育学的にいかなる問題であるのかを検討し，養護教諭，学級担
任，病気長欠児本人・当事者と保護者を対象とした調査を通して通常学級に
おける病気による長期欠席の困難・ニーズの実態と特別な教育的配慮のあり
方を明らかにした。

　第6章「通常学級在籍の病気長欠児問題に関する研究動向」では，通常学
級における長期欠席問題全体の中で病気長欠問題がどのように把握され，改
善に向けた議論がなされてきたのかについて明らかにした。
　病気長欠児問題を直接取り上げた先行研究は少ないが，そのひとつである
厚生省心身障害研究「小児の心身障害予防・治療システムに関する研究」
(1994) では，病気による長期欠席の実態は，病気だけでなく学習・心理・
生活などの諸要因がからんだ複合的な状態であり，病気による長期欠席と不
登校による長期欠席の線引きの難しさが指摘されていた。
　病気は欠席の「正当な理由」，病気による長期欠席はやむを得ないとされ
がちであるが，病気か不登校かという形式的線引きではなく，不登校児の心
理的不適応，学業不振，家族問題から発生する特別ニーズとも共通する部分
が少なくないという実態から，個々の子どもの実態に応じた具体的な援助に
よって長期欠席問題を解決していくことが求められている。
　それとともに，通常教育の場においても，特別な配慮・サポートとしての
医療的な理解と援助が不可欠になっているため，学校保健制度の整備・拡充
や医療機関などからのバックアップが求められている。
　さらに，病気等による生活上の制約をかかえる子どもが，その身体的・心

理的問題を克服し，主体的に学んでいくことができる教育内容・指導方法の充実が求められており，子どもの健康問題の諸相をとらえた健康教育の発展が重要といえる。

第7章「東京都内の公立小・中学校の養護教諭からみた病気長欠児の困難・ニーズ」では，東京都内の公立小・中学校の養護教諭を対象にした郵送質問紙法調査を通して，通常学級在籍の病気長欠児が有する困難・ニーズの実態を明らかにした。

養護教諭への調査結果では，年間30日以上の病気長欠児が「いない」という回答が7割前後を占め，病気長欠は日常的に生じている状態ではなかったが，養護教諭あるいは学校側に病気長欠の実態は十分に把握されているとは言いがたい。

1年のほとんどを欠席している事例や学年を越えて長期欠席が続いている事例も挙げられ，心理的問題・学習不振・学習意欲減退・家庭の考えなど病気以外の要因を併せもつものが46.6％と高い割合でみられた。病気長欠の判断理由として「保護者からの届け」を挙げた事例は76.7％であるが，病気長欠中の様子として，本人のみならず家族の生活リズムの未確立や経済的事情など生活上の諸問題が記載されている事例も少なからずあり，長期欠席についてのより的確で具体的な把握が求められている。

回答された事例は「断続的な欠席」が40.7％を占めていた。これらは，病弱教育の活用だけで解消できるものではないと考えられ，通常教育としての支援の確立が求められている。

同時に，院内教育の絶対的な不足や利用条件の制約から現行の病弱教育制度は病気長欠児の困難・ニーズに応えきれていないといえる。そうした中で養護教諭が病弱教育を認知していない実態が散見された。病弱養護学校，院内教育，訪問教育などの多様な病弱教育の場・形態が果たす今日的な役割・機能を明確にして，その拡充・整備を図ることが重要である。またその専門

性を生かし，通常学級における病気療養児の教育を支援することも求められている。

　今回の調査結果では，義務教育でありながら病気長欠はやむを得ないこととされ，とりわけ病気長欠に伴う学習空白や学習の遅れに対する援助・補償の認識はきわめて不十分であることがうかがえる。病気長欠問題を，子どもの成長・発達の上で放置できない問題であることを明確に認識する必要がある。病気長欠の原因を子どもや家庭に求める発想ではなく，一人ひとりの子どもが有する特別な教育的ニーズに立脚し，教育のみならず医療・福祉・心理・移行支援などの総合的，専門的なケア・サポートを構築する視点が重要である。

　第8章「東京都内の公立小・中学校の学級担任からみた病気長欠児の困難・ニーズ」では，学級担任を対象にした郵送質問紙法調査を通して，学級担任から見た病気長欠児が有する困難・ニーズの実態を明らかにした。

　学級担任調査で得られた44校52事例の欠席日数は，年間30日から全日まで様々であり，とくに中学生において長期化し，しかも年度をこえて長期欠席が続いている事例が目立っていた。

　病気長欠の実態は学級担任においても十分に把握されているとはいいがたい状況にあったが，回答した学級担任の大半が，病気長欠児への中心的援助者として「学級担任」を考えていたことは，校内での組織的対応の不十分さと同時に，子どもの生活の基礎となる学級がもつ生活と学びの「場」としての意味とそこでの学級担任の役割への認識を反映していると考えられる。

　学級担任の多くは，病気長欠児が友人関係を含む心理的な問題や，学習上の問題をかかえているとみていたが，援助の必要性の判断と具体的対応はまちまちであり，判断の背景に「病気＝治療優先」という考え方が根強いことがうかがえた。養護教諭との連携・校内委員会の活用も回答されていたが，学級担任を軸としつつ，学級担任任せにしない校内の組織と，必要に応じて

校外機関等と連携し，さらに必要な社会的資源を創出していく活動が求められているといえよう。

病弱教育専門機関などを活用した事例は少なく，学級担任の多くは連携先について見通しが得られていなかった。通常教育において病気長欠への理解と改善をすすめるためには，院内教育の拡充をはじめ病弱教育機関の整備や情報提供の充実も不可欠だと考えられる。

また病気長欠事例の病気・病状について，学校側がおおよその状況しか把握しきれていない事例で欠席が長期化し，健康問題に加えて本人の心理的問題や保護者との共通理解のむずかしさが目立った。病気以外の要因があっても「病気である」がために学校からの対応が消極的になりがちだと考えられる。明らかな急性期の事例と異なり，こうした事例では学校からの支援に対する保護者の消極的な傾向が見られることも病気長欠のひとつの特徴であった。

今日，各種の健康問題や教育困難が生じている通常学級のなかでは，病気療養は家庭の責任と事情に委ねられ病気の子どもへの教育的支援が具体化されにくい状況がある。病気長欠児のかかえる問題の原因を「病気」に限定せず，困っているのはだれか，問題はどこに生じているのかという視点でみていくことが求められており，病気長欠児本人への配慮はもちろんであるが，学級担任・保護者への援助を含む校内・校外のネットワークの実体をつくり出していくことが求められている。

第9章「東京都内の本人・保護者調査からみた病気長欠の困難・ニーズ」では，東京都内の小・中・高校において病気長欠を経験した本人およびその保護者への郵送質問紙法・面接法によって調査を実施し，病気長欠児の学校生活上の困難・ニーズや学校の対応への評価を明らかにした。

今回の調査における回答者は，明らかな診断名がついている事例であったが，情報を得る機会の多い患者会会員のなかにも病気による欠席を繰り返す

子どもがいることや，病弱教育へ転入するまでの期間に病気長欠となっていた子どもが一定数いることが明らかになった。

いずれの場合も，在籍校からではなく主に病院側からの情報で病弱教育に転入したという事例が大半を占め，病気長欠の一つの要因として，発症・入院の時点での心理的サポートや情報提供，教育相談の不十分さがあると考えられた。

子ども・保護者とも学校への期待と不信に揺れる心理を記す回答が少なくなかった。日常的な学校生活で困難をかかえているにもかかわらず，学校からの理解・援助が不適切であった場合，病気という大きな困難が生じたときに学校に対して相談や援助を求めるには至らないまま長期欠席になっていく傾向が見られた。

保護者だけでなく，困難な事態が生じた時点で子ども本人を交えたコミュニケーションや相談活動が学校生活そして進学・就職を見通したとき重要であると考えられる。保護者と本人が学校選択の段階から学校側と話し合いを行い，高校での教師集団の理解と援助の中で自分のペースで学校生活を積極的に送っている事例や，病弱教育において自らの問題を解決するための学習と生活指導をきめ細かい支援の中で実現している事例などから引き取るべき課題は多いと考えられる。

学習空白を補うための教育期間・年限の延長が要望されていることも特徴であった。

また病気長欠中において友人関係が本人の重要な関心事になっていたが，病気長欠中の子どもにとっては，保護者が感じている以上に家族間の人間関係が大きな気がかりとなっていたため，家族だけで支えることには多くの困難があり，第三者の支援がきわめて重要になるといえる。

とくに中学校段階は，学習への不安や進学・進路の切迫感を持ちながら，実際には自分で学習することも難しく，援助者もいない状況が見られ，矛盾が激化する時期となっていた。病気長欠児の思春期・青年期における確かな

育ちを獲得する上で，中学校段階の支援の質が重要だといえよう。

　第10章「全国病弱養護学校高等部在籍の病気長欠経験者調査からみた病気長欠の困難・ニーズ」では，通常学級在籍時に長期欠席を経験したことがある全国の病弱養護学校高等部在籍者またはその保護者を対象とした郵送質問紙法調査を実施し，病気長欠児が抱える学校生活上の困難・ニーズや学校の対応に対する評価を明らかにした。

　大半の事例は第9章で見られた東京都の事例と同様に，病弱養護学校や院内学級・訪問学級等の病弱教育専門機関に転入する以前に長期欠席が生じており，在籍校からの紹介よりも病院側からの情報で病弱教育に転入している事例が多く見られた。

　本人回答よりも保護者回答の方が，学校生活全般について「問題があった」と感じている割合が高く，病気・病状の説明に対する学校の理解と対応についても低い評価であった。

　中学部や高等部で病弱養護学校に在籍していた回答者が多いため，中学校以降に生じた学校生活上の不安・困難は，第9章の回答（小・中・高校における長欠時）と比べるとやや低い傾向にはあるものの，中学校段階で学習への不安や進学・進路の切迫感を持ちながら，実際には自分で学習することも難しく，援助者もいない状況が見られた。本人・保護者ともに小学校段階よりも中学校段階において長期欠席のストレスを強く感じる傾向がみられた。

　本人からは「特別扱いしないでほしい」という要望が様々な表現で示されていた。回答した本人が15歳から18歳であり，自らの病気長欠経験について相対化して回答することにむずかしさがあったと思われるが，様々なところで思春期の心性の反映を見ることができる。

　こうしたことから病気長欠児の思春期・青年期における確かな育ちを獲得する上で，学習面や友人関係など中学校段階の支援の内容と質は重要な要素になっているといえよう。

終章　研究のまとめと今後の課題　　297

　また，病気長欠中，本人・当事者にとって，家族のなかでの人間関係が大きな気がかりであったことが明らかになった。「わたしの育て方が悪かった」という回答に見るように，保護者の負担も大きい。保護者・家族だけで抱え込むのではなく，第三者が支援に関わることは家族密着から生じる問題の軽減などを含めて不可欠であると考える。

　本研究で仮説としたように，通常教育の場において病気の子どもの教育保障をすすめるためには，学校保健の充実を図ると同時に，心身の健康に問題を生じ，友人関係・学習を含む学校生活全般に課題を抱えている共通点に注目し，診断名のつく病気の子ども以外を含む特別ニーズ教育として学校に検討組織を設けて対応を進めることが，病気の子どもの教育保障にとってもきわめて現実的な方策である。
　また，必要に応じて，通常の学校において，病弱・身体虚弱特殊学級の増設や通級による指導，適応指導教室などの整備・拡充とその活用が必要である。とくに学校に登校できない段階の支援を強化する上で，特別支援学校だけでなく，通常学校のシステムとして訪問教育・訪問型の教育形態を早急に取り入れることが重要だと考える。学籍を移さなくても，必要に応じて訪問型のケアが受けられることが連続性のある支援システムを円滑かつ効果的に機能させる上で，不可欠である。
　また養護教諭の複数配置・学校医との連携強化など，現行の学校保健制度の充実・改善を進めると同時に，通常学校に「特別ニーズ教育に関する校内委員会（SNE 委員会）」（仮称）を設置して，養護教諭の対応だけではなく学校全体としての特別な教育的ニーズを持つ子どもへの支援を進めていくシステムが求められる。
　そのためには通常学校への適切な教員加配や現代の教育課題に即応した新たな教育関係専門職（SNE コーディネーター，スクールカウンセラー，スクールサイコロジスト，スクールソーシャルワーカーなど）の養成が不可欠だと考えられ

る。

SNE委員会の役割・機能は，個々の子どもの健康や学習・発達の状況とニーズを的確に把握し，特別な教育的ニーズを持つ子どもの場合には，その学習困難や学校生活への支援内容・方法を具体的に計画しさらに家族支援などを含めて総合的・一元的に取組むことである。

通常学校における指導・支援だけでは限界があるため，SNE委員会は教育委員会，医療機関，病弱教育機関，教育相談・児童相談機関や児童福祉施設などの諸機関との連携・協働を積極的に進め，子どもが必要とする指導・支援を学校内に具体的に構築していくほか，担任教師等への研修機会の提供や助言・支援も重要である。

特別支援教育において提起された校内委員会設置，コーディネーター指名，教育・医療・福祉・労働などを含めた総合的な支援体制等は本研究が構想する「特別ニーズ教育に関する校内委員会（SNE委員会）」（仮称）と形式的な共通点は多いが，その対象・人員配置を含む条件整備と予算化などにおいてその実効性に疑問も投げかけられている。子どもの現実的なニーズを明確にし，実践と研究の深化によって特別ニーズ教育としての内実を創出することが直面する課題といえよう。

Ⅱ. 今後の研究課題

本研究は，病気の子どもの学校生活の実態調査を通して，通常学級における病気の子どもの教育保障が，特別ニーズ教育として実現すること，病気の子どもの困難・ニーズの実態を明らかにし必要なケア・サポートをすすめることが，わが国における特別ニーズ教育の創出過程にとって不可欠であることを明らかにしてきた。しかしながら，なお，以下のような検討課題が残されている。

①通常学級で行われている実践の掘り起こしと内容の検討

　養護教諭の実践や学級担任の実践から病気の子どもの実態と実践の内容，改善のありかたを深めることが重要である。また各学校で行われている試み（生活全体会・事例研究会での検討と校内の連携／他機関との連携等／病気の子どもに対する個別の援助の具体例など）について，特別ニーズ教育の視点からの検証を進める必要がある。それによって病気の子どもにとって重要な課題である学習支援の内容と方法，学齢期における発達段階を踏まえた支援のあり方を明らかにしていく。

②東京以外の地域における病気による長期欠席者の実態を明らかにする作業

　本研究においても病気による長期欠席者の実態は複雑であり，子どもの多様なニーズを示していたが，病気長欠調査はいずれも回収率が低く，回収事例が少ない。各地域の特色をふまえながら東京以外の地域での実態を明らかにすることにより，病気長欠児の困難・ニーズと改善に向けた支援を検討することが求められている。

　そのためには，個人的研究だけではなく，文部科学省・教育委員会等による全国レベルでの研究調査が早急に行われる必要がある。

③病弱教育関係者と通常学校の養護教諭との協同的検討

　今回の調査を通して，病気の子どもの発達保障について，多くの養護教諭から強い問題意識と関心が示されたことが大きな成果であった。これまで障害児教育として位置づけられてきた病弱教育は，通常教育関係者に問題提起をしても広がらない傾向が強かったが，今日の教育困難全体の中で，また，動き出した特別支援教育の中で，学校保健の充実と特別ニーズ教育の実現を協同して検討していく基盤が明確になりつつあるといえる。それぞれの実践に基づきながら，よりリアルな検討を行っていくことが必要である。

④本人・保護者，医療関係者，福祉関係者等関連分野との協同的検討

　学校現場において教育条件の貧弱さから本人・保護者との理解に食い違いが生じやすい。こうした点から，本人・保護者の声を研究的視点からさらに受け止め，関連分野と協同して検討を進めることが必要である。

　また，小児医療関係者のほか，児童相談所などの福祉機関，保健師等の地域保健関係者と協同した検討を通じて，地域のなかでトータルなケアの内容とシステムを検討する必要がある。

文 献 一 覧

【引用・参考文献】

明石要一・中原美恵（1991）不登校の子どもに対する教師の指導・援助に関する調査
　　研究．千葉大学教育相談研究センター年報，8，1-26.

秋山三左子（2000）子どもの学校不適応感をとらえる視点について．千葉大学教育実
　　践研究，7，117-127.

朝倉景樹（1995）『登校拒否のエスノグラフィー』彩流社．

吾郷晋浩・山下 淳・Ratnin D. Dewarajya（1994）長期療養児にみられる心理的問題
　　についての総論的な検討，平成6年度厚生省心身障害研究報告『小児の心身障害
　　予防，治療システムに関する研究』.

足立カヨ子（2003）「橋渡しの学校」としての役割―前籍校との多様な連携を試みて
　　―，SNE ジャーナル，9(1)，42-54.

五十嵐勝郎（1988）学校心臓検診後の養護教諭のとりくみと不安．小児保健研究，47
　　(2)，235-236.

猪狩恵美子（2001a）通常学級在籍病気療養児の発達保障と特別ニーズ教育．東京学
　　芸大学大学院教育学研究科障害児教育専攻修士（教育学）論文.

猪狩恵美子・髙橋 智（2001b）通常学級在籍の病気療養児の問題に関する研究動向
　　―特別ニーズ教育の視点から―．東京学芸大学紀要，第52集（第1部門・教育科
　　学），191-203.

猪狩恵美子・髙橋 智（2001c）通常学校における子どもの健康・保健問題と特別な教
　　育的配慮の現状―都内公立小・中・高校の養護教諭調査から―．病気の子どもの
　　医療・教育，9(2)，全国病弱教育研究会，75-85.

猪狩恵美子・髙橋 智（2001d）通常学級在籍の病気療養児の実態と特別な教育的ニー
　　ズ―東京都内公立小・中・高校の養護教諭調査より―．東京学芸大学教育学部附
　　属教育実践総合センター研究紀要，26，41-72.

猪狩恵美子・髙橋 智（2002a）通常学級在籍病気療養児の特別な教育的ニーズ―東京
　　都内の保護者のニーズ調査から―．東京学芸大学紀要，第53集（第1部門・教育
　　科学），177-189.

猪狩恵美子（2002b）病弱教育と特別なニーズ教育―通常教育における病気療養児の
　　サポートシステムの視点から―．特別なニーズ教育とインテグレーション学会編
　　『特別なニーズと教育改革』クリエイツかもがわ，51-66.

猪狩恵美子・髙橋 智（2002c）通常学級における病気療養児の実態と特別な教育的ニーズ—病気療養児の保護者と養護教諭への質問紙調査から—．SNE ジャーナル，8(1)，146-159.

猪狩恵美子（2003）病弱教育と教育保健—通常学級在籍病気療養児の教育的ニーズの視点から—，『日本教育保健年報』第10号，日本教育保健研究会．15-23.

猪狩恵美子・髙橋 智（2004）通常学級における病気療養児の長期欠席問題と特別な教育的配慮の課題—不登校の長期欠席問題との共通性と独自性の検討を中心に—．日本教育保健学会年報，11，15-26.

猪狩恵美子ほか（2005a）病気による長期欠席児童・生徒に関する実態調査—東京都内公立小・中学校の養護教諭調査を通して—，東京都教職員互助会ふれあい第14回レポート集，48-55.

猪狩恵美子・髙橋 智（2005b）通常学級における「病気による長期欠席児」の困難・ニーズの実態と特別な教育的配慮の課題—都内公立小・中学校の養護教諭調査を通して—．学校保健研究，47(2)，129-144.

猪狩恵美子・髙橋 智（2006）病気による長期欠席児の学校生活の実態と特別な教育的ニーズ—東京都内公立小・中学校の学級担任調査から—．日本教育保健学会年報，13，23-38.

猪狩恵美子・髙橋 智（2007a）通常学級における「病気による長期欠席」の児童生徒の困難・ニーズ—東京都内の病気長欠経験の本人およびその保護者への調査から—．学校教育学研究論集，15，39-51.

Ikari, E. & Takahashi, S. (2007b) Difficulties and needs of students with long-term absence from school due to illness: Nationwide survey of high school division students at special schools for students with health impairments. Japanese Journal of Special Education, 44, 493-506.

猪狩恵美子（2008）通常学級在籍の病気の子どもと特別な教育的配慮の研究．東京学芸大学大学院連合学校教育学研究科（東京学芸大学）学校教育学専攻博士（教育学）論文.

猪狩恵美子（2012）重症児や病気の子どもと訪問教育．障害者問題研究，40(2)，19-26.

猪狩恵美子（2015）通常学級における病気療養児の教育保障に関する研究動向．特殊教育学研究，53(2)，107-115.

生島昌子・岡田文寿ほか（2005）埼玉県における15歳以下のアレルギー性疾患と生活環境に関する調査．小児保健研究，64(5)，676-686.

文 献 一 覧　303

池原あさみ（1992）小・中学校における保健室登校の現状について．学校保健研究，
　　34(9)，386-396.

石原昌江ほか（1990）養護教諭の職務に関する研究（第9報）―担任教師と養護教諭
　　の連携．岡山大学教育学部研究集録，83，69-98.

石原昌江ほか（1999）夜間定時制高校における養護教諭の役割と養護活動の実際（第
　　1報）―岡山県の場合―．岡山大学教育学部研究集録，112，13-21.

石原昌江ほか（2000）夜間定時制高校における養護教諭の役割と養護活動の実際（第
　　2報）―全国の場合―．岡山大学教育学部研究集録，113，11-27.

市川宏伸（2002）学校との連携―ADHDを中心に―．児童青年精神医学とその近接
　　領域，43(2)，156-161.

一谷彊・相田貞夫（1991）『児童・生徒の精神的環境と生徒指導の教育心理学的研究』
　　風間書房.

伊藤文之（1998）こころの問題（思春期）．小児科臨床，51増刊号，1499-1506.

伊藤夕貴子（1998）学級担任と保健室登校との関わりから．全日本教職員組合全国教
　　育研究集会報告.

稲村博（1994）『不登校の研究』新曜社.

猪子香代ほか（1992）児童青年期の神経症的問題における年齢特性について．児童青
　　年精神医学とその近接領域，33(3)，218-226.

岩田泰子（1992）児童虐待をめぐって．児童青年精神医学とその近接領域，33(5)，
　　401-406.

岩元澄子（1996）登校拒否児の学校適応という視点からの予後予測．児童青年精神医
　　学とその近接領域，37(4)，331-343.

上地勝ほか（2000）中学校における登校回避感情とその関連要因．学校保健研究，42，
　　375-385.

上野理恵ほか（2003）北海道の高校における保健室登校の実態と教育的対応．学校保
　　健研究，44，156-166.

宇佐美等ほか（1992）腎疾患・心臓疾患児の学校生活管理の実態―小・中学校教師に
　　対するアンケート調査から―．小児保健研究，51(2)，214.

内海みよ子ほか（1995）アレルギー疾患患児の学校生活．小児看護，18(8)，962-966.

宇野和代ほか（1996）不登校・登校拒否問題（前編）―養護教諭から見た問題状況.
　　健，25(6)，59-62.

宇野和代ほか（1997）保健室登校―養護教諭の取り組みと課題（上）．健，26(6)，
　　43-47.

梅田 勝ほか（1991）心疾患児の学校における運動・生活管理に関する研究．小児保健研究，50(1)，37-41.

浦上達彦ほか（1992）子どもの保健－小児糖尿病．保健の科学，34(6)，410-415.

江崎正子（1992）糖尿病の子どもと関わって－健康診断を考える．全日本教職員組合全国教育研究集会報告．

遠藤伸子（1998）養護教諭複数配置の実態と適正規模．保健の科学，40(7)，591-596.

大嶋正浩（2003）不登校の子どもの成長・発達．育療，27，27-36.

小倉永子・武田則昭・實成文彦（1999）小学校養護教諭の結核諸問題に関する行動科学的研究－結核に対する意識，知識，態度，取り組み・行動の現状について－．学校保健研究，41，21-33.

大永政人（1992）学校保健教育の実践－40年の歩みと展望．学校保健研究，34(2)，50-56.

岡田加奈子（1998）養護・養護教育と看護－養護教諭に関連して－．千葉大学教育学部紀要，46(1)，181-192.

岡田守弘（1999）近年の子どもの健康感とストレス対処について．保健婦雑誌，55(6)，465-469.

大高一則ほか（1986）登校拒否の追跡調査について．児童青年精神医学とその近接領域，27(4)，213-229.

尾川瑞季ほか（2005）入院児のストレスと院内学級における心理的サポート－兵庫県の院内学級教員に対する調査－．小児保健研究，64(1)，89-93.

奥地圭子（1991）『東京シューレ物語』教育資料出版会．

小野 修（1972）登校拒否児の基礎的研究1 香川県における1調査．児童青年精神医学とその近接領域，13(4)，250-259.

小野川文子・髙橋 智（2012）病弱特別支援学校寄宿舎における病気の子どもの「生活と発達」の支援．SNEジャーナル，18，148-161.

小野昌彦（1997）「不登校」の研究動向－症状論，原因論，治療論，そして積極的アプローチへ－．特殊教育学研究，35(1)，45-55.

小野昌彦・小林重雄（2002）中学生不登校の再登校行動維持への主張的スキル訓練．特殊教育学研究，40(4)，355-362.

笠井孝久・村松健司・保坂亨・三浦香苗（1995）小学生・中学生の無気力感とその関連要因．教育心理学研究，43(4)，424-435.

笠井孝久（2000）不登校児を対象とした野外活動．千葉大学教育実践研究，7，73-86.

柏女霊峰（2001）『子ども虐待　教師のための手引き』時事通信社.

影山隆之（1992）日本学校保健会における精神衛生と健康相談に関する研究発表の10年間の動向.　学校保健研究，34(1)，41-47.

梶原京子ほか（2005）公立高等学校定時制課程生徒の保健室来室及び養護教諭の対応の実態.　小児保健研究，64(1)，94-99.

数見隆生（1994）『教育保健学への構図　教育としての"学校保健"の進展のために』大修館書店.

数見隆生・藤田和也編（2005）『保健室登校で育つ子どもたち－その発達支援のあり方を考える－』農文協.

片岡洋子（2002）問題を起す子どもを教師はどうとらえてきたか.　教育，680，33-40.

門眞一郎（1994）登校拒否の転帰－追跡調査の批判的再検討－.　児童青年精神医学とその近接領域，35(3)，297-307.

加藤忠明（2004）小児の慢性疾患について.　小児保健研究，63(5)，489-494.

加藤忠明・西牧謙吾・原田正平（2005）『すぐに役立つ小児慢性疾患支援マニュアル』東京書籍.

加藤安雄（1994）病気による長期欠席児童の実情と課題.　平成6年度厚生省心身障害研究報告『小児の心身障害予防，治療システムに関する研究』.（分担研究：長期療養児の心理的問題に関する研究），113-120.

加藤安雄（1995）病弱教育の歴史的変遷.　教育と医学，43(7)，13-21.

金川克子（1998）養護教諭（教師）としての病児への対応.　アレルギーの領域，5(6)，62-65.

兼松百合子（1990）学校における小児糖尿病患児の管理と指導.　保健の科学，32(10)，654-659.

兼松百合子（1998）慢性的な健康問題をもつ子どもの生活と援助.　小児保健研究，57(5)，629-634.

紙屋克子（1991）学校復帰に向けての援助.　小児看護，14(8)，994-997.

唐橋京子（1996）高校生のいじめと養護教諭の役割－事例を通して考える.　保健室，61，22-35.

河合弘一（2000）『拒否じゃない！登校できない子どもたち』文芸社.

河合尚規（1995）いのちと人間の尊さに向き合って－どんな一人もかけがえなくまたみんなに守られて－.　保健室，60，58-66.

川崎浩三ほか（1999）小児がん患者の通学時の問題に関する養護教諭の意識.　小児保健研究，58(1)，65-70.

306 　文 献 一 覧

川崎病の子供をもつ親の会（1992・1993）園・学校生活に関するアンケート調査報告.
　　やまびこ通信，58-66.

川島令子（1999）不登校生徒へのアプローチ．保健婦雑誌，55(6)，480-483.

北川照男ほか（1984）学校におけるインスリン依存性糖尿病患児の実態調査成績．小
　　児保健研究，43(6)，598-602.

北村栄一ほか（1983）公立中学校における過去15年間の不登校の実態．児童青年精神
　　医学とその近接領域，24(5)，322-336.

北村陽英（1993）養護教諭養成と学校精神保健．児童青年精神医学とその近接領域，
　　34(3)，303-320.

北村陽英（1999）学校精神保健相談の視点から．児童青年精神医学とその近接領域，
　　40(2)，162-168.

木村留美子ほか（1993）親子関係，学校関係における心理的問題への対応．小児看護，
　　16(8)，994-998.

教育科学研究会・横湯園子編（1997）『不登校・登校拒否は怠け？病い？』国土社.

草川三治（1979）心疾患における在宅心身障害児の調査報告．小児保健研究，38(4)，
　　309-315.

窪島 務（1999）"特別なニーズ教育"の視点から今日の教育問題を考える．教育，
　　649，85-93.

窪島 務（2004）通常学級で指導が困難な子どもの理解について－特別な教育的ニー
　　ズを有する子ども．教育，700，26-33.

熊谷直樹（2001）普通高校における困難をもつ生徒への教育相談．障害者問題研究，
　　29(3)，63-67.

厚生省児童家庭局（1992）平成3年度小児慢性特定疾患対策調査結果の概要.

厚生労働省雇用均等・児童家庭局母子保健課（2002）「小児慢性特定疾患治療研究事
　　業の今後のあり方と実施に関する検討会（座長：鴨下重彦）」報告書.

国立特別支援教育総合研究所（2010）小中学校に在籍する「病気による長期欠席者」
　　への特別支援教育の在り方に関する研究－子どもの病気と教育の資源の実態把握
　　を中心に－．平成20～21年度研究成果報告.

国立特殊教育総合研究所病弱教育研究部（1997）病弱教育担当教員の専門性の向上を
　　目指す研修についての全国調査報告書－病弱・身体虚弱特殊学級担当教員を中心
　　に－．平成8年度心身障害児の教育指導の改善に関する調査普及事業.

越野由香（2001）思春期相談の課題と専門性．障害者問題研究，29(3)，46-52.

越野好文ほか（2002）児童青年期の不安障害．児童青年精神医学とその近接領域，43

(2), 111-118.

小林洌子（1998）学校における保健管理と保健教育の結びつきについて―養護教諭の果たしている役割―. 千葉大学教育学部紀要, 46(1), 173-180.

小林 登（1998）小児科医と学校保健―その新しいありかたを求めて. 小児科診療, 152(8), 1681-1685.

近藤邦夫（1994）『教師と子どもの関係づくり―学校の臨床心理学』東京大学出版会.

近藤邦夫・志水宏吉編著（2002）『学校臨床学への招待～教育現場への臨床的アプローチ』嵯峨野書院.

斎藤万比古（1993）登校拒否の長期経過について―児童精神科病棟入院症例の調査から―. 児童青年精神医学とその近接領域, 34(1), 59-60.

斎藤万比古（2000）不登校の病院内学級中学校卒業後10年間の追跡研究. 児童青年精神医学とその近接領域, 41(4), 377-399.

坂口せつ子（1990）『保健室―子どもの声がきこえるとき―』青木書店.

崎山忍ほか（2000）教職員の児童思春期精神科医療に関する意識調査. 小児の精神と神経, 40(1), 35-42.

笹島由美ほか（1999）学校生活がアトピー性皮膚炎の児童・生徒に及ぼす影響. 小児保健研究, 58(4), 450-457.

佐藤克子ほか（1989）小児糖尿病児への学校生活への援助―医療側と学校側の連携について―. 小児保健研究, 48(2), 269-270.

佐藤喜一郎ほか（2000）保健室とこころの健康相談―高等学校の現場から―. 児童青年精神医学とその近接領域, 41(2), 309-337.

佐藤泰三（2003）児童青年精神科医療の現状と動向―都立梅ヶ丘病院の臨床から. 児童青年精神医学とその近接領域, 44(2), 87-93.

佐藤比登美（1985）てんかん児の学校生活での諸配慮について―教師へのアンケート調査から―. 小児保健研究, 44(2), 157-158.

佐藤比登美（1990）滋賀県下の小中学校における「てんかん」児童への対応について―養護教諭へのアンケート―. 滋賀大学教育学部紀要, 40, 79-90.

郷木義子ほか（2001）中学校における心の教育相談員に関する実態調査. 学校保健研究, 43, 227-241.

沢山信一（1996）子どもの権利としての健康診断を創造する. 保健室, 62, 3-13.

沢山信一（1998）教育における学校保健の役割. 学校保健研究, 39, 491-497.

塩田律子（1993）なぜ学童に学習援助が必要なのか. 小児看護, 16(11), 1431-1435.

宍戸洲美（2000）『養護教諭の役割と教育実践』学事出版.

308 文 献 一 覧

宍戸洲美（2005）教えてください．ともしび，11，p.11，日本てんかん協会東京支部.

島 治伸（2004）今後の特別支援教育と病弱教育．育療，第30号，5-12.

神保信一（1992）教育相談から見た保健室登校と今後の課題．学校保健研究，34(9)，
419-424.

神保信一（1995）『不登校への対応と予防－担任・養護教諭・教頭・校長はどう連携
するか－』金子書房.

清水將之・竹内浩・奥村透・安藤寿博（1991）登校拒否に関する疾病学的研究－
ICD-10，1988年草稿より見たいわゆる登校拒否の位置．児童青年精神医学とそ
の近接領域，32(3)，241-248.

清水將之（1992）不登校問題再考－不登校をどう考え，どう対応するか－．児童青年
精神医学とその近接領域，33(5)，361-373.

清水將之・高山 学（1998）日本子ども精神保健史年表．児童青年精神医学とその近
接領域，39(4)，374-383.

杉浦正輝ほか（2000）『学校保健』建帛社.

杉山登志郎・原仁（2003）『特別支援教育のための精神・神経医学』学習研究社.

諏澤宏恵・山田和子（2005）地域保健における保健機関の児童虐待予防の取り組みと
課題－平成13年度「児童虐待及び対策の実態把握に関する研究」調査データより
－．小児保健研究，64(5)，699-708.

鈴木世津子（2002）養護教諭の専門性とは何か．子どものからだと心・連絡会議発表
資料.

鈴木路子ほか（1999）『教育健康学－教育と医療の接点を求めて－』ぎょうせい.

瀬川明孝ほか（1990）児童期のうつ病に関する研究－身体症状を前景に呈した症例を
中心に－．児童青年精神医学とその近接領域，31(1)，54-55.

全教「特別な教育的ニーズ」問題検討委員会（2000）『通常学級に学ぶ障害児への教
育のあり方について－「特別ニーズ教育」の視点から－』全日本教職員組合.

全国病弱虚弱教育研究連盟病弱教育史研究委員会（1990）『日本病弱教育史』日本病
弱史研究会.

副島賢和（2013）「病気療養児に対する教育の充実について（通知)」から考えた大切
なこと．障害者問題研究，41(3)，68-73.

漕野町子（1984）養護教諭複数配置運動の取り組みと課題．日本教職員組合全国教育
研究集会報告.

高垣忠一郎ほか（1995）『登校拒否・不登校１小学生』労働旬報社.

高垣忠一郎ほか（1995）『登校拒否・不登校２中学生』労働旬報社.

高垣忠一郎ほか（1995）『登校拒否・不登校3高校生』労働旬報社.

高倉実ほか（2000）中学生における抑うつ症状と心理社会的要因との関連. 学校保健研究, 42, 49-58.

高野政子（2003）病院内学級に対する保護者の評価. 小児保健研究, 62(1), 43-49.

髙橋 智・渡部昭男編（1999）『特別なニーズ教育と学校改革－歴史と今日の課題－（講座転換期の障害児教育・第1巻）』三友社出版.

髙橋 智ほか（2000）日本における特別な教育概念の検討－その理念, 領域, 対象, ケア・サービス－. 東京学芸大学紀要, 第51集（第1部門・教育科学）, 199-218.

髙橋 智ほか（2000）特別ニーズ教育研究の動向－SNEの概念と研究のストラテジー－. SNEジャーナル, 5, 258-271.

髙橋 智（2004）「特別ニーズ教育」という問い－通常の教育と障害児教育における「対話と協働」の可能性－. 教育学研究, 71(1), 95-103.

高橋隆夫（1993）登校不能を訴えて来院した10代の症例について. 児童青年精神医学とその近接領域, 34(1), 54-55.

高橋利一（1992）養護施設と児童虐待. 児童青年精神医学とその近接領域, 33(5), 400-401.

滝川一廣（1994）『家庭のなかの子ども 学校のなかの子ども』岩波書店.

橘雅佳子ほか（1998）「気管支喘息児」への養護教諭の対応. 千葉大学教育学部紀要, 46(1), 35-43.

竹内常一（1987）『子どもの自分くずしと自分作り』東京大学出版会.

竹内常一（1998）『少年期不在』青木書店.

武田鉄郎ほか（2000）不登校の経験をもつ慢性疾患児（中学生）のストレス対処特性. 特殊教育学研究, 38(3), 1-10.

武田鉄郎（2004）心身症・神経症等の児童生徒の実態把握と教育的対応. 特殊教育学研究, 42(2), 159-165.

武田鉄郎（2012）病弱教育の現状と今日的役割. 障害者問題研究, 40(2), 27-35.

田中耕二郎ほか（1979）養護学校教育の義務制実施と長期療養児に対する教育保障の課題. 教育学研究, 46(2), 107-116.

田中孝彦（2003）『生き方を問う子どもたち』岩波書店.

田中丈夫（1991）小学校養護教諭へのアンケート調査よりみた糖尿病・慢性疾患をもつ児童の養育管理上の問題点－学校・病院・家庭の連携について－. 小児保健研究, 50(3), 384-388.

田中昌人ほか（1979）病院における小児慢性疾患児に対する教育保障に就いての調査

310 文 献 一 覧

研究. 京都大学教育学部紀要, 25, 15-71.

谷川弘治（1993）病弱児の療養生活と教育保障の諸課題. 障害者問題研究, 21, 4-20.

谷川弘治ほか（1997）骨髄移植後の学校生活復帰に関する調査研究. 障害者問題研究, 25, 31-43.

谷川弘治ほか（1999）『小児がんの子どもの学校生活を支えるために』教師向けパンフレット作成委員会.

谷川弘治ほか（2000）小児がん寛解・治癒例の学校生活からみた学校生活支援の方法的諸問題. 小児がん, 37(1), 32-38.

谷川弘治（2003）子どもの健康問題と特別ニーズ教育研究の課題. SNE ジャーナル, 9(1), 3-27.

谷川弘治（2004）小児の緩和医療におけるトータルケア―教師にできること. 小児保健研究, 63(2), 151-155.

谷川弘治ほか（2004）『病気の子どもの心理社会的支援入門』ナカニシヤ出版.

谷川弘治（2005）小児がん等小児慢性疾患キャリーオーバーの社会的自立のサポートシステム構築. 平成14年度〜平成16年度科学研究費補助金（基盤研究C(1)）研究成果報告書.

谷口明子（2004）入院児の不安の構造と類型―病弱養護学校児童・生徒を対象として―. 特殊教育学研究, 42(4), 283-291.

田部田功・鈴木常元・木原令夫（2001）めまいによる長期欠席児の指導事例. 学校保健研究, 43, 412-417.

中央教育審議会初等中等教育分科会（2012）共生社会の形成に向けたインクルーシブ教育システム構築のための特別支援教育の推進（報告）.

津島ひろ江（1997）慢性疾患児の入院中の教育実態とニーズ調査. 障害者問題研究, 25, 44-51.

津田恵次郎ほか（1994）気管支喘息, アレルギー疾患. 小児科臨床, 47(4), 665-672.

「東京シューレ」の子どもたち編（1997）『学校へ行かない僕から学校へ行かない君へ』教育資料出版会.

堂前有香ほか（2004）小学校, 中学校における慢性疾患患児の健康管理の現状と課題. 小児保健研究, 63(6), 692-700.

徳山美智子（1994）高等学校養護教諭と学校精神保健. 児童青年精神医学とその近接領域, 35(2), 211-217.

豊島協一郎ほか（1994）気管支喘息児の学校生活の充実度に関するアンケート調査（施設入院療法児に関して）.（平成5年度厚生省心身障害研究「小児の心身障害

予防・治療システムに関する研究」分担研究：長期撩養児の心理的問題に関する研究）

戸野塚厚子（2001）スウェーデンの小学校における「共存・共生」教育〜「障害」「からだの違い」の教材分析を中心として〜. 学校保健研究, 43, 149-162.

富田和己（1997）「登校／いじめ」など子どもの SOS をどう受けとめるか. 健, 26(6), 52-55.

中尾安次編著（2000）『家庭崩壊の危機から立ち直るための不登校・家庭内暴力・病弱児のQ＆A』ミネルヴァ書房.

中下富子ほか（2005）M市における慢性疾患を有する児童に対する養護教諭のかかわり. 日本養護教諭教育学会誌, 8(1), 66-73.

中館尚也（1989）小児の不定愁訴と心身症. 小児科診療, 52(9), 2011-2016.

中村泰三（1990）学校保健の現場からみた現状と課題－医師（学校医）の立場から. 保健の科学, 32(11), 725-729.

永井洋子ほか（1994）"学校嫌い"から見た思春期の精神保健. 児童青年精神医学とその近接領域, 35, 153-163.

長岡利貞（1995）『欠席の研究』ほんの森出版.

長坂裕博ほか（1988）小児腎疾患と学校生活（日常生活の指導）. 小児看護, 11(7), 855-859.

永田七穂ほか（1987）インスリン依存型糖尿病児の学校での補食の一考察. 小児保健研究, 46(5), 476-479.

長野県高等学校教育文化会議（2003）『先生いたぁ, よかったぁ〜養護教諭がきいた, 定時制高校生のこえ〜（教文ブックレット6）』長野県高等学校教育文化会議常任委員会.

永峯 博（1986）先天性心疾患患児の学校教育. 小児看護, 9(5), 639-646.

永峯 博（1987）学校教育との関わり. 小児看護, 10(12), 1595-1597.

仁尾かおりほか（2003）先天性心疾患をもつ思春期の子どもの病気認知. 小児保健研究, 62(3), 544-551.

西川和子ほか（1981）学童喘息児の学校生活状態. 小児保健研究, 40(3), 261-264.

西間三馨・吾郷晋浩・加藤安雄ほか（1994）長期療養児の心理的問題に関する研究. 平成6年度厚生省心身障害研究報告『小児の心身障害予防, 治療システムに関する研究』.

西牧謙吾・滝川国芳（2007）病気の子どもの学校教育と教師による教育支援の仕組み・活用法. 小児看護, 30, 1536-1542.

西牧謙吾・滝川国芳（2009）特別支援教育の進み方と進め方―病弱教育の取り組みの反省を含めて―. 小児保健研究, 68, 5-11.

西牟田敏之ほか（1994）施設入院療法喘息児の心理的要因とその対応による予後の検討. 平成6年度厚生省心身障害研究報告『小児の心身障害予防, 治療システムに関する研究』.

新平鎮博ほか（1991）インスリン依存性糖尿病児の学校生活について―公的教育機関と私的教育機関に関する実態調査. 小児保健研究, 50(6), 764-768.

布川百合子（1994）学力差と健康問題. 保健室, 52, 37-47.

野々上敬子・滝田齋（2005）中学生の不定愁訴が9教科の絶対評価に及ぼす影響. 小児保健研究, 64(5), 687-692.

長谷川浩（1992）家庭療養に対する母親の不安への援助. 小児看護, 15(12), 1582-1586.

花谷深雪・髙橋智（2004）戦後日本における「登校拒否・不登校」問題のディスコース―登校拒否・不登校の要因および対応策をめぐる言説史―. 東京学芸大学紀要, 第1部門, 第55集, 241-259.

羽場敏文（1998）一保健所管内における小児慢性特定患児の実態調査―医療と生活の側面から. 小児保健研究, 57(5), 667-672.

林有香ほか（2003）看護職・保育職が関わった子ども虐待ケースと援助の特徴. 小児保健研究, 62(1), 65-72.

原田正文（1990）心の問題を抱える児童・生徒への援助ネットワークシステムについて―大阪府における8年間の実践より―. 保健の科学, 32(1), 27-32.

早川浩（1983）気管支喘息児の通学に関するアンケート調査. 小児保健研究, 42(5), 493-498.

東山ふき子ほか（1997）不登校児に対する初期医療について―開業医へのアンケート調査より―. 小児保健研究, 56(4), 556-561.

東山由美（1997）白血病治療中のトータルケアのポイント. 小児看護, 20(3), 345-348.

広瀬幸恵（1998）先天性心疾患児をもつ母親の療育上の心配. 小児保健研究, 57(3), 441-449.

廣瀬幸美・市田蕗子・大嶋義博（2005）乳幼児期に心臓手術を要する児の発達に関する研究―乳児期前半における発達とその関連要因―. 小児保健研究, 64(5), 669-675.

平島登志江ほか（1987）長期療養児の母親の不安に対する援助. 小児看護, 10(3),

287-292.

福士貴子ほか（1991）小児がん長期生存患者と治療期間中の教育措置問題．小児がん，28，97-99.

藤澤隆夫（1998）小児喘息と学校生活．アレルギーの領域，5(6)，21-26.

藤田和也（1985）『養護教諭実践論』青木書店.

藤原　寛ほか（1999）心疾患を有する児童・生徒の体育指導についてのアンケート調査．小児保健研究，58(5)，622-628.

藤原　寛・井上文夫（2001）心疾患児の体育指導に関する小児循環器医の見解．学校保健研究，43，242-250.

船川幡夫（1989）学校保健の現状と問題点．小児科診療，152(8)，1676-1680.

船川幡夫ほか（1994）全国医科大学における慢性疾患長期入院小児と教育の現状．小児保健研究，53(1)，125-133.

古俣龍一（2002）小学校における先天性心疾患児の歩行観察とその教育的効果について．学校保健研究，44，72-83.

帆足英一（2000）小児保健と医療環境．小児科臨床，53，117-123.

鉾之原昌ほか（1988）若年性関節リウマチ患児の学校生活の実態と管理．小児保健研究，47(3)，397-404.

保坂　亨（1991）「子ども集団の中で変身をとげた不登校児の事例」へのコメント．全国情緒障害児短期治療施設研究紀要，3，117-118.

保坂　亨（1995）学校を欠席する子どもたち－長期欠席の中の登校拒否（不登校）とその潜在群－．教育心理学研究，43(1)，52-57.

保坂　亨（1996）長期欠席と不登校の追跡調査研究．教育心理学研究，44(3)，303-310.

保坂　亨（1996）不登校生徒の中学卒業後の進路．進路指導研究，17(1)，9-16.

保坂　亨（1998）病気を理由に長期欠席する児童・生徒に関する実態調査．千葉大学教育実践研究，5，1-10.

保坂　亨（1999）不登校の実態調査：類型分類の観点から．千葉大学教育学部研究紀要，47(1)，7-18.

保坂　亨（2000）長期欠席と不登校の実態調査（1989－1997）．千葉大学教育学部研究紀要，48，23-30.

保坂　亨（2000）『学校を欠席する子どもたち』東京大学出版会.

堀田法子・古田真司・村松常司・松井利幸（2001）中学生・高校生の自律神経性愁訴と生活習慣との関連について．学校保健研究，43，73-82.

堀内久美子（1995）養護教諭の今日的課題．学校保健研究，37，377-385.

堀内久美子ほか（1998）養護活動を支える理論の構築に向けて．学校保健研究，39，498-504.

堀内康生ほか（1998）気管支喘息学童の学校生活（第4報）－アレルギー疾患に対する養護教諭の理解と保健指導について－．小児保健研究，57(6)，755-761.

堀内康生ほか（1998）気管支喘息学童の学校生活（第5報）－アレルギー疾患に対する養護教諭による保健指導の問題点および他職種との連携について．小児保健研究，57(6)，762-766.

堀内康生ほか（2000）気管支喘息学童の学校生活（第6報）－学校における喘息保健指導・健康相談のためのネットワークの構築について．小児保健研究，59(3)，451-458.

堀内康生ほか（2004）気管支喘息学童の学校生活（第7報）－気管支喘息児の QOL 改善のための自己管理教育と学校内外関係者のパートナーシップの向上について．小児保健研究，63(4)，451-458.

本多輝男（1990）チック・心身症．小児科診療，163(1)，40-46.

前田貴彦ほか（2004）長期入院を必要とする血液腫瘍疾患患児にとっての院内学級の意義．小児保健研究，63(3)，302-310.

正木健雄（1990）『子どものからだは蝕まれている』柏樹社.

正木健雄（1999）子どもの健康問題の変遷－身体の問題について－．保健婦雑誌，55(6)，458-464.

松井一郎・谷村雅子ほか（2000）虐待予防の地域中核機関として保健所は機能しうるか．小児保健研究，59(4)，445-450.

宮川佳代子・猪狩恵美子・高橋　智（2005）病気療養青年と学校卒業後の移行支援ニーズ－本人および家族のニーズ調査から－．東京学芸大学教育実践研究支援センター紀要，第1集，195-213.

宮川しのぶほか（2002）I型糖尿病患児の学校生活における療育行動(1)療育行動に伴う困惑度．小児保健研究，61(3)，457-462.

三宅捷太（1990）学校生活への援助．小児看護，13(1)，79-85.

宮下一博・鉄島清毅（1994）非行少年の疎外感に関する研究－非行の種類・進度を中心にして－．千葉大学教育学部研究紀要，42，85-95.

宮島信子（1994）高校生のことばをつなぎながら保健室で考えること．児童青年精神医学とその近接領域，35(2)，217-222.

宮田晃一郎ほか（1983）青春期心疾患児の意識調査結果からみた管理上の問題点．小児保健研究，42(5)，481-486.

宮脇順子ほか（1997）院内学級に入級した心因的問題をかかえる子どもたちとの関わり．小児保健研究，56(2)，282．

三脇康生・岡田敬司・佐藤 学（2003）『学校教育を変える制度論―教育の現場と精神医療が出会うために―』万葉舎．

村上由則（2006）小・中・高等学校における慢性疾患児への教育的支援―特別支援教育の中の病弱教育―．特殊教育学研究，44，145-151．

村山隆志（2000）不登校・いじめ．小児科臨床，53，207-212．

盛 昭子ほか（1992）中学生の内科系主訴増加の背景要因に関する研究―保健室来訪者の生活・精神面の特徴―．学校保健研究，34(12)，563-570．

森 昭三（1991）『これからの養護教諭』大修館書店．

森田光子（1992）保健室登校をめぐって．学校保健研究，34(9)，385．

森田光子（2001）養護教諭から見た学校での医療的ケア．学校保健研究，43，373-379．

森田洋司（1991）『「不登校」現象の社会学』学文社．

森田洋司・松浦善満編著（1991）『教室からみた不登校―データが明かす実像と学校の活性化―』東洋館出版社．

森田洋司ほか（1994）不登校をどう考え，どう対応するか．児童青年精神医学とその近接領域，35(4)，345-380．

文部科学省（2009）学校保健法等の一部を改正する法律．

文部省初等中等教育局長（1994）病気療養児の教育について（通知）．

文部科学省初等中等局児童生徒課長（2004）現在長期間学校を休んでいる児童生徒の状況等に関する調査結果とその対応について（通知）．

文部科学省初等中等教育局特別支援教育課長（2013）病気療養児に対する教育の充実について（通知）．

柳田邦男（2002）子どもの死―子どもの意識と「二人称の死」の視点―．児童青年精神医学とその近接領域，43(2)，119-130．

山家 均（1986）学校へのアプローチ．小児看護，9(13)，1768-1773．

山崎千裕ほか（2004）入院中の子どものストレスとその緩和のための援助についての研究：第1報―小児科病棟看護職員による心理的援助についての検討―．小児保健研究，63(5)，495-500．

山崎千裕ほか（2004）入院中の子どものストレスとその緩和のための援助についての研究：第2報―プリパレーション（心理的準備）について小児科病棟看護職員への調査―．小児保健研究，63(5)，500-505．

316 文 献 一 覧

山崎 透 (1997) 不登校に伴う身体症状の遷延に影響を及ぼす要因について. 児童青年精神医学とその近接領域, 38(1), 27-28.

山崎美恵子ほか (1989) 慢性疾患をもつ児童・生徒の健康管理上の問題点-家庭・学校・医療機関の連携について-. 小児保健研究, 48(2), 280-281.

山崎嘉久ほか (2004) 入院中の児童・生徒への教育に関する医療機関の現状と問題点. 小児保健研究, 63(6), 605-611.

山下 淳ほか (1994) 長期療養児の心理的問題とその解決法. 小児科臨床, 47, 611-618.

山手美和 (2002) 慢性疾患をもつ子どもの家族の学校関係者に対する期待. 学校保健研究, 44, 224-225.

横田雅史 (1995) 病弱教育の現状と課題. 教育と医学, 43(7), 4-12.

横田雅史 (1998) 学校管理者の立場での病児への対応. アレルギーの領域, 5(6), 54-59.

吉田敬子ほか (2002) 精神医学領域における児童虐待に関する多元的評価の意義-被虐待児とその養育者への適切な心理社会的介入のために-. 児童青年精神医学とその近接領域, 43(5), 498-525.

吉村奏恵 (2001) 児童虐待防止法の成立と学校教育. 障害者問題研究, 29(3), 53-57.

李 永淑・駒田美弘・中村安英 (2005) 小児がん医療現場における遊び活動の課題-医療従事者における学生ボランティアに関する調査評価から-. 小児保健研究, 64(4), 552-559.

若林 実 (1990)『エジソンも不登校児だった-小児科医からみた「登校拒否」』筑摩書房.

渡部昭男 (2002) 長欠・不登校児者を含めたビジティング教育-「必要原理教育」への権利の視点から-. 障害者問題研究, 30(1), 18-29.

渡辺亜矢子 (1991) 学校ぎらいの背景にあるもの-学校訪問を通して. 『不登校・登校拒否は怠け?病い?』国土社, 159-169.

渡部誠一ほか (1993) 白血病小児の学校生活・学校との連携について. 小児がん, 30(1), 924.

あとがき

　本書は，博士論文「通常学級在籍の病気の子どもの困難・ニーズの実態と特別な教育的配慮に関する研究」（2006年3月学位授与，博士（教育学），東京学芸大学）の内容をもとに刊行したものです。

　平成26年度特別支援教育資料によれば病弱児を対象とする特別支援学校は，単一障害校は63校2,472人で，学校数・在籍者数とも特別支援学校が対象とする5障害の中で一番少なくなっています。複数障害との併置化が進み病弱教育単独の特別支援学校がない自治体も生まれ，センター的役割を果たすべき特別支援学校（病弱）からの発信が弱まっています。

　通常学級における病気の子どもの教育と，特別な場の教育（特別支援学校，院内学級を含む特別支援学級等）の両面からの充実を図り，だれでも，どこでも，いつでも安心して学べる病弱教育のしくみを発展させる必要があります。

　博士論文提出からすでに10年が経過し，当時としても東京都に限定した調査研究であり，回答者数，データ処理など多くの不十分さを残しています。それでも，2000年代はじめの現状と，今日を比較し，通常学級における病気の子どもの教育がどこまで改善されたのかを検証していただくためのひとつの資料として，今日，刊行する意味があるのではないかと考えるに至りました。

初出論文について

　本書の各章の基礎となった論文の初出は，以下の通りです。

序章　書き下ろし

第1章　猪狩恵美子・高橋智（2001）通常学級在籍の病気療養児の問題に関する研究動向－特別ニーズ教育の視点から－．東京学芸大学紀要，第52集（第1部門・教育科学），191-203.

第2章　猪狩恵美子・髙橋智（2001）通常学校における子どもの健康・保健問題と特別な教育的配慮の現状－都内公立小・中・高校の養護教諭調査から－．病気の子どもの医療・教育，9(2)，全国病弱教育研究会，75-85.

第3章　猪狩恵美子・髙橋智（2001）通常学級在籍の病気療養児の実態と特別な教育的ニーズ－東京都内公立小・中・高校の養護教諭調査より－．東京学芸大学教育学部附属教育実践総合センター研究紀要，26，41-72.

第4章　猪狩恵美子・髙橋智（2002）通常学級在籍病気療養児の特別な教育的ニーズ－東京都内の保護者のニーズ調査から－．東京学芸大学紀要，第53集（第1部門・教育科学），177-189.

第5章　猪狩恵美子・髙橋智（2002）通常学級における病気療養児の実態と特別な教育的ニーズ－病気療養児の保護者と養護教諭への質問紙調査から－．SNE ジャーナル，8(1)，146-159.

第6章　猪狩恵美子・髙橋智（2004）通常学級における病気療養児の長期欠席問題と特別な教育的配慮の課題－不登校の長期欠席問題との共通性と独自性の検討を中心に－．日本教育保健学会年報，11，15-26.

第7章　猪狩恵美子・髙橋智（2005）通常学級における「病気による長期欠席児」の困難・ニーズの実態と特別な教育的配慮の課題－都内公立小・中学校の養護教諭調査を通して－．学校保健研究，47(2)，129-144.

第8章　猪狩恵美子・高橋智（2006）病気による長期欠席児の学校生活の実態と特別な教育的ニーズ－東京都内公立小・中学校の学級担任調査から－．日本教育保健学会年報，13，23-38.

第9章　猪狩恵美子・高橋智（2007）通常学級における「病気による長期欠席」の児童生徒の困難・ニーズ－東京都内の病気長欠経験の本人およびその保護者への調査から－．学校教育学研究論集，15，39-51.

第10章　Ikari, E. & Takahashi, S. (2007) Difficulties and needs of students with long-term absence from school due to illness : Nationwide survey of high school division students at special schools for students with health impairments. Japanese Journal of Special Education, 44, 493-506.

終章　書き下ろし

あとがき　319

　また，これらの調査研究は指導教員である高橋智先生を研究代表者とする
研究助成のほか，一部，東京都教職員互助会の研究助成を受けて行うことが
できたものです。高橋先生，また助成してくださった各団体に心からお礼申
し上げる次第です。

○マツダ財団第15回（1999年度）マツダ研究助成－青少年健全育成関係－（研究代表
　　者：高橋智）
○東京学芸大学2000年度大学院博士課程研究基盤整備経費（プロジェクト代表者：高
　　橋智）
○2002年度東京学芸大学重点研究費（研究代表者：高橋智）
○2003年度－2005年度科学研究費基盤研究（C）（2）「多文化協同社会と特別ニーズ
　　教育理論の構築－日・米・瑞の比較史研究を中心に－」（仮題番号：15530617,
　　研究代表者：高橋智）
○第14回（2004年度）東京都教職員互助会研究助成「病気による長期欠席児童・生徒
　　に関する実態調査－東京都内公立小・中学校の養護教諭調査を通して－」.
○第35回（2004年度）三菱財団社会福祉研究助成「通常学級における病気療養児の困
　　難・ニーズの実態と特別支援構築に関する実態調査研究」

現職教員としての大学院での学び

　これらの論文は筆者が現職教員として，東京都教育委員会より第14条大学
院派遣の機会を得て東京学芸大学大学院修士課程特別ニーズ教育講座に進学
した1999年4月から，2006年3月に東京学芸大学大学院博士課程発達支援講
座を修了するまでの6年間の研究成果となっています。病弱教育のかかえる
諸問題がなかなか解決しないことに疑問を持ち，特別ニーズ教育という視点
から考えることで糸口がつかめるのではないか－その思いだけで50歳を前に
進学した私を熱心にご指導いただいた高橋智先生に心からお礼を申し上げま
す。私自身の研究だけでなく，高橋研究室の院生・学生の皆さんが幅広い問
題関心ですすめていく研究を通しても，高橋先生のそれらへの鋭い視点と深
いご指導，そして皆さんの熱い議論にほんとうに多くのことを学ばせていた

だきました。

　大学院修士課程特別ニーズ教育講座では松矢勝宏先生・渡邉健治先生のご指導，そして院生・学生の皆さんとの学びを通して特別ニーズ教育について深めていくことができ，日本特別ニーズ教育学会等でも，新しい情報と今日的課題をさまざまな角度から学ばせていただきました。また，「東京都の病弱教育のあり方を考える提言づくり委員会」では，亡くなられた茂木俊彦先生（当時東京都立大学教授）にも多くの示唆をいただくことができました。博士課程では，副指導教員として修士課程に引き続き渡邉健治先生，さらに保健体育ご専門の森本茂先生（横浜国立大学）に新たにご指導いただき，障害児教育と通常教育との重なりのなかで病気療養児の教育を深めることができました。

　わが国の特別ニーズ教育が模索されていった時期に大学院で学ぶ機会を得ることができたのは大変貴重な経験であり，東京都教育委員会，とりわけ小平養護学校・光明養護学校の同僚の先生方には心からお礼を申し上げたいと思います。

　たくさんの方々のご指導・ご助言をいただきながら取り組んだ6年間でした。とくにこれらの調査，あるいは聞き取りでは，多くの保護者や当事者の皆様，そして養護教諭や通常学級の先生方のご協力で，悩みや願いをお聞かせいただくことができました。

　こうして振り返ると，もっと早く刊行しなくてはいけなかったと深く反省するばかりです。遅くなってしまいましたが，今後の病弱教育を考えるひとつの資料として，なにかお役に立てればと願っております。

特別ニーズ教育として病気の子どもの教育を考える

　私は，1978年4月の採用から2007年4月の福岡教育大学赴任まで，東京都立肢体不自由養護学校教員として勤務してきました。そうした経歴でこの研究に取り組むことになった経緯には，東京都における肢体不自由教育，そし

て病弱教育の特徴があります。

　それは，大病院の集まる東京では医療の新しい動きがひと足早く始まること，そして東京都の病弱教育は肢体不自由養護学校の院内分教室や訪問教育が担っている割合が高いということです。

　国に先がけた東京都の希望者全員入学（1979）以後，とくに肢体不自由養護学校では児童生徒の障害の重度重複化が進み，90年初めには医療的ケアを必要とする重症児と出会いました。その中で，どんなに障害が重くても豊かな学校生活を―という願いで保護者・教職員一体となって実践と教育条件を改善してきたといえます。1997年度からは訪問教育の高等部も始まりました。私も訪問教育を担当する機会を多く持ち，こうした経過に関わってきました。

　ところが，同じく90年代に始まった入院中の子どもの教育はなかなか進みません。また入院中の教育を―と願う子ども・保護者のもうひとつの願いは「二重学籍を認めてほしい」ということでした。制度的には特殊教育＝障害児教育となっている病弱教育ですが，障害と病気のちがいや，地元の学校がもつ意味を強く感じていたときに出会った言葉が「特別ニーズ教育」「特別な教育的ニーズ」でした。病気の子どもの教育は特別ニーズ教育として捉えてこそ見えてくると考え，東京学芸大学に特別ニーズ教育講座があったことが大学院進学を思い立ったきっかけです。

　また，ちょうど同じ時期に，東京都立病弱養護学校には高等部がないため何人かの生徒が高等部に進学できないという問題が起こりました。訪問教育には高等部が実現したのに，病気の子どもの高等部教育はなぜ進まないのだろう。また，都外に設置されていた東京都独自の健康学園（身体虚弱特別支援学級）や病弱養護学校の廃止が始まりました。必要としている子どもがいるのになぜこんなに簡単に廃止が進むのだろう。こうした中，親の会等の皆さんを交えて，「東京の病弱教育を考える提言委員会」の取り組みが始まりました。そこで心臓病の子どもを守る会の代表をされていた保護者が「養護学校の先生方には大変お世話になっていますが，心臓病の子どもの９割は通常

の学級にいるのです」と発言されたのです。養護学校や訪問教育，院内学級しか視野に入っていなかった私が，「通常学級の病気の子ども」を考えるようになった大事なきっかけとなりました。

　特別支援教育が進むなかで，ようやく通常学級における病気の子どもへの理解と支援の必要性を明らかにする研究・実践も増えました。しかし，病弱教育を語り合う現場では今なお，通常教育での問題点が繰り返し指摘され，病弱教育の場でも改善が進んでいない実態を痛感します。また，入院中の教育に注目した研究，問題認識に比べ特別支援学校（病弱）のビジョンを論じる研究は少なくなっています。現実に病気を理由に休んでいる子どもがいても目が向けられていない状況も続いています。まったく登校しないまま，所在がわからなくなっている子どものなかには病気による長期欠席と処理されている子どももいるかもしれません。学校に来ない子どもには，目も手も届かない―そんな状況が続いていないでしょうか。

　私は，2007年4月から病弱教育関連の授業を担当する教員として福岡教育大学に赴任することになりました。それぞれの自治体・地域で，病弱教育の実態は少しずつ異なっていますが，そのなかで目の前の子どものためにより よい実践をめざして先生方が力を尽くしていらっしゃる姿にたくさん学びました。全国訪問教育研究会病弱分科会，全国病弱教育研究会などを通じて病気の子どもに関わる先生方の喜びや戸惑い，疑問や悩みも実感しています。そして，最近は90年代の初めに入院中の教育を受けた子どもがおとなになって，学校や友だち，教師の大切さを語ってくださるのも心強いことです。私たちが，病弱教育・病気の子どもを語るとき，そこにはそれぞれが出会った一人ひとりの病気の子どもの姿・真実があるのだといえます。だからこそ，よりよい授業・学校を心から願って，語り合い，学び合っていくのだと思います。

現在，障害者権利条約をはじめ大きな権利保障の流れの中で，病弱教育をめぐっても，通常学級を含めた病気の子どもの教育を進める新しい風と，学力向上や費用対効果論で追い立てられている学校教育の矛盾など，さまざまな動きが錯綜しています。

通常学級における病気の子どもの教育を，多様な病弱教育の場の充実と結合して，だれもが安心して学べる教育として発展させていくことは，わが国の特別支援教育が特別ニーズ教育として成熟していくことにもつながっていくのだと思います。

終わりに風間書房・風間敬子様には，これまで何度か出版のご相談に応じていただき，今回，ようやく刊行にこぎつけることができましたことに深くお礼申し上げます。

不十分さを残したままではございますが，本書の刊行を，私自身が新たな気持ちで研究を進めていく機にしたいと思っております。

2016年　立春

猪狩　恵美子

索　引

〈あ行〉

１型糖尿病　4
LD/ADHD 等　8
SNE 委員会　297, 298
SNE コーディネーター　297
TT　83, 86, 123, 143
アスペルガー症候群　192, 252
甘え　257
アレルギー　251
いじめ　256, 257, 274
居場所　13, 49, 50, 156, 160, 208, 211, 230
医療技術　4
医療事故　16
医療的バックアップ体制　6, 42, 55, 145, 287
医療の進歩　1, 15
インシュリン注射　17, 121, 140
インテグレーション　34
院内学級　6, 22, 89, 117, 141, 154, 159, 176, 177, 205, 209, 230, 237, 238, 239, 274
院内教育　21, 23, 33, 56, 96
うつ　52, 145, 252
運動会　31, 267
運動制限　16, 18
運動能力　28
エリテマトーデス　251, 252
応急措置　27
おおよその病類　167, 191, 192, 199

〈か行〉

親の会　20, 23, 103, 112, 113, 157
介助員　20, 76, 83, 93, 119
外傷　42, 52, 56, 287
外来治療　1
カウンセラー　89, 93, 176, 203, 204, 271, 272
カウンセリング　47, 86, 176, 236, 272
化学物質過敏症　53, 192
学業不振　30, 31, 34, 53, 81, 153, 155, 160, 162, 291
学習空白　8, 15, 19, 20, 21, 33, 34, 52, 67, 96, 101, 125, 126, 142, 143, 155, 159, 178, 181, 270, 272, 273
学習権　27, 181
学習支援　234, 271, 299
学習障害　32, 73, 134, 161
学力　24, 28, 31, 32, 35, 91, 98, 100, 101
学力低下　19, 20, 33
学力問題　28, 32, 100
学力保障　91, 98, 287
学齢期　2, 23, 104, 109, 299
過剰な制限　15, 16, 33, 80, 285
家族密着　276, 297
学級担任　6, 16, 25, 33, 47, 83, 125, 155, 182, 197, 202, 204, 208, 210
学級復帰　16
学級編制基準　92, 96
学校医制度　6, 79, 100, 116, 142, 288

学校基本調査 50, 57, 82, 152, 154, 156, 159
学校恐怖症 154
学校嫌い 50, 152
学校不適応 30, 34, 146, 154
学校不適応調査協力者会議報告 154
学校保健 3, 6, 9, 25, 27, 28, 29, 34, 42, 55, 58, 125, 137, 144, 145
学校保健委員会 41, 55
家庭環境 43, 45, 50, 56, 81
家庭教師 118, 119, 142, 157, 233, 270
家庭訪問 91, 172, 179, 268
家庭療養 53, 56, 57, 80, 145
からだのおかしさ 27
眼科 41, 144
看護師免許 17, 38
患者会 18, 23, 103, 223, 224, 227, 237, 249, 294
関節リュウマチ 4
管理職 55, 77, 79, 93, 178, 179, 182, 203, 227, 277
気管支喘息 4, 16
寄宿舎 12, 96, 107, 179
期待 138
基本的生活習慣 43, 145
キャリーオーバー 145
休学 52, 225
給食 18, 19, 85, 121, 268
急性疾患 22
教育委員会 55, 79, 84, 93, 95, 96, 100, 113, 141, 274, 298
教育期間 272, 273, 295
教育困難 5, 27, 28, 29, 159, 210, 286

教育困難校 27, 28
教育相談機能 16, 33, 82, 84, 122, 134, 285
教育保健 6
教科担任 15, 140, 158
教科担任制 51
教職員定数改善計画 38, 144
きょうだい 23, 112, 125, 126, 140, 289, 290
教頭 114, 157, 171, 203, 227, 258
強迫性神経症 251
拒食症 52, 145
クラス 118, 190, 236, 254, 266, 267, 268, 274
経済的事情 169, 180, 183, 292
経済的理由 7, 50
ケース会議 76, 99, 101, 125, 139, 289
血糖値コントロール 17
血友病 4
研究動向 9, 10, 15, 33, 285
健康 5, 6, 18, 25, 26, 28, 32, 101, 254, 286
健康維持 17
健康学園 96, 103, 107, 177, 179
健康管理 6, 74, 75, 76, 99, 106, 115, 120, 125, 139, 192, 287
健康教育 25, 28, 32, 40, 46, 94, 95, 98, 144, 162, 290
健康指導 56, 287
健康診断 28, 42
健康増進 25
健康調査票 112
健康問題 5, 25, 28, 32, 34, 43, 56, 89, 92, 93, 94, 101, 145, 162, 168, 286, 290

索　引　327

研修　20, 24, 45, 55, 56, 94, 95, 98, 125, 154, 286, 290, 298

校外行事　75, 120, 125, 139, 287, 289

後期中等教育　96, 97, 98, 287

高機能自閉症　161, 252

膠原病　168, 223

高校受験　20, 76, 97

高校進学　17, 19, 27, 91

厚生省児童家庭局　2

校長　157, 178, 227

口頭報告　73, 99, 112, 138

校内委員会　32, 134, 161, 204, 210, 277

校内組織　32, 34, 47, 56, 203, 210, 212

校内での共通理解　49, 87, 90, 93, 98, 146, 288

校務分掌　38, 144, 204, 210

コーディネーター　8, 29, 114, 277, 298

告知　227, 237, 251, 253

国立特別支援教育総合研究所　2

心の教室相談員　8

心の問題　28, 89

個人調査票　73, 99, 138

個人面談　76, 99, 125, 139

〈さ行〉

再生不良性貧血　251

在籍校　112, 237, 275, 295, 296

在籍率　71, 72

在宅療養　7, 161

再登校　156, 166, 174, 178, 201, 234

支援体制　9, 21, 32, 58, 239, 277, 298

歯科　41, 144

歯科医師法17条　17

思春期　74, 76, 238, 239, 276, 295, 296

児童相談所　170, 171, 176, 179, 203, 204, 258, 288

指導体制　8, 197

児童福祉機関　32, 35, 49, 56, 58, 286

児童福祉施設　79, 99, 141, 288, 298

耳鼻科　41, 144

地元校　33, 96

就学指導委員会　20, 84

就学前　67, 106, 124, 227

修学旅行　267

授業見学　17, 99, 161

塾　157, 233, 274

主治医　2, 16, 22, 24, 73, 77, 79, 85, 93, 94, 95, 98, 99, 100, 112, 116, 138, 141, 175, 178, 179, 190, 227, 271, 288

主体形成　27

小規模校　40

小児医療　2, 5, 6, 9, 15, 16, 21, 22, 29, 33, 144

小児医療関係者　21, 22, 29, 33, 144, 300

小児医療機関　5

小児医療・看護　6

小児科　28, 41, 42, 103, 144

小児がん　4, 20, 52, 61, 103, 145, 168, 223, 224

小児看護　6, 9, 15, 16, 33, 285

小児内分泌患児　4

小児慢性特定疾患　2, 4

職員会議　140, 288

自律神経失調症　52, 251

進学　15, 18, 19, 115, 117, 120, 143, 159, 229, 238, 263, 275, 295

人格　31, 32, 53, 93, 101, 212, 288
腎疾患　22, 224
心身医学　50
心身症　2, 25, 27, 30, 52, 74, 104, 145, 152,
　153, 159
腎臓病　52, 103, 115, 145, 224
身体症状　27, 43, 46, 56, 89, 91, 145, 146,
　155, 157, 226, 260
身体的な疾患・症状　9
診断書　30, 126, 192
診断名　52, 126, 152, 160, 179, 294, 297
心理的ケア・サポート　90
心理的不適応　30, 34, 43, 56, 145, 155,
　160, 162, 276, 291
進路・就職　229, 231, 263, 264
睡眠不足　19, 42, 56, 287
スクールカウンセラー　8, 50, 90, 99, 113,
　297
スクールサイコロジスト　297
スクールソーシャルワーカー　297
頭痛・腹痛・発熱などの不調　167, 179,
　191, 192, 194, 207
生活規制　1, 15, 21
生活指導　45, 140, 145, 203, 224, 238, 295
生活指導部　38, 47
生活習慣　42, 43, 45, 53, 56, 145, 168, 224,
　287
生活習慣病　91, 224
生活リズム　43, 56, 145, 168, 169, 180,
　183
精神科医　42, 50, 89, 100, 147, 179
成人期　23
精神疾患　31, 49, 61, 74, 104, 152

精神疾患・神経症　49
精神神経症状　226
精神神経的な疾患・症状　9
成績評価　17
青年期　74, 226, 238, 239, 276, 295
摂食障害　168, 224
全国病弱教育研究会　23
前籍校　6, 23, 33, 179, 276
先天性心疾患　22, 252
総合医療　22
総合的　32, 34, 35, 58, 101
相談機能　125, 228
相談室　8, 45, 91, 93

〈た行〉

体育　16, 17, 19, 20
体育担当者　25, 33
怠学　158
怠学傾向　30, 31, 34, 154
大規模校　27
対人関係　46, 47, 56, 146, 147, 287
単位取得　28
断続的欠席　178, 179
断続的な欠席　167, 180, 181, 183, 226,
　237, 292
胆道閉鎖症　4, 223, 224, 252
担任任せ　288, 293
地域保健　179, 300
注意欠陥多動性障害　161
中央教育審議会初等中等教育分科会　3
中退　52
長期欠席　2, 7, 10, 29, 30, 34, 50, 51, 52,
　82, 101, 154, 157, 158, 159, 160, 183, 288

長期欠席問題　151, 160, 162

長期療養児　4, 153, 154

治療優先　293

通級による指導　2, 148, 277, 297

付き添い　76, 90, 99, 101, 139, 287

低血糖　18

定時制　37, 97

手紙　197, 235, 266

適応指導教室　148, 159, 161, 176, 277, 297

転出入　35, 286

転入　23, 224, 237, 238, 250, 253, 273, 275, 295

転入・転出問題　23

電話　24, 53, 116, 153, 172, 179, 197, 235, 267

登校回避感情　154, 260

登校拒否　27, 53, 156, 157, 159

登校再開　172, 201, 207, 271

登校刺激　156, 158, 160, 162

統合失調症　251, 252

登校しぶり　146, 168, 169

統廃合　2, 5

トゥレット症候群　252, 275

特別扱い　15, 33, 74, 122, 211, 268, 269, 276, 285, 296

特別支援学級　2

特別支援学校（病弱）　2, 3

特別支援学校教諭免許状　2

特別な教育的配慮　5, 8, 9, 10, 11, 37, 137, 151, 189, 285

特別ニーズ教育　3, 5, 8, 9, 31, 34, 58, 101, 161, 212, 286

〈な行〉

内科　41, 42, 94, 144

内申書評定　17

内申評価　17

難治性疾患　27

日本育療学会　23

入院期間　1

入退院　1, 195, 208, 225, 252

ネットワーク　23, 211, 237, 294

ネフローゼ　20, 103, 155, 168, 192, 223, 226

能力　28, 31, 32, 74, 101, 157, 288

〈は行〉

白血病　115, 178, 224

発達障害　1, 2, 53, 251

発達的視点　27

発達保障　8, 29, 31, 32, 35, 125, 126, 286, 289, 299

発病時期　105

発病・入院時　16, 33, 285

発病・発症　224, 237

場面緘黙　52, 145

半健康　6, 25, 27, 32

半病気　25, 27, 34

ビデオ　266

皮膚科　42

肥満　43, 71, 91, 99, 137

病院内教育　21, 23, 56, 96, 109

病気長欠　4, 7, 8, 53, 54, 58, 80, 82, 153, 158, 159, 160, 167, 169, 171, 178, 180, 181, 182, 192, 193, 207, 209, 210, 211,

237, 238, 266, 270, 273, 276, 277

病気長欠児　4, 5, 80, 153, 162, 276

病気による長期欠席　2, 10, 49, 51, 52, 55, 57, 100, 145, 151, 152, 159, 160, 167, 291, 299

病弱・身体虚弱特殊学級　23, 161, 297

病弱教育　1, 3, 4, 6, 22, 23, 31, 55, 57, 84, 96, 107, 108, 125, 153, 159, 178, 181, 183, 206, 224, 226, 237, 238, 273, 275, 277

病弱教育専門機関　6, 23, 57, 79, 96, 100, 125, 180, 181, 183, 190, 209, 223, 286

病弱教育領域　2

病弱養護学校　3, 4, 5, 6, 23, 30, 33, 55, 79, 84, 96, 97, 98, 108, 125, 148, 153, 181, 183, 205, 209, 238, 250, 253, 273, 275, 292

病弱養護学校高等部　11, 250, 254, 276, 296

病類別　23, 70, 104

不安障害　251, 252

部活　113, 243, 258

複数配置　27, 29, 38, 56, 58, 90, 98, 125, 144, 161, 290

服薬　17, 106, 140

不信　114, 226, 228, 229, 237, 257, 295

不定愁訴　42, 56, 92, 125, 126, 158, 179, 211, 287

不適切な教育評価　15, 33

プライバシー　125, 126, 223, 289

プラダウィリー　252

プリント　266, 267

勉強の遅れ　229

偏見　16, 114, 120, 138

訪問教育　55, 57, 84

訪問指導　83, 91, 92, 144

保健室　8, 28, 32, 37, 43, 46, 56, 76, 91, 92, 93, 113, 145, 166

保健室業務　55, 138, 286

保健室登校　27, 28, 30, 32, 34, 35, 45, 46, 47, 49, 50, 56, 58, 92, 101, 145, 146, 161, 211, 288

保健室任せ　93

保健室利用　42, 43, 45, 56, 58

保健部　38, 47, 140

保護者の考え　74, 138, 169

保護者の届け　169, 181, 192

母子分離不安　31, 52

補習　49, 83, 119, 143, 172, 199

補償教育　21

補食　17, 18, 121

発作　19, 100

〈ま行〉

慢性疾患　4, 5, 6, 23, 27, 30, 34, 90, 251

慢性疾患児　1, 2

慢性心疾患　4

見舞い　16, 54, 77, 82, 146, 266, 267, 268

魅力ある学校づくり　7

無理解　16, 18, 121, 140

〈や行〉

休み時間　119, 256

友人関係　56, 75, 90, 108, 109, 126, 179, 195, 201, 205, 208, 237, 238, 239, 256, 260

養育問題　2, 34, 146, 179, 202

要因の多様化・複雑化　7
養護教諭　6, 8, 9, 10, 17, 24, 25, 27, 28, 32,
　33, 34, 37, 38, 43, 45, 49, 73, 75, 90, 91,
　96, 158
養護教諭任せ　56, 98, 288

〈ら行〉

理解不足　15, 33, 285

留年　52, 97
療育センター　253, 258
療養生活　15, 18, 22, 29, 33, 34, 117, 124,
　140, 285
連続した欠席　167

著者略歴

猪狩　恵美子（いかり　えみこ）

1950年　大分県別府市生まれ
1973年　京都大学文学部史学科卒業
1973年　東京都立養護学校教諭として勤務（〜2005）
2001年　東京学芸大学大学院教育学研究科修士課程障害児教育専攻修了
2003年　全国訪問教育研究会会長（〜2012）
2005年　福岡教育大学特別支援教育講座教授（〜2014）
2006年　東京学芸大学大学院連合学校教育学研究科博士課程発達支援講
　　　　座修了　博士（教育学）
2013年　全国病弱教育研究会会長
2014年　福岡女学院大学人間関係学部子ども発達学科教授
現在に至る

専攻：障害児教育，病弱児教育，肢体不自由教育，訪問教育。
著書：日本特別なニーズ教育とインテグレーション学会『特別ニーズ教
育と教育改革』（「病弱教育と特別なニーズ教育―通常教育における病気
療養児のサポートシステムの視点から」分担執筆，クリエイツかもがわ，
2002年）。全国訪問教育研究会『せんせいが届ける学校　訪問教育入門』
（「病気の子どもと訪問教育」など分担執筆，クリエイツかもがわ，2007）。
全国病弱教育研究会編「病気の子どもの教育入門」（「病気の子どもと通常
学級・訪問教育」分担執筆，クリエイツかもがわ，2013）。猪狩恵美子・
河合隆平・櫻井宏明『テキスト　肢体不自由教育　子ども理解と教育実践』
（「肢体不自由教育の現状」など分担執筆，全障研出版部，2014）など。

通常学級在籍の病気の子どもと特別な教育的配慮の研究

2016年5月31日　初版第1刷発行

著　者　　猪　狩　恵　美　子

発行者　　風　間　敬　子

発行所　　株式会社風　間　書　房
〒101-0051　東京都千代田区神田神保町 1-34
電話 03(3291)5729　FAX 03(3291)5757
振替 00110-5-1853

印刷　太平印刷社　　製本　高地製本所

©2016　Emiko Ikari　　　　　　　　　NDC分類：378
ISBN978-4-7599-2136-6　　Printed in Japan
[JCOPY]〈(社)出版者著作権管理機構　委託出版物〉
本書の無断複製は，著作権法上での例外を除き禁じられています。複製さ
れる場合はそのつど事前に(社)出版者著作権管理機構（電話 03-3513-6969,
FAX 03-3513-6979, e-mail: info@jcopy.or.jp）の許諾を得て下さい。